流通経済大学流通情報学部創設25周年叢書

大学大衆化時代における
日本語教育の役割と可能性

グローバルシティズンシップの育成をめざした研究と実践の試み

永岡悦子

流通経済大学出版会

大学大衆化時代における日本語教育の役割と可能性
—グローバルシティズンシップの育成をめざした研究と実践の試み—

目次

初出一覧

本書は、書き下ろし原稿と既発表の学術論文の一部を元に加筆修正した原稿で構成されている。初出誌と各章の対応は次のようになっている。

第4章　4.4.2　4.5.2　4.6.2
永岡悦子（2012）「1996年から2011年までの国内留学生数の変化と要因について」『流通経済大学流通情報学部紀要』Vol.17 No.1　pp.291-304

第5章　5.6　5.7　5.8
永岡悦子（2019）「第2章　中規模大学　留学生担当教員が抱える問題意識から見えるもの」宮崎里司・春口淳一編『持続化可能な大学の留学生政策　アジア各地と連携した日本語教育に向けて』明石書店　pp.47-67

第6章　6.2
永岡悦子（2021）「外国人留学生が求める資質・能力に関する一考察」早稲田大学日本語学会編『早稲田大学日本語学会　設立60周年記念論文集　第2巻　言葉のはたらき』ひつじ書房　pp.363-379

第7章　7.6
永岡悦子（2018）「新聞コラムを用いた日本人大学生と外国人留学生の要約文比較調査」『流通情報学部紀要』Vol.23 No.1　pp.53-73

第8章　8.1　8.2　8.3　8.4　8.5　8.6　8.7　8.8
永岡悦子（2017）「大学生に対するグローバル・シティズンシップ教育の試み―日本語とアジアの関係を学ぶ実践から―」『流通経済大学流通情報学部紀要』Vol.21 No.2　pp.219-238

第1章

本研究の目的と課題

1.1 研究背景

　昭和から平成、そして令和へと続いてきた戦後の日本の教育において、教育機関数、学生数、所属する学生の国籍、学生の学力等、質と量ともに、最も変化の激しかった教育機関は大学ではないだろうか。表1-1（学校数）と表1-2（在学者数）に、この半世紀余りの量的な推移をまとめた。これを見ると、「学校基本調査」の調査が開始された1950（昭和25）年には、学校数が201校、在学生数が224,923人であったのが、2020（令和2）年には学校数が795校と3.96倍、在学生数が2,915,605人と12.96倍となっており、小学校や中学校、高等学校の学校数、在学生数と比較すると、変化の割合が大きいことがわかる[(1)]。

　また、質の変化を見ると、かつて大学は選抜されたエリートが学ぶ、名実ともに高等教育機関であったが、文部科学省による2017年度の「学校基本調査」によれば、日本の大学・短大への現役進学率は54.7%となり[(2)]、日本社会も高等教育の大衆化が進み、「ユニバーサル段階」へ入ったと言われている（濱中淳子 2013）。進学率が上昇した背景には、少子化による18歳人口の減少によって大学入学試験の選抜機能が低下し、進学が容易になったことが一因となっている。行き先を選ばなければすべての希望者が大学に入学できるようになった状態は「大学全入」と言われるが（長尾 2012）、受験生の選抜機能が大きく低下している大学は「ボーダーフリー大学」

（1）　『文部科学白書2020〈令和2年度〉』参考資料「学校数（年次別）」、「在学者数（年次別）」p.370より。

（2）　文部科学省（2017）「平成29年度Ⅱ　調査結果の概要［学校調査，学校通信教育調査（高等学校）］　http://www.mext.go.jp/component/b_menu/other/__icsFiles/afieldfile/2017/12/22/1388639_2.pdf（2022年5月31日最終閲覧）

表1-1　学校数の変化

(単位：校)

年＼区分	小学校	中学校	高等学校	大学
昭和25（1950）（A）	25,878	14,165	4,292	201
平成2（1990）	24,827	11,275	5,506	507
平成29（2017）	20,095	10,325	4,907	780
令和2（2020）（B）	19,525	10,142	4,874	795
（B）÷（A）	0.75	0.72	1.14	3.96

(『文部科学白書〈令和2年度〉』参考資料「学校数（年次別）」p.370をもとに筆者が作成。)

表1-2　在学者数の変化

(単位：人)

年＼区分	小学校	中学校	高等学校	大学
昭和25（1950）（C）	11,191,401	5,332,515	1,935,118	224,923
平成2（1990）	9,373,295	5,369,162	5,623,336	2,133,362
平成29（2017）	6,448,658	3,333,334	3,280,247	2,890,880
令和2（2020）（D）	6,300,693	3,211,219	3,092,064	2,915,605
（D）÷（C）	0.58	0.63	1.70	12.96

(『文部科学省白書〈令和2年度〉』参考資料「在学者数（年次別）」p.370をもとに筆者が作成。)

（葛城 2011）や、「マージナル大学」（居神 2013）などと呼ばれる。そのような大学では、多様な学生、特に基礎学力や学習習慣、学習への動機づけが欠如した学習面での課題を抱える学生が増加し、受入れ教員はその対応に追われることになる（葛城 2011）。

　定員割れが進む大学では、日本人学生で入学定員が満たせない分を留学生で補充するという現実がある。この問題を考える上で、試みとして学生総数の中に占める「外国人学生比率」に注目してみたい。『2014（平成26）年度用　大学の真の実力　情報公開BOOK』（旺文社2013）には、736大学の入学定員数、入学志願者数、合格者数、入学者総数など様々な入学者データが掲載されている。その中に大学の国際性を示すデータとして「外国人学生数」も含まれる。これは、「国費留学生」「私費留学生」「留学生以外の外国人学生」、さら

には短期留学生を合計した留学生の総数である。それをもとに、国公私立736大学の「外国人学生比率」＝「外国人学生数」÷学生総数（「男子学生数」＋「女子学生数」）を試算した。その結果、外国人学生比率が10％以上を占める私立大学は50校にのぼり、特に学生数が1万人未満の中・小規模大学で外国人学生比率が高いという傾向がある。また50校のうち45校で学生総数が定員数を下回っていた。なお外国人学生比率が10％以上を占める大学は国立大学で2校のみ、公立大学では1校もなかった。こうした背景の中で、中・小規模の私立大学では、日本人学生の学力低下と、急増した留学生への対応で教育現場が混乱し、高等教育としての教育効果を十分に上げられないという事実に直面している。

　急増した留学生の中には、日本語能力や大学で学ぶための基礎学力が不足している学生も多い。また、留学生と日本人学生の交流も十分に行えていないなど、学業だけでなく、大学生活の中でも支障をきたしているという問題もある。留学生の受入れ体制が十分とはいえない学内環境の中でいかに日本語教育を実施していくべきか、また日本人学生の学力低下問題を抱える、大衆化が進んだ大学において留学生教育の位置付けはどうあるべきか、さらにグローバル化と少子化が進み、大学間の競争が激しくなる中で大学はどのような役割を果たしていくべきか、という筆者が日々の教員生活の中で抱える問題や疑問の解決方法を探りたいというのが本研究の動機である。

1.2　本研究の目的

　問題の所在は、日本の少子化による高等教育の大衆化とアジアを中心とした留学大衆化が、同時に、しかも、急激に進行しているにもかかわらず、大学の教育環境や教育内容が従来の「日本人向けの

教育に留学生を適応させる」ことから脱していない点にある。留学生数の増加は高等教育の国際化を目指して1983年に策定された「留学生10万人計画」と2008年に策定された「留学生30万人計画」をはじめとする国の教育行政の成果とも言える。しかし受入れ数の議論が優先され、2008年12月に出された中央教育審議会の答申「学士課程教育の構築に向けて」において、学士課程教育を活性化する観点からも留学生が重要な存在であることを認めながらも、学士課程の中でどのように留学生の存在を位置付け、どのような人材をどのように育成していくのか、といった具体的な教育方針や教育方法については述べられていない。大学の教育現場においても、大学の教育内容（ディプロマ・ポリシー、カリキュラム・ポリシー等）と留学生教育との関係を明記している例は少ない。留学生教育および日本語教育は大学教育に適応するための道具となる言語を指導する限定的なものであり、留学生別科や留学生センターといった学部教育とは別の組織で議論・運営されていることが多い。高等教育の国際化が論じられながらも、高等教育政策の先行研究の中で留学生政策及び日本語教育が触れられることは少なく、別々に議論されてきた。しかし、教育現場の問題点を解決するためには、高等教育政策と留学生政策、日本語教育を俯瞰し、大学教育における留学生政策、日本語教育の位置付けを再構築する必要があるのではないかと考える。国際化について先進的な取り組みを行っているスーパーグローバル大学[3]などでは既に議論が進められているが、この問題は、とりわ

（3）　例えば2014年にスーパーグローバル大学創生支援事業に採択された明治大学の国際日本学部では、「国際日本学部の教育課程編成・実施方針（カリキュラム・ポリシー）」において学部で実施する日本語教育について説明されている。明治大学国際日本学部「国際日本学部の教育課程編成・実施方針（カリキュラム・ポリシー）」https://www.meiji.ac.jp/nippon/curriculum/policy_01curriculum.html（2022年5月31日最終閲覧）

け大学の定員割れや経営状況の悪化の対策として留学生を受け入れてきた、外国人学生比率の高い大学において喫緊の課題であると思われる。

　これらの問題を解決するためには、まず現在の大学教育、留学生教育の状況がどのように生じてきたのか、その政策過程を把握し、その影響や問題点を分析する必要がある。そして、現在の教育現場にあった教育方法を検討していくことが重要であると思われる。

　本研究では、「大学大衆化」とは、大学教育を受ける機会が大衆に広く開かれている状態、「留学大衆化」とは、留学の機会が大衆に広く開かれている状態、そして「大衆化型大学」とは、入試の選抜機能が低く、入学の機会が大衆に広く開かれている状態の大学、と定義した上で、特に留学生に経営を依存する傾向の強い中規模私立大学の日本語教育と留学生受入れ体制を改善することを目的に、この状況を生み出した高等教育政策と留学生政策の背景と問題点について分析を行う。具体的には、(1)大学・留学大衆化時代における留学生政策の問題点を指摘すること、次に(2)大衆化型大学で求められる日本語教育の可能性について、グローバルシティズンシップの育成という観点から提案することを研究目的とした。

　(1)については、先行研究では個別に論じられることが多い高等教育政策、留学生政策、日本語教育の三領域を俯瞰し、さらにそれぞれのアクターをマクロレベル・ミドルレベル・ミクロレベルの3段階から分析することで、政府によって決定された教育政策が、大学の学長による教育方針と経営判断によりどのように個別の大学で実現されていくのか、また大学の教育方針・経営判断が個々の教育現場で指導にあたる教員や学生に与える影響について明らかにすることを目的とする。

　(2)については、大衆化の進んだ中規模私立大学における留学生政策の問題点を明らかにし、その意義を問い直した上で、グローバル

シティズンシップの育成という観点から具体的な教育方法を提案することを目的とする。日本語教育は外国人留学生を対象として行うものであるが、本研究では日本語教育は日本語科目のクラス内にとどまらず、留学生を受け入れる大学全体で考えるべきだという立場をとる。留学生だけでなく日本人学生も含めて日本語教育について考えることは、特に外国人留学生比率の高い大学では、留学生の受入れ環境を整えるために重要であると考える。そこで留学生を対象とした科目の教育方法と、留学生と日本人学生を含めた全学生を対象とした科目の教育方法について検討することを目的とする。そしてこの結果は、日本全国に多数存在する大衆化型中規模私立大学における教育にも貢献できるものと考える。

1.3　本研究の課題

　本研究の目的を具体的に検討するために、以下の研究課題を設定する。

課題 1	日本の大学大衆化と留学大衆化はどのように進行してきたのか。
課題 2	大学大衆化と留学大衆化が進行する中で、どのような教育が必要か。
課題 3	大衆化型大学における日本語教育の役割は何か。

　「課題 1　日本の大学大衆化と留学大衆化はどのように進行してきたのか。」について、本研究では日本の高等教育における、日本語教育を含む留学生教育に関わる人々を行為主体＝「アクター」として捉え、日本の高等教育政策の変遷とアクターの留学生教育に対する意識を分析することで、留学大衆化時代を迎えた大学の留学生

政策の問題点を明らかにしていく。大衆化型大学における留学生政策について、マクロレベル（教育政策決定者）・ミドルレベル（大学運営責任者）・ミクロレベル（教育実施者・学習者）の3つレベルからそれぞれのアクター（行為主体）の動向に注目して明らかにし、相互の影響について考察する。さらに、大学大衆化と留学大衆化の問題点と各レベルのアクターに与える影響についても分析するため、マクロ・ミドル・ミクロという「横」の関係、そして大学教育（大学大衆化）と留学生教育（留学大衆化）という「縦」の関係から留学生政策について評価し、検証を行う。

「**課題2　大学大衆化と留学大衆化が進行する中で、どのような教育が必要か。**」では、「大学大衆化」という概念の定義を行い、大学大衆化によってもたらされた学力低下について、大学教育の現場での現状を指摘する。そして、このような現状の中で、日本の大学教育で求められている資質・能力観について考察する。そこで注目するのが「学士力」である。少子高齢化の進行で大学大衆化時代を迎える一方、グローバル化の拡大で国際競争が激化する中で、大学や学位の水準維持のため、「学士力」についての指針である「学士課程教育の構築に向けて」（中央教育審議会 2008）や、「第2期教育振興基本計画について」（中央教育審議会 2013）がまとめられている。これらには大学教育での中心となる専門性に加え、社会を生き抜く力、「絆」など個人の能力を超えた社会的な能力が重視されている。

この「学士力」の資質・能力の概念の形成に影響を与えた諸外国のそれには、OECD（DeSeCo）のキーコンピテンシー、EU のキーコンピテンシー、アメリカの21世紀スキルなどがあるが、それらは大きく基礎的リテラシー、認知スキル、社会スキルの3つに分類することができる（国立教育政策研究所 2016：24）。そのなかでも、ヒト、モノ、カネの移動が従来の国家の枠組みを越えて活発に移動する複雑化した社会において、社会スキルの1つである、グロー

バルな認識をもった「地球市民」としての意識、すなわち「Global Citizenship グローバルシティズンシップ」と呼ばれる資質が不可欠であると言われている（鈴木ほか 2005：19）。グローバルシティズンシップを育成する教育は、「グローバルシティズンシップ教育、Global Citizenship Education（GCED）」と呼ばれている。このような諸外国の資質・能力観を踏まえ、国立教育政策研究所（2016：191）は、21世紀に求められる資質・能力を、「思考力」を中核とし、それを支える「基礎力」と、思考力の使い方を方向付ける「実践力」の三層構造にまとめている。この三層構造の 3 つの力が一体として働くことで、「生きる力」を育成し、民主的社会の形成者となることができると考えられている。本研究では、これらの資質・能力観を参考に、現代社会における大衆化型大学の役割は何かについて考察していく。

「課題 3　大衆化型大学における日本語教育の役割は何か。」については、大衆化型大学でのグローバルシティズンシップ教育を目的とした留学生対象の日本語教育の実践と、留学生と日本人学生を含めた大学の全学生を対象とした教養教育の実践について検討する。

留学生に対する日本語教育の実践では、新聞の要約と意見文の作成を通じて、「今」という時代を読み解く力を育成し、市民としてアクターとして社会に関わる上での能力を向上させることを目指した。論説文として書かれた新聞記事を対象に、①日本語学習者にとって記事の特徴が学習者の理解に与える影響や、どのような点が困難であるか、そして②この活動がグローバルシティズンシップの育成とどのように関係するのかについて分析を行う。さらに、要約文作成の教育についての効果を検証するために、日本人学生と留学生の要約の比較調査を実施し、③留学生と日本人学生の要約を比較するとそれぞれどのような特徴があるか、④留学生と日本人学生の要約に対する意識の比較調査を実施し、分析を行う。以上の結果か

ら、この実践がグローバルシティズンシップ教育としてどのような意義があるのかについて考察を行う。

　留学生と日本人学生を含めた大学の全学生を対象とした教養教育の実践としては、日本語をテーマとし、日本語教育や留学生教育の知見を活かしながら、東アジアと日本の関係を考える活動を行った。そして、市民教育の立場から学生の国際化に対する意識を高めることを目的とした。日本人学生と留学生の学びを通じた意識の変化を量的、質的に分析し、学生の意識とグローバルシティズンシップとの関係について分析を行う。

1.4　本論文の構成

　本論文は、9章からなっている。第1章では、大学大衆化時代の到来と教育現場の現状について説明し、本研究の目的と課題について述べた。最後に、本研究の構成を提示した。

　第2章では、本研究の議論の基礎となる大学大衆化について概念の整理と、大学教育で求められる能力と資質について先行研究の検討を行う。続く第3章では、本研究で扱うデータ収集の概要について述べる。

　第4章では、「課題1　日本の大学大衆化と留学大衆化はどのように進行してきたのか。」について検討を行う。高等教育政策と留学生政策の変遷をたどり、マクロレベルのアクターの役割について文献調査から論じる。

　第5、6章では、「課題2　大学大衆化と留学大衆化が進行する中で、どのような教育が必要か。」について検討を行う。第5章では、ある中規模私立大学を事例として取り上げ、ミドルレベルのアクター、マクロレベルのアクターの観点から留学生教育の問題につ

いて検討する。ミドルレベルのアクターとして、大学の教育と経営の責任者である、中規模私立大学の学長にインタビュー調査を行い、その結果から大学経営と留学生教育の関係とその課題について論じる。次に、マクロレベルのアクターとして、大学で留学生を指導する大学教員にインタビュー調査を行い、マクロレベルの留学生教育の問題について論じる。第 6 章では、第 2 ～ 5 章までの内容を踏まえ、大学・留学大衆化時代の留学生政策の検証を行う。マクロレベル、ミドルレベル、ミクロレベルのアクターの影響関係について分析を行うと共に、日本への留学に対する留学生の意識調査の結果から、明らかになったグローバルシティズンシップ教育の重要性を論じる。そして、大学大衆化と留学大衆化が進行する大学において、どのような教育が必要かについて検討する。

　第 7、8 章では、「課題 3　大衆化型大学における日本語教育の役割は何か。」について取り上げる。第 7 章では留学生を対象とした日本語教育の立場から、新聞記事を用いた要約意見文作成活動を通じてグローバルシティズンシップの育成を目指した実践について論じる。そして、要約文と要約に対する意識について留学生と日本人学生の比較調査を実施し、その要約教育の効果と課題について検証を行う。第 8 章では、留学生・日本人学生を含めた教養科目におけるグローバルシティズンシップ教育の実践について論じる。日本語をテーマに、東アジアと日本の関係について考えることを通して、留学生・日本人学生の双方がどう変容したか検証する。

　最後に、第 9 章では、本研究のまとめと今後の課題について述べる。

　本研究の構成は、次の図1-1のようになっている。

第1章　本研究の目的と課題
第2章　大学大衆化と大学教育で求められる資質・能力に関する先行研究
第3章　本研究の方法とデータの概要

課題1　日本の大学大衆化と留学大衆化はどのように進行してきたのか
第4章　高等教育政策と留学生政策の変遷に関する調査
【マクロレベルの研究】

課題2　大学大衆化と留学大衆化が進行する中で、どのような教育が必要か
第5章　留学生教育に対する大学教員の意識調査
【ミドル・マクロレベルの研究】
第6章　大学大衆化時代における留学生政策の検証
【マクロ・ミドル・ミクロの関係性】

課題3　大衆化型大学における日本語教育の役割は何か
第7章　日本語教育におけるグローバルシティズンシップ教育実践の試み
第8章　教養教育におけるグローバルシティズンシップ教育実践の試み

第9章　本研究の結論と今後の課題

図1-1　本論文の構成

第 2 章

大学大衆化と大学教育で求められる
資質・能力に関する先行研究

本章では、まず、「大学大衆化」という用語の意味と用法について検討する。次に、日本の大学大衆化の過程と進学率の推移を概観し、大衆化によって拡大した大学生の学力低下の問題について考察する。そして、大学で求められる能力・資質と、本研究の立場についてまとめることにする。

2.1　日本の大学大衆化

　民主化を基本とした戦後の教育改革は、1947年に「教育基本法」「学校教育法」が成立し、六・三制の小・中学校が発足したのを皮切りに、1948年に三年制の高等学校、1949年に四年制の大学制度の発足の順に進められ、学校制度が完成した（草原2008：77-78）。

　現在日本の大学は、少子高齢化による18歳人口の大幅な減少や、グローバル化および情報化社会による国際競争の激化により、教育の大きな転換点にさしかかっている。特に大学教育の重要な課題に、進学率の上昇に伴う大学教育の大衆化と学力低下問題への対応と、教育のグローバル化に伴い増加した留学生への対応があげられる。このように大学大衆化が進行する中で、大学教育で求められる資質・能力に関する先行研究について検討する。

2.1.1　「大学大衆化」の意味と使用方法

　『ブリタニカ国際大百科事典』の「大衆化」の項を調べると、「大衆化（massification）」とは、「近代社会の構造変化と社会規模の拡大化に伴って発生してきた大衆の行動様式などの画一化現象をいう[1]」

（1）　ブリタニカ国際大百科事典（2014）「大衆化」　https://kotobank.jp/word/%E5%A4%A7%E8%A1%86%E5%8C%96-91272（2022年5月31日最終閲覧）

と記されているが、「大学大衆化」は大学の急速な量的拡大と進学者の増加によって進学率が上昇し、大学教育を受ける機会が大衆に広く開かれている状態として先行研究でも用いられている。

　大学大衆化に至る現代産業社会の高等教育制度・構造について、アメリカの社会学者トロウ（1976：63）は、「エリート－マス－ユニバーサル」という段階を経て発展するという理論を提唱した。この理論は、近代になってエリート高等教育の制度が発展した国々では、同年齢層のおよそ15％を収容するところまでは、高等教育制度はその基本的な性格を変えることなしに拡大を続けうるが、15％というポイントをすぎると制度の性格に変化が生じ始め、在学率が50％を超えると、国民の大半が子どもたちになんらかの種類の高等教育を与えるようになり、高等教育制度は、再び新しい形態の高等教育の創造を迫られることになる、というものである。

　「エリート－マス－ユニバーサル」の3つの段階の特徴を、天野・喜多村（1976）を参考にまとめると次のようになる。

(1)エリート高等教育システム

　大学適齢人口中に占める学生数の比率が15％に達するまでの段階をエリート高等教育システムと呼ぶ。高等教育システムの最初の段階は、限られた少数者を対象とするエリート高等教育システムをとる。この段階までは、高等教育の機会は限られた少数者の〈特権〉とみなされ、大学の機能はその国の支配階級の形成に奉仕することとされる。

(2)マス高等教育システム

　高等教育システムがさらに拡大化し、大学生が適齢人口の15％を超えるような事態になると、その国の高等教育システムの基本的性格は、エリート型から多数者を対象とするマス型へと変質す

る。逆に言うと、高等教育の大衆化に適応していくためには、伝統的なエリート型大学制度の拡張を図るだけでは、より多くの多彩な学生の要求に応じることができないため、国の高等教育システムを大衆的な非エリート型高等教育機関の新設によって、より多彩な新しい機能を遂行しうる別個の高等教育システムに変質化させる必要が生じる。

　大学適齢人口中に占める学生存在率が約15％〜50％となるマス型高等教育システムの段階では、エリート型との相違は単に量的な差異だけでなしに、学生の進学動機、入学選抜の機能、カリキュラム、学生集団の性格、大学の規模、教育方法、学生と教員の関係、大学の管理方式等々において質的な変化が表れる。そして高等教育の機会は、一定の能力を持つ者の〈権利〉とみなされ、教育の機会均等と平等化が叫ばれ、高等教育機関の役割は社会の多彩な要請に応じる指導層の育成を行うこととされるようになる。

(3)ユニバーサル高等教育システム

　高等教育の大衆化がさらに進行し、高等教育機関在籍者が該当年齢層の50％を超えるような事態になると、マス型高等教育システムは万人に高等教育の機会を保障し得るような新しい高等教育システムへと、その基本的構造を変質化していかなければならなくなる。この段階の高等教育システムを、ユニバーサル型とよぶ。

　マス型からユニバーサル型高等教育システムへの転換は、単に規模の量的拡大にとどまらず、高等教育の目的・機能・制度・構造の性格が基本的に変質化することを意味する。この段階においては、高等教育機会への接近（アクセス）は、国民の〈権利〉であるよりもむしろ〈義務〉として意識され、高等教育の目的は社会の指導層の育成よりも、高度産業社会に適応しうるような全国民の育成に置かれるようになる。つまりこの段階では高等教育は中等教育を修了した者の誰

もが行かざるを得ない強制的な義務的スクーリングとして意識されるようになる。なぜなら、高等教育を受けないということは個人の精神や性格のはなはだしい欠陥とみなされるからである。

　のちにトロウ（1978）において、「エリート、マス、ユニバーサル・アクセス」と用語に修正を加えているが、この理論はいわゆる〈トロウ・モデル〉と呼ばれ、様々な批判を受けながらも、高等教育制度の発展・移行段階を記述する枠組みとして現代でも多くの研究者から引用されている。

　以上のようなエリート、マス、ユニバーサルの3つの高等教育システム特徴は、次の表2-1にまとめられている。

　しかし、〈トロウ・モデル〉については批判もなされている。〈トロウ・モデル〉を日本に紹介した天野（1986：6）は、トロウの考え方は厳密な検証を経ていない1つの仮説であり、それを高等教育発展の「一般理論」とするには、まだ多くの問題点が残されていると述べている。そして、〈トロウ・モデル〉を産業社会における高等教育の発展構造の真の有効な分析の用具とするためには、それぞれの社会の高等教育システムの歴史にまで遡り、比較大学史的な研究を経た上で、大学制度の類型論が必要であると指摘している（天野 1986：8-20）。

　喜多村（1986＝2010）は、トロウ自身がトロウ（1978）において〈トロウ・モデル〉はヨーロッパ社会の固有の伝統や構造を充分に考慮に入れずに、アメリカ型の高等教育の発展パターンをそのまま西欧社会に適用してヨーロッパ高等教育の発展を予想したため、その予想通りにはヨーロッパの高等教育が進展しなかったという自己批判を行ったことを踏まえ、日本の高等教育を〈トロウ・モデル〉を用いて説明したり予想したりするためには、日本社会に固有の要因分析を試みる必要性があることを指摘している。喜多村（1986＝

表2-1　高等教育制度の段階移行に伴う変化の図式

高等教育制度の段階	エリート型　→	マス型　→	ユニバーサル型
全体規模（該当年齢人口に占める大学在学率）	15%まで	15%以上〜50%まで	50%以上
該当する社会（例）	イギリス・多くの西欧諸国	日本・カナダ・スウェーデン等	アメリカ合衆国
高等教育の機会	少数者の**特権**	相対的多数者の権利	**万人の義務**
大学進学の要件	制約的（家柄や才能）	準制約的（一定の制度化された資格）	開放的（個人の選択意思）
高等教育の目的観	人間形成・社会化	知識・技能の伝達	新しい広い経験の提供
高等教育の主要機能	エリート・支配階級の精神や性格の形成	専門分化したエリート養成＋社会の指導者層の育成	産業社会に適応しうる全国民の育成
教育課程（カリキュラム）	高度に構造化（剛構造的）	構造化＋弾力化（柔構造的）	非構造的（段階的学習方式の崩壊）
主要な教育方法・手段	個人指導・師弟関係重視のチューター制・ゼミナール制	非個別的な多人数講義＋補助的ゼミ、パート・タイム型・サンドイッチ型コース	通信・TV・コンピュータ・教育機器等の活用
学生の進学・就学パターン	中等教育修了後ストレートに大学進学、中断なく学習して学位取得、ドロップアウト率低い	中等教育後のノンストレート進学や一時的就学停止（ストップアウト）、ドロップアウトの増加	入学時期のおくれやストップアウト、成人・勤労学生の進学、職業経験者の再入学が激増
高等教育機関の特色	同質性（共通の高い基準をもった大学と専門分化した専門学校）	多様性（多様なレベルの水準をもつ高等教育機関、総合性教育機関の増加）	極度の多様性（共通の一定水準の喪失、スタンダードそのものの考え方が疑問視される）
高等教育機関の規模	学生数2,000〜3,000人（共通の学問共同体の成立）	学生・教職員総数30,000〜40,000人（共通の学問共同体であるよりは頭脳の都市）	学生数は無制限的（共通の学問共同体意識の消滅）
社会と大学との境界	明確な区分　閉じられた大学	相対的に希薄化　開かれた大学	境界区分の消滅　大学と社会との一体化
最終的な権力の所在と意思決定の主体	小規模のエリート集団	エリート集団＋利益集団＋政治集団	一般公衆
学生の選抜原理	中等教育での成績または試験による選抜（能力主義）	能力主義＋個人の教育機会の均等化原理	万人のための教育保障＋集団としての達成水準の均等化
大学の管理者	アマチュアの大学人の兼任	専任化した大学人＋巨大な官僚スタッフ	管理専門職
大学の内部運営形態	長老教授による寡頭支配	長老教授＋若手教員や学生参加による"民主的"支配	学内コンセンサスの崩壊？　学外者による支配？

（トロウ 1976：194-195より転載）

2010）は、日本の場合、既存の高等教育機関のほとんどは青年層のための学校教育機関として存在しており、青年のみならず成人がその希望に応じて、経済的その他の障害なしに高等教育の機会にアクセスできるように制度的に保証された〈ユニバーサル・アクセス〉状態とは異なることを指摘している。また、大学や短大に比べて成人を受け入れやすい専修学校や各種学校においても、これらの学校のほとんどは私立であるため、経済的負担がかかるほか、奨学金や補助金等の社会的助成措置も未発達であることから、万人に障害なく教育機会を提供することは困難であると述べている。日本社会では、まだマス型からユニバーサル・アクセス型への移行の条件が整っているとは言えず、また〈トロウ・モデル〉の示唆する方向性が、必ずしも日本の場合にもそのままあてはまるという保証がないことをも意味するのである、と述べている。

　具体的には、葛城（2013）が日本の高等教育は成人や高齢者、パート・タイム学生といった「非伝統型」の学生に対する関心が弱いため、全年齢人口層への教育機会の開放による「ユニバーサル化」の実現は遠く、18歳人口層への教育機会による「ユニバーサル化」がもっぱら進行している、と述べているように、日本のユニバーサル化が必ずしも〈トロウ・モデル〉の示すような状態には進んでいないことも指摘されている。

　このように、〈トロウ・モデル〉はあくまで経験的現実から抽象化された理想型であり（天野・喜多村 1976）、これにより高等教育の大衆化の実態がすべて説明されるわけではない。しかしながら、〈トロウ・モデル〉は1960年代から1970年代にかけて生じた世界的な高等教育の変化を多角的に捉え、その後の高等教育の展開の予想に大きな手がかりを与えた理論として高等教育研究に影響を与えた。

　本論文では、一般的に大学教育が広く普及している状態を「大学

大衆化」、そして人口における進学率を数値と関連付けて示す際、トロウの「エリート－マス－ユニバーサル」の概念を使用することとする。また大学大衆化に伴い、入試の選抜機能が低く、入学の機会が大衆に広く開かれ、幅広い学力の学生を受け入れている状態の大学を本論文の用語として「大衆化型大学」と呼ぶことにする。

2.1.2　日本の大学大衆化と学力低下問題

次に、日本での大学大衆化の過程をトロウの「エリート－マス－ユニバーサル」の概念を用いて捉えてみる。文部科学省による『学校基本調査』の1948年度から2021年度までの大学数と大学在学者数、大学進学率をグラフにすると図2-1のようになる。

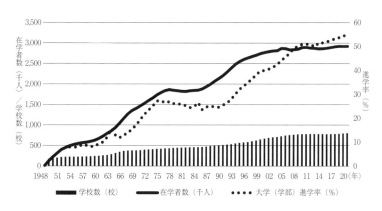

（文部科学省『学校基本調査』1948年度から2021年度の結果をもとに筆者が作成[(2)]）

図2-1　大学数・在学者数・進学率の推移

（2）　進学率は過年度高卒者等も含む。

　図2-1の棒グラフは大学数、折れ線グラフの実線は在学者数、折れ線グラフの点線は進学率を示している。調査を開始してから2021年度までの数値を比較すると、大学数は12校（1948年度）から803校（2021年度）に、大学在学者数は11,978人（1948年度）から2,917,998人（2021年度）に、進学率は10.1％（1954年度）から54.9％（2021年度）に伸びている[(3)]。

　大学（学部）への過年度高卒者等も含んだ進学率を見ると、1963（昭和38）年までは12.0％でエリート段階、1964（昭和39）年に15.5％と15％を超えたマス段階に入り、2009（平成21）年に50.2％と50％を超え、ユニバーサル段階に達していたことがわかる。

　進学率の上昇に伴い、顕在化してきたのが大学生の学力低下の問題である。トロウ（1976：63）も、進学率が15％というポイントをすぎると制度の性格に変化が生じ始め、在学率が50％を超えると、国民の大半が子どもたちになんらかの種類の高等教育を与えるようになり、高等教育制度は、再び新しい形態の高等教育の創造を迫られることになる、と述べていたが、日本の大学においても進学率が急上昇した1990年代に学力低下の問題が大きく取り上げられるようになった。

　岡部ほか（1999）による大学生の基礎的な計算能力の検証によって、大学生の学力不足について、上位校と言われる大学に在籍する学生においても小学生レベルの計算で間違える実態が明らかとなり、大学大衆化による学力低下が指摘された。さらに田部井（2017：5）は、岡部ほか（1999）の調査の結果から、大学大衆化による学力低下を正確に表現すると、全体的な学力の低下というよりは大学生の学力格差が拡大してきた現象であると述べている。また、進学者数の増大が学力格差を招き、特に定員充足に苦慮している大学では

（3）　進学率の調査の開始は1954年からである。

学力水準の低い学生も入学させなければならない事情とも重なって、学力問題がより意識されることになったのではないかと指摘している。

赤坂（2015：38）も、大学進学率と学力の関係について、1974年〜1992年までは大学進学率（4年制大学進学率：過年度生を含む）は25％前後であり、トロウの言う「マス段階（15％以上〜50％未満）」に達してはいたが、高等学校までに身につけた高い基礎学力を持つ学生に支えられた大学は、まだ「学術・研究の中心機関」であったと報告している。その後、大学進学率が急激に伸びていった時期（1983年〜1992年）に、大学の新入生の学力が急激に低下したことを赤坂（2010：54）の調査によって示している。

濱中義隆（2013）は、2005年に実施された「社会階層と社会移動に関する全国調査」のデータを用いて、中学3年時の成績（自己評価）と最終到達学歴との関係を出生コーホート（世代）別・男女別に分析した結果から、大学大衆化と学力低下の関係について論じている。分析の結果、1976−85年生まれとそれ以前の世代と比較すると、女子の大学進学率が上昇し、特に学力上位層、中位層において大学進学率の上昇が大きいことがわかった。これに対し、男子は進学率が上昇しているのは学力上位層と学力下位層で、学力中位層からの大学進学率はほとんど変化していないことが明らかになった（濱中義隆 2013：51）。この結果から、学力下位層からの増加が進学率上昇に伴う大学生の平均的な学力水準の低下の直接的な原因となっていることが推測される。このような学生の多くが「大学での学習に対する準備が不十分」な（初中等教育における学習内容を十分理解できていない）学生層を形成し、しかもその多くが周辺的な大学に進学しており、こうした学生が多数を占める大学が「Fランク大学」（葛城 2011）、「マージナル大学」（居神 2010）となっている（濱中義隆 2013：52）。

　いわゆる「マージナル大学」に進学してくる学生の特徴について、居神（2013）は以下に挙げた朝比奈（2010：22-25）の「教育困難校」の高校生の3つの類型化を紹介すると共に、この類型把握はマージナル大学に入学する学生にもほぼ当てはまると述べている。

①本来持っている能力は高い生徒たち。小中学校での不登校体験などにより、能力相応の高校に入学できなかった生徒であるために、学習意欲が高いが、コミュニケーションを取ることに苦手意識がある。自分を理解してくれる特定の友人、教員とは人間関係を持つことはできる。
②いわゆる「ワル」タイプの生徒たち。本当は高校に来たくなかったのに、親に進められて進学してしまったがために、最初から勉強する気はまったくなく、さまざまな授業妨害を行ったりする。退学させようにも、教育委員会などから中退率を下げる要請が出ているので、引き留める努力をせざるをえない。
③無気力でまったく生気を感じられず、病的に学力が低い生徒たち。真面目に登校し、授業を受けているが、実は話を聞いているようで理解しておらず、教員に対しても生徒に対しても自分から積極的に言動を起こすことはまったくない。

　居神（2013：81）は、どのタイプの学生にしても、多かれ少なかれ中退のリスクを抱えており、定員割れの危機を抱えているところも少なくないマージナル大学では、欠席時の電話連絡や保護者との面談等、かつての大学では考えられないほどの面倒を見ながら何とか卒業年次まで在学させようとしている。
　大学大衆化の結果、従来の「大学」という概念のもとでは機能しがたい現実が生まれており、「大学とは何か」という問いが突きつけられていると言える。

2.1.3　アジアの大学大衆化

　大学大衆化は日本だけの問題ではない。OECD（2014）によれば、OECD加盟国34か国の進学率の平均は58%となっており、高等教育の機会はユニバーサル段階を迎えている。2011年の調査では、アジアの中での加盟国である日本は52%、韓国は69%に達している。

　井手（2012）によれば、日本以上に進学率の高い韓国では、2003年に大学全入時代に入ったと言われている。韓国の高等教育は4年制大学、4年制教育大学、2年制あるいは3年制専門大学で行われている。4年制教育大学10校は国立大学であるが、4年制大学は国公立33校、私立156校、計189校、専門大学は国公立9校、私立133校、計142校と、私立大学が圧倒的に多い。2003年に大学全入時代に入った時期を境に、韓国政府は大学の統合・再編を誘導するようになり、定員充足率が悪い大学については大学経営自体からの撤退を求める方針を明確化するようになった。首都圏大学の定員充足率が100%前後で安定しているのに対し、非首都圏大学（特に私立）は、継続的な定員減の状況が続いており、特に地方大学において定員未充足と不安定な状況が定着している（井手 2012：52）。このような中で、公立大学間や私立大学間同士、国・公立大学間や所管官庁の異なる大学同士の統合も模索されている。2007年9月には、韓国初となる国立大学法人である「蔚山科学技術大学」が誕生した。2011年にはソウル大学校も法人化され、改革・再編が加速している。

　また、文部科学省（2015b）によると、地方大学の振興を目的に韓国教育省は2014年9月「地方大学の競争力向上を通下創造的地域人材の育成プラン」を発表した。これは地方大学を地域経済の牽引拠点として位置付け、地方大学の特性化の推進や新たなニーズへの対応、地域人材育成のための環境整備の3点を骨子とする内容と

なっている。地方大学支援策を通じて、学生数の減少に苦しむ地方大学の救済のほか、地域の需要に応じた人材輩出を通した地方経済の振興が意図されている。

　日本・韓国が高等教育のユニバーサル段階に達している一方で、OECD非加盟国ではあるが、調査対象となっている中国の大学進学率は18％、インドネシアは27％にすぎない。

　中国では、1990年代前半に社会主義市場経済体制への移行が宣言されて以降、社会体制の転換や急速に進むグローバル化に対応するため、大規模な高等教育改革が進められてきた。南部（2012）によれば、中国の高等教育機関は大きく普通高等教育機関と成人高等教育機関に分けられるが、普通高等教育機関では国民の全体的な資質を高め、国家建設に必要な質の高い労働者や専門人材をいち早く育成することを目的に、進学者の大幅な増加が図られた。1998年から2010年までの12年間で、機関数は1,022校から2,358校へ大きく増加し、本科課程（学士課程）および専科課程（学位取得に至らない短期課程）の学生（以下、大学生）数は、普通高等教育を受ける大学生では1998年の340万8,764人から2010年には2,231万7,929人と6.5倍になっている（南部 2012：16）。

　こうした学生の量的拡大は、機関の新設と共に、既存機関が収容学生数を増やすことによってもたらされた。また、1990年代以降認可されるようになった「民営高等教育機関」と呼ばれる私立セクターも、高等教育の量的拡大に寄与している。1998年には正式に認可された機関は22校であったが、2010年には674校にまで増加し、在籍学生数も466万4,531人となり、機関数で28.66％、大学生数で20.9％を占めるまでになっている（南部 2012：17）。

　2013年度の教育統計によれば、成人を含む高等教育は総在学率が34.5％になり、急速な大衆化が進んでいる。教育振興策による就学前教育の大幅な規模拡大や、中等教育段階で大学進学につながる

高級中学を選択する生徒が増えるなど、高等教育以前の就学率の上昇を受け、中国の高等教育の大衆化は今後も一層加速すると考えられる。

　このように、大学大衆化は日本だけの問題ではなく、アジア各国でも進行している共通の課題であると言える。大学大衆化と共に学力低下の問題も顕著になってきている。学力が足りず、国内の有名大学に進学できない学生たちが、親の財力によって国外の大学へ留学するケースが増えてきている。そのような学生たちは、帰国しても就職できず、フラフラ仕事を待つ「海待族」、あるいは「待」という発音の類似性から「海帯族（コンブ族）」とも揶揄されている（CLAIR 2015）。「海待族」、「海帯族」と呼ばれる学生たちの多くが、日本の定員割れに苦しむ大学に入学し、定員補充の役割を担っているという現実も存在する。大学大衆化に伴う学力低下問題は、日本人だけでなく、留学生教育においても重要な課題であり、それにどのように対応していくかが問われている。

2.1.4　日本国内の大学教育政策において、求められる資質・能力観

　大学大衆化の進行により、学力低下が指摘される中で、大学で求められる資質・能力観について文部科学省の施策から再考してみたい。

　そもそも、日本の教育の目的は、教育基本法第1条で「教育は、人格の完成を目指し、平和で民主的な国家及び社会の形成者として必要な資質を備えた心身ともに健康な国民の育成を期して行われなければならない。」とされている。中でも、高等教育機関としての大学の目的は、学校教育法第83条の中で、「学術の中心として、広く知識を授けると共に、深く専門の学芸を教授研究し、知的、道徳的及び応用的能力を展開させる。」ことと定められている（国立教育

政策研究所 2016）。

　これらは、戦後に定められた理念であるが、社会の変化と大学進学率が上昇していく中で、大学の抱える具体的な問題も少しずつ変化してきた。1990年代に入ると、大学進学率が急上昇し、50％を超えるユニバーサル段階が目前となった。さらに、日本社会はバブル経済が崩壊し、景気の低迷と社会的な閉塞感が続いていた。社会の高度化・複雑化が進む中で、1998（平成10）年、大学審議会答申「21世紀の大学像と今後の改革方策について―競争的環境の中で個性が輝く大学―（答申）」において、主体的に変化に対応し、自ら将来の課題を探求し、その課題に対して幅広い視野から柔軟かつ総合的な判断を下すことのできる力、すなわち「課題探求能力」の必要性が掲げられた。

　21世紀に入ると、グローバル化する知識基盤社会において、学士レベルの資質能力を備える人材養成が重要な課題と認識される一方で、少子化により「大学全入」時代を迎え、定員を充足できない大学が増加し、定員充足ための入学試験の選抜機能の低下が問題視されるようになった。日本全体の国際競争力の低下が危惧される中で、大学や学位の水準や学位の国際的通用性の維持・向上のため、2008（平成20）年に中央教育審議会は、「学士課程教育の構築に向けて（答申）」をとりまとめ、卒業に当たっての学位授与の方針を具体化・明確化し積極的に公開するものとし、国は「学士力」に関し参考指針を表2-2のように提示している。

　その後、2011（平成21）年3月11日に発生した東日本大震災を経て、産業空洞化や生産年齢人口の減少など、深刻かつ解決が困難な問題が山積する中で、新しい時代を生き抜くための資質・能力を育成する教育の充実させる必要性から、2013（平成23）年6月に、「第2期教育振興計画」が閣議決定された。これは2018（平成29）年度までの計画である。その趣旨を述べた前文の冒頭に、「今正に我が

表2-2　各専攻分野を通じて培う学士力〜学士課程共通の学習成果に関する参考指針〜

1. 知識・理解

　専攻する特定の学問分野における基本的な知識を体系的に理解するとともに，その知識体系の意味と自己の存在を歴史・社会・自然と関連付けて理解する。

　(1)多文化・異文化に関する知識の理解

　(2)人類の文化，社会と自然に関する知識の理解

2. 汎用的技能

　知的活動でも職業生活や社会生活でも必要な技能

　(1)コミュニケーション・スキル

　　日本語と特定の外国語を用いて，読み，書き，聞き，話すことができる。

　(2)数量的スキル

　　自然や社会的事象について，シンボルを活用して分析し，理解し，表現することができる。

　(3)情報リテラシー

　　情報通信技術（ICT）を用いて，多様な情報を収集・分析して適正に判断し，モラルに則って効果的に活用することができる。

　(4)論理的思考力

　　情報や知識を複眼的，論理的に分析し，表現できる。

　(5)問題解決力

　　問題を発見し，解決に必要な情報を収集・分析・整理し，その問題を確実に解決できる。

3. 態度・志向性

　(1)自己管理力

　　自らを律して行動できる。

　(2)チームワーク，リーダーシップ

　　他者と協調・協働して行動できる。また，他者に方向性を示し，目標の実現のために動員できる。

　(3)倫理観

　　自己の良心と社会の規範やルールに従って行動できる。

　(4)市民としての社会的責任

　　社会の一員としての意識を持ち，義務と権利を適正に行使しつつ，社会の発展のために積極的に関与できる。

　(5)生涯学習力

　　卒業後も自律・自立して学習できる。

4. 統合的な学習経験と創造的思考力

　これまでに獲得した知識・技能・態度等を総合的に活用し，自らが立てた新たな課題にそれらを適用し，その課題を解決する能力

（中央教育審議会（2008：12-13）「学士課程教育の構築に向けて（答申）」より引用）

国に求められているもの、それは、「自立・協働・創造に向けた一人一人の主体的な学び」である。」と述べ、新たな理念が示されている。そして、我が国の危機的な状況を回避し、持続可能な社会を実現するための社会の方向性として、「①社会を生き抜く力の養成」、「②未来への飛躍を実現する人材の養成」、「③学びのセーフティネットの構築」、「④絆づくりと活力あるコミュニティの形成」という4つの基本的方向性が打ち出されている[4]。さらに、4つの基本的方向性に基づく8つの成果目標と30の基本施策を掲げ、「4のビジョン、8のミッション、30のアクション」として体系的に整理されている。その概要を表2-3にまとめる。

「学士課程教育の構築に向けて」においては、「学士力」の「質」をどのように保障するかに重点が置かれ、教育課程編成・実施方法や、入学者の受入れ方針の見直しと明確化、また業績評価や自己点検・評価など質保証の仕組みの整備が行われた。一方、「第2期教育振興計画」では、学士力に関する議論を踏まえ、どのような力を育成するか、という能力に重点が置かれている。さらに、個としての能力の獲得だけでなく、変化の激しい時代の中で、他者と協働できる能力や「絆」といった、人間関係や社会的な協調性が重視されている点に「学士力」だけでなく生涯学習を視野に入れた教育目標が加わるなどの変化が見られる。特に、成果指標3「自立・協働・創造に向けた力の修得」については、基本施策11として「現代的・社会的課題に対応した学習等の推進」があげられ、男女共同参画学習、人権、環境、消費は、防災に関する学習、自立した高齢期を送るための学習、持続可能な開発のための教育（ESD）、体験活動・読書活動等が生涯にわたって学習するべき項目となっている。

（4）　閣議決定（2013：2）「教育振興基本計画」https://www.mext.go.jp/a_menu/keikaku/detail/__icsFiles/afieldfile/2013/06/14/1336379_02_1.pdf（2022年5月31日最終閲覧）

表2-3 第二期教育振興計画 4のビジョン（基本的方向性）、8のミッション（成果目標）、30のアクション（基本施策）

ビジョン1	社会を生き抜く力の養成
成果目標1	「生きる力」の確実な養成
基本施策1	確かな学力を身に付けるための教育内容・方法の充実
基本施策2	豊かな心の育成
基本施策3	健やかな体の育成
基本施策4	教員の資質能力の総合的な向上
基本施策5	幼児教育の充実
基本施策6	特別なニーズに対応した教育の推進
基本施策7	各学校段階における継続的な検証改善サイクルの確立
成果目標2	課題探求能力の修得
基本施策8	学生の主体的な学びに向けた大学教育の質的転換
基本施策9	大学等の質保証
基本施策10	子どもの成長に応じた柔軟な教育システム等の構築
成果目標3	生涯を通じた自立・協働・創造に向けた力の修得
基本施策11	現代的・社会的な課題に対応した学習等の推進
基本施策12	学習の質保証と学習成果の評価・活用の推進
成果目標4	社会的・職業的自立に向けた能力・態度の育成等
基本施策13	キャリア教育の充実、職業教育の充実、社会への接続支援、産学官連携による中核的専門人材、高度職業人の育成の充実・強化
ビジョン2	未来への飛躍を実現する人材の養成
成果目標5	社会全体の変化や新たな価値を主導・創造する人材等の養成
基本施策14	優れた才能や個性を伸ばす多様で高度な学習機会等の提供
基本施策15	大学院の強化等による卓越した教育研究拠点の形成、大学等の研究力強化の促進
基本施策16	外国語教育、双方向の留学生交流・国際交流、大学等の国際化など、グローバル人材育成に向けた取組の強化
ビジョン3	学びのセーフティネットの構築
成果目標6	意欲ある全ての者への学習機会の確保
基本施策17	教育費負担軽減に向けた経済的支援
基本施策18	学習や社会生活に困難を有する者への学習機会の提供など教育支援
成果目標7	安全・安心な教育研究環境の確保
基本施策19	教育研究環境の整備や安全に関する教育の充実など学校における児童生徒等の安全の確保
ビジョン4	絆づくりと活力あるコミュニティの形成
成果目標8	互助・共助による活力あるコミュニティの形成
基本施策20	絆づくりと活力あるコミュニティの形成に向けた学習環境・協働体制の整備推進
基本施策21	地域社会の中核となる高等教育機関（COC構想）の推進
基本施策22	豊かなつながりの中での家庭教育支援の充実

4つの基本的方向性を支える環境整備
基本施策23　現場重視の学校運営・地方教育行政の改革
基本施策24　きめ細かで質の高い教育に対応するための教職員等の指導体制の整備
基本施策24　良好で質の高い学びを実現する教育環境の整備
基本施策26　大学におけるガバナンス機能の強化
基本施策27　大学等の個性・特色の明確化とそれに基づく機能の強化（機能別分化）の推進
基本施策28　大学等の財政基盤の確立と個性・特色に応じた施設整備
基本施策29　私立学校の振興
基本施策30　社会教育推進体制の強化

（閣議決定（2013）「教育振興基本計画」をもとに筆者が作成）

　高等教育段階の学生を対象にした取り組みとしては、知識を基盤とした自立、協働、創造の社会モデル実現に向けて、「生きる力」の基礎に立ち、成果目標2「課題探求能力の修得」として、学生の主体的な学びを確立することが目標とされている。そのために、十分な質を伴った学修時間を欧米並みの水準にすることや学修環境の整備などによる大学教育の質的転換を図ること（基本施策8）、大学等の質保証（基本施策9）が求められている。また、グローバル化が進む社会において、未来の飛躍を実現する人材の養成として、成果目標5として「新たな価値を創造する人材、グローバル人材等の養成」が掲げられ、国際的な学力の向上や、英語力の向上、留学生の増加などがあげられている。さらに、高等教育がユニバーサル段階に入ったことを踏まえ、基本施策27「大学等の個性・特色の明確化とそれに基づく機能の強化（機能別分化）の推進」を行い、学校ごとの役割に応じた教育活動の展開が重要であると述べられている。

　特に日本社会では、「2030年問題」と呼ばれ、2030年に社会の危機的な状態が各方面に顕在化する試算が行われている。2030年に総人口の3割が65歳以上の高齢者となる少子高齢化問題、また生産年齢人口が2010年の約8割（総人口の58%）となるという労働人口の問題、さらに世界のGDPに占める日本の割合が2010年度の5.8%から3.4%に減少するのに伴い、日本の国際的地位も低下するという

予測が行われている[(5)]。一方では、ICT の発展に伴い、2030年には日本の全労働人口49％が人工知能やロボット等で代替可能になるという試算もあり、ICT スキルやリテラシーの有無による格差社会が拡大することも予測されている[(6)]。さらに日本人の人口減少を補完すると共に、多様な人材による創造的社会を目指し、高度人材外国人、外国人技能実習生の在留資格の優遇や外国人労働者、さらに移民の受入れ促進を検討する議論が進められている。このように多様で、厳しい社会情勢の中で持続可能な発展を続けるために、新しい時代に必要となる資質・能力を育成する必要性に迫られている。

2.2　諸外国における資質・能力観

　このような社会の変化を見据えて、21世紀初頭から諸外国における教育政策の動向が大きく変化し、日本の教育政策における教育内容や資質・能力観の変遷にも大きな影響を与えている。ここでは、欧米を中心に諸外国の資質・能力観について概観する。

2.2.1　OECD のキー・コンピテンシー

OECD は「Organization for Economic Co-operation and Development：経済協力開発機構」の略で、本部はフランスのパリにあり、

（ 5 ）　文部科学省（2015a）「教育課程企画特別部会　論点整理補足資料」　http://www.mext.go.jp/b_menu/shingi/chukyo/chukyo3/siryo/__icsFiles/afieldfile/2015/11/17/1364305_001_1.pdf（2022年 5 月31日最終閲覧）
（ 6 ）　PC Watch　2016年 1 月12日「野村総研、2030年には49％ の職業がコンピュータで代替される可能性と研究報告〜自動化されにくい職業の特徴は創造性と社会的知性」　http://pc.watch.impress.co.jp/docs/news/738555.html（2022年 5 月31日最終閲覧）

先進国間の自由な意見交換・情報交換を通じて、(1)経済成長、(2)貿易自由化、(3)途上国支援に貢献することを目的に設置された。現在、35か国が加盟している[7]。

1990年の「万人のための教育（EFA）世界会議」で決議された「万人のための教育宣言」の理念に従い、1997年から2003年にかけて「コンピテンシーの定義と選択（Definition and Selection of Competencies: DeSeCo）」プロジェクトが実施された（松尾 2015：14-16）。デセコ（DeSeCo）プロジェクトは、グローバリゼーションの進む社会で、国際的に共通するカギとなる資質・能力を定義し、その評価と指標の枠組みを開発することを目的としたものである。デセコ（DeSeCo）プロジェクトでは、コンピテンシーとは、人が「特定の状況の中で（技能や態度を含む）心理社会的な資源を引き出し、動員して、より複雑な需要に応じる能力」と定義され、①個人の成功にとっても、社会の発展にとっても価値を持つもので、②さまざまな状況において、複雑な要求や課題に応えるために活用でき、また、③すべての人にとって重要なものとされている。コンピテンシーの中でも特に中核となる能力はキー・コンピテンシーと呼ばれ、OECDでは①「相互作用的に道具を用いる力」、②「社会的に異質な集団で交流する力」、③「自律的に活動する力」という 3 つをあげている（松尾 2015：15）。

キー・コンピテンシーの中核には「思慮深さ（reflectiveness）」が位置付けられ、それは社会から一定の距離をとり、異なった視点を踏まえながら、多面的な判断を行うと共に、自分の行為に責任を持つ思慮深い思考と行為を指している（松尾 2015：16）。

このキー・コンピテンシーの概念の一部は、OECDの国際学力調

・グローバリゼーションの進む社会で、国際的に共通するカギとなる資質・能力

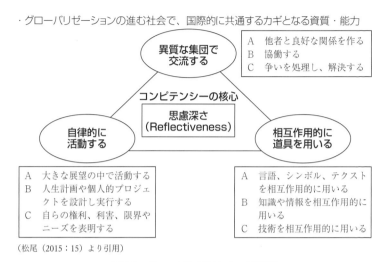

（松尾（2015：15）より引用）

図2-2　キー・コンピテンシーの構造

査である PISA（the Programme for International Student Assessment）の調査内容の枠組みに活用されている。PISA は、義務教育終了時の生徒が社会に参加するに十分な本質的な知識と技能をどの程度得ているかを観測するのを目的に作成されたが（ライチェン・サルガニク 2006：200）、「相互作用的に道具を用いる力」の一部を評価可能なように設計され、諸外国の教育政策にきわめて大きな影響を与えている（松尾 2015：17）。DeSeCo プロジェクトは、各々のコンピテンシーを断片的ではなく一体として扱う「ホリスティックモデル」を提唱しているため、「相互作用的に道具を用いる」というコンピテンシーも、単なるリテラシーではなく、「民主的な社会に参加しながら、自立的に考え活動するための能力」に結び付けられている（国立教育政策研究所 2015：25）。PISA の定義は表2-4のようになっている。

表2-4　OECD 国際学力調査　PISA の定義

読解力 （読解リテラシー）	自らの目的を達成し、知識と可能性を発達させ、社会に参加するために、書かれたテクストを理解し、活用し、深く考える能力
数学的リテラシー	数学が世界で果たす役割を知り理解するとともに、社会に対して建設的で関心をよせ思慮深い市民として、自らの生活の必要に見合った方法として数学を活用し、応用し、より根拠のある判断を行う能力
科学的リテラシー	自然の世界及び人間活動を通してその世界に加えられる変化についての理解と意思決定を助けるために、科学的知識を活用し、科学的な疑問を明らかにし、証拠に基づく結論を導く能力

（松尾（2015：17）より転載）

2.2.2　EU のキー・コンピテンシー

　欧州連合（European Union: EU）は、1992年に「欧州連合条約（マーストリヒト条約）」が調印され、加盟国の国家主権の一部を超国家機構に委譲し、加盟国の政治的・経済的統合を進めていくことを目標としていることからヨーロッパにおける加盟国による超国家的機構である。政治的・経済的統合を進めていくことを目標として、1993年に設立され、2020年現在は27か国が加盟している[8]。

　2000年代に入ると、EU において教育と職業訓練の分野で、人材育成のための生涯学習のあり方が議論されるようになった。2000年3月「リスボン・ストラテジー」が採択され、2010年までに「世界でもっとも競争力の高いダイナミックな知識基盤型経済」を構築していくことが目指されることになった。知識基盤社会に必要な知識や基本的な技能を明らかにするワーキンググループが設定され、検討が行われた。そして、2005年に「生涯学習のためのキー・コンピテンシー」

（8）　外務省（2021）「欧州連合（EU）概況」https://www.mofa.go.jp/mofaj/area/eu/data.html#:-:text=1%20%E6%AC%A7%E5%B7%9E%E9%80%A3%E5%90%88%EF%BC%88EU%EF%BC%9AEuropean,%E3%82%92%E5%BD%A2%E6%88%90%E3%81%97%E3%81%A6%E3%81%84%E3%82%8B%E3%80%82（2022年5月31日最終閲覧）

表2-5　EU のキー・コンピテンシー

①母語でのコミュニケーション
②外国語でのコミュニケーション
③数学的コンピテンシーと科学および科学技術における基礎的コンピテンシー
④デジタル・コンピテンシー
⑤学び方の学び
⑥社会的・市民的コンピテンシー
⑦イニシアチブの意識と企業家精神
⑧文化的気づきと表現

（松尾（2015：20）より引用）

として発表された（松尾 2015：19）。キー・コンピテンシーはグローバル社会を生涯学び続ける社会と捉え、その基盤としての資質・能力を育成することに重きが置かれている。デセコ（DeSeCo）の定義を参考にしつつ、EU 域内の教育政策への適用を踏まえて作成されたものであるが、各国が従わなければならない義務はない（松尾 2015：19）。

2.2.3　21世紀型スキル

　グローバル化や科学技術の進展により、生活や労働環境が大きく変化していることを踏まえ、アメリカ、連邦労働省の諮問した委員会 SCANS（Secretary's Commission on Achieving Necessary Skills）が実社会や職場で求められる今日的な資質・能力を調査し、5 つのコンピテンシー（資源、人間関係技能、情報、システム、テクノロジー）と 3 つの技能と個人的資質（基礎的技能、思考技能、個人的特質）が抽出された。これを機に、21世紀型レディネスを位置付けるための触媒として、2002年に、教育、ビジネス、地域社会、政治のリーダーの協働的な関係づくりを通して21世紀型スキルパートナーシップが設立された。設立メンバーには、アメリカの初等・中等教育を中心にアメリカ教育省、ICT 関連企業、教育諸団体、ビジネス界や政府が連携し、教育改革を推進しているところに特徴がある（松尾 2015：26）。

このような背景から、21世紀型スキルはグローバル社会をデジタル化されたネットワークの中で協調的に問題を解決する社会と捉え、ICT リテラシーを軸とした資質・能力を育成する面が強いという特徴がある。そして、すべての子どもが効果的な市民、働き手、リーダーとして、今日的なデジタル社会において成功できるように考えられた資質・能力が定義されている。具体的には図2-3にあげたように、虹の部分とプールの部分から構成され、虹の部分がコア教材と学際的テーマ、3つのコアスキル（ライフスキル・職業スキル、学習スキル・革新スキル、情報・メディア・テクノロジーのスキル）、プールの部分は、学習支援システム（スタンダードと評価、カリキュラムと指導法、専門的能力開発、学習環境）を示している。

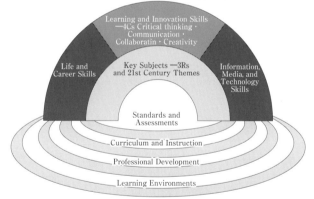

©2007 Parnership for 21st Century Learning (P21)
www.P21.org/Framework

図2-3　21世紀型スキルの基本的枠組み（P21のウェブサイト[9]より転載）

（9）　P21（Partnership for 21st Century Learning）Framework for 21st Century Learning http://www.p21.org/our-work/p21-framework（2017年12月17日閲覧）現在は次の URL に移動している。https://static.battelleforkids.org/documents/p21/P21_framework_0816_2pgs.pdf（2022年 5 月31日最終閲覧）

2.2.4 ACT21S

ACT21Sとは、2009年にロンドンにおける「学習とテクノロジー世界フォーラム」で立ち上げられた国際的なプロジェクトである。21世紀型スキルの未知の領域を開拓し、その評価法を開発することを目指すものである。世界的なIT企業の財政的な支援を受け、オーストラリア、フィンランド、ポルトガル、シンガポール、イギリス、アメリカが参加している。21世紀型スキルの概念化と定義づけが行われ、KSAVEフレームワーク（KSAVEはKnowledge、skill、attitude、value、ethnicsの頭文字）と呼ばれる、4つのカテゴリーと10のスキルからなるモデルを提示している（表2-6）。

また、21世紀型スキルではスキルの定義だけではなく、評価方法の開発が進められ、今後の社会や教育の変化の中で注目すべきスキルとして、「協調的問題解決」と「デジタルネットワークを使った学習」があげられ、評価方法のあり方が検討されている。このようなACT21Sプロジェクトの成果は、OECDのPISAにも取り入れられるなど、世界の教育に影響を与えている（松尾 2015：35）。

表2-6　KSAVE モデル

①思考の方法	1．創造性とイノベーション 2．批判的思考、問題解決、意思決定 3．学び方の学び、メタ認知
②働く方法	4．コミュニケーション 5．コラボレーション（チームワーク）
③働くためのツール	6．情報リテラシー（ソース、証拠、バイアスに関する研究も含む） 7．ICT リテラシー
④世界の中で生きる	8．地域とグローバルでよい市民であること（シチズンシップ） 9．人生とキャリア発達 10．個人の責任と社会的責任（異文化理解と異文化適応能力を含む）

（松尾（2015：33）より引用）

38

2.3　汎用的能力の比較検討

2.3.1　汎用的能力とグローバルシティズンシップ

　前節で述べてきたように、現在、21世紀で育成すべき汎用的能力について、世界各国で議論が進められている。日本の国立教育政策研究所は、その資質・能力観を比較し、表2-7にまとめてあるように、大きく基礎的リテラシー、認知スキル、社会スキルの3つに分類している。

　これらの目標は、どの国においても、一部のエリートや専門家のためだけでなく、すべての人に求められるものだと位置付けられている（国立教育政策研究所 2016：24）。また、これらの能力が断片ではなく一体として「ホリスティック」に扱うことが提唱されている（国立教育政策研究所 2016：25）。

表2-7　諸外国のプロジェクトの資質・能力に関わる教育目標

OECD（DeSeCo）		EU	イギリス	オーストラリア	ニュージーランド	（アメリカほか）	
キーコンピテンシー		キーコンピテンシー	キースキルと思考スキル	汎用的能力	キーコンピテンシー	21世紀スキル	基礎的なリテラシー
相互作用的道具活用力	言語、記号の活用	第1言語 外国語	コミュニケーション	リテラシー	言語・記号・テキストを使用する能力		
	知識や情報の活用	数学と科学技術のコンピテンス	数字の応用	ニューメラシー			
	技術の活用	デジタル・コンピテンス	情報テクノロジー	ICT技術		情報リテラシー ICTリテラシー	
反省性（考える力）（協働する力）（問題解決力）		学び方の学習	思考スキル（問題解決）（協働する）	批判的・創造的思考力	思考力	創造とイノベーション 批判的思考と問題解決 学び方の学習 コミュニケーション コラボレーション	認知スキル
自律的活動力	大きな展望 人生設計と個人的プロジェクト	進取の精神と起業精神	問題解決 協働する	倫理的理解	自己管理力	キャリアと生活	社会スキル
	権利・利害・限界や要求の表明	社会的・市民的コンピテンス 文化的気づきと表現		個人的・社会的能力 異文化間理解	他者との関わり 参加と貢献	個人的・社会的責任	
異質な集団での交流力	人間関係力 協働する力 問題解決力					シティズンシップ	

（国立教育政策研究所（2016：24）より転載）

2.1.4で検討した日本の「学士力」で指摘された４つの要素も、表2-8のように整理でき、基礎的リテラシーとして「1.知識」、認知スキルとして「2.汎用的技能諸」と「3.態度・志向性」、社会スキルとしては、「4.総合的な学習経験と創造的思考力」が該当し、諸外国の資質・能力観に通じるものであると言える。また、「第２期教育振興基本計画」の要素と比較すると、４つの基本的方向性のうち、１つの「3　学びのセーフティネットの構築」は直接的に資質・能力と関わる要素ではなく、学びの環境に関するものであるため該当しなかったが、「1　社会を生き抜く力の養成」と「2　未来への飛躍を実現する人材の養成」に関する要素は基礎的リテラシー、認知スキルのそれぞれに該当すると考えられる。また、社会スキルは「1　社会を生き抜く力の養成」、「2　未来への飛躍を実現する人材の養成」、「4　絆づくりと活力あるコミュニティの形成」の３つすべてに関係していると考えられる。

　基礎的リテラシー、認知スキルは、従来から学問に欠かせない要素として考えられてきたが、異質な集団での交流力や異文化間理解、シティズンシップといった「社会的スキル」は、近年急速に進んだグローバル化社会の中で重要性が増してきた能力だと考えられる。日本の「第２期教育振興基本計画」においては、個としての能

表2-8　汎用的能力の要素と日本の大学教育で求められる要素との比較

汎用的能力の要素	「学士力」の要素	「第二期教育振興基本計画」の要素
基礎的リテラシー	1．知識	1　社会を生き抜く力の養成 2　未来への飛躍を実現する人材の養成
認知スキル	2．汎用的技能 3．態度・志向性	1　社会を生き抜く力の養成 2　未来への飛躍を実現する人材の養成
社会スキル	4．総合的な学習経験 　と創造的思考力	1　社会を生き抜く力の養成 2　未来への飛躍を実現する人材の養成 4　絆づくりと活力あるコミュニティの形成

（筆者作成）

　力の獲得だけでなく、変化の激しい時代の中で、他者と協働できる能力や「絆」といった、人間関係や社会的な協調性が重視されているが、教育全体において社会スキルの重要性が高まっていると言える。今後さらにグローバル化が進み、ヒト、モノ、カネの移動が従来の国家の枠組みを越えて活発に移動する複雑化した社会において、グローバルな認識をもった「地球市民」としての意識、すなわち「Global Citizenship グローバルシティズンシップ」と呼ばれる資質が不可欠であると言われている。(鈴木ほか 2005：19)。また、グローバルシティズンシップを育成する教育は、「グローバルシティズンシップ教育、Global Citizenship Education (GCED)」と呼ばれている。日本の大学教育においても、今後一層重視されていくべき資質・能力ではないかと思われる。

　日本ユネスコ委員会・文部科学省 (2015) によれば、GCED とは、「教育がいかにして世界をより平和的、包括的で安全な、持続可能なものにするか、そのために必要な知識、スキル、価値、態度を育成していくかを包含する理論的枠組み」のことであり、GCED の教育目標は「学習者が国際的な諸問題に向き合い、その解決に向けて地域レベル及び国際レベルで積極的な役割を担うようにすることで、平和的で、寛容な、包括的、安全で持続可能な世界の構築に率先して貢献するようになることを目指すもの」と定義されている。

　グローバルシティズンシップはシティズンシップのグローバルな側面に焦点をあて、より公正な世界を目指した一人一人の自覚や行動が重視するもので (石森 2015：251)、国連でも2012年9月に国連事務総長が開始した Global Education First Initiative (GEFI) において3つの優先分野の1つにあげられた。これを契機にユネスコ事務局でも取り組みが強化されてきた[10]。UNESCO (2015) では、グローバ

(10)　文部科学省　日本ユネスコ国内委員会　参考5「GCED：Global Citizenship Education（地球市民教育）について」1．概要　http://www.mext.

ルシティズンシップ教育を以下のように定義している。

> Global citizenship refers to a sense of belonging to a broader community
> and common humanity. It emphasises political, economic, social and
> cultural interdependency and interconnectedness between the local, the
> national and the global.

（UNESCO（2015：14）より引用。）

　上記の内容について、日本の文部科学省では、以下のように紹介
している。

GCED：Global Citizenship Education（地球市民教育）について[11]
1. 概要
　GCEDとは、教育がいかにして世界をより平和的、包括的で安
全な、持続可能なものにするか、そのために必要な知識、スキル、
価値、態度を育成していくかを包含する理論的枠組みである。

2. GCEDの目標
　GCEDは、学習者が国際的な諸問題に向き合い、その解決に向
けて地域レベル及び国際レベルで積極的な役割を担うようにする
ことで、平和的で、寛容な、包括的、安全で持続可能な世界の構
築に率先して貢献するようになることを目指すものである。

　以上のように、グローバルシティズンシップとその教育は、世界
的に注目されているが、その教育の範囲は非常に広く、それをどの

---

go.jp/unesco/002/006/002/003/shiryo/attach/1356893.htm（2022年5月31日
最終閲覧）
（11）　文部科学省　日本ユネスコ国内委員会　参考5「GCED：Global Citi-
zenship Education（地球市民教育）について」２．GCEDの概要　出典の
リンクは、（10）と同じ。

ように教育活動に取り入れて実践していくのかが次の課題となる。

2.3.2　グローバルシティズンシップと外国語教育

　今まで見てきたように、グローバルシティズンシップは社会の中で重要性を増しているが、外国語教育と市民教育はどのように関係するのであろうか。

　バイラム（2015b：155）は、国際化社会の中で、異なる言語を話す人々と出会う機会が増えた我々は、彼らと会話を交わせるようになる外国語教育が必要であるが、外国語教育は、言語的知識や技能だけではなく、他者や我々をより豊かに理解し共存するために役立つ、「異文化間能力（intercultural competence）」を育成できるような指導法や学習法を開発すべきであると述べている。バイラム（2015b：155）は、それだけにとどまらず、外国語教育は、通常、国や国家市民（national citizenship）と関連付けられることの多い市民性という概念を「異文化間市民（intercultural citizenship）」にまで拡大することが可能であり、そうすべき責任があると述べている[12]。

　複数の国々が超国家的政治組織を形成している欧州連合では、加盟国のすべての国民が自国語に加えて欧州共同体（European Community）の言語の中から2つの外国語を学ばなければならないという政策を掲げた。この政策は経済的な発展とアイデンティティの意識の育成のためには必要不可欠だとされている（バイラム 2015a：15、European

---

（12）　バイラムの intercultural の訳語としては、「相互文化的」（バイラム 2015a）という翻訳もある。これは、intercultural に「異」の意味は存在しないという、監訳者である細川英雄氏の学説が含まれた訳となっている（バイラム 2015a：ii、監修者まえがきによる）。細川（2012：149-154）は、文化の相互性、動態性の表現として intercultural という訳語に「相互文化」という用語を導入している。本稿では、「異文化間教育」という学問領域との関係性を考慮し、「異文化間能力」という用語を用いることにする。

Commission, 1995)。また、「言語は他国の国民を知る重要な鍵ともなる。ヨーロッパには文化的財産と多様性があるので、複数の言語の運用力は、ヨーロッパ人としての意識とヨーロッパ市民同士の相互理解の意識を強めるのに役立つ」と考えられている（バイラム 2015a：16、European Commission, 1995：67）。

　同様に、文化に関する協力を主な業務としている超国家組織である欧州評議会も、以下を促進する言語教育政策を目指している。

- **複言語主義**：すべての加盟国の国民は、個々のニーズに応じて、複数の言語におけるある程度のコミュニケーション能力を生涯にわたって身につけていく権利を持つ。
- **言語多様性**：ヨーロッパは多言語社会であり、各言語はコミュニケーションの手段やアイデンティティの表現として等しく重要な価値を持つ。自己の言語を学び、使う権利は、欧州評議会協定により保護されている。
- **相互理解**：他の言語を学ぶ機会を持つことは、相互文化的コミュニケーションと文化的違いの受容にとって重要な条件である。
- **民主的市民性**：ひとりひとりに複言語能力があれば、多言語社会への民主的かつ社会的な手続きの参加が容易になる。
- **社会的結束**（social cohesion）：個人としての成長、教育、雇用、移動、情報へのアクセスおよび文化的豊かさの享受における機会の平等は、生涯にわたる言語学習の機会次第である。

（バイラム 2015a：16、Council of Europe, 2005:4）

　このように、ヨーロッパでは、外国語能力が多言語社会への社会参加のための「民主的市民性」と考えられており、市民教育の重要な要素の 1 つと位置付けられている。日本も今後一層国内のグローバル化が加速していく中で、外国語教育を市民教育として捉え直し、教育方法を再検討していく必要があると思われる。

　しかし、福島（2015：40）は、日本で外国語教育を市民教育と位置付けるにあたり、「日本においては、〈中略〉シティズンシップの構造自体を意識化しにくいため、一層の困難があると思われる。」と述べ、その難しさを指摘している。外国語は、日本では今なお進学や就職のための道具的な手段としての役割が重視される傾向が強く、とりわけ英語への偏重が著しく、その他の外国語教育が軽視されている。その背景としては、大学生の学力低下や、初等・中等教育からの不完全な外国語教育のしわ寄せや、異文化に対する興味が少ない内向き志向の若者の増加も影響していると考えられる。このような事情があるからこそ、日本を変えていくために市民教育を行うべきなのである。特に、留学生が急増する日本の大衆化型大学にこそ、異文化理解のための市民教育として、外国語教育が必要であると思われる。しかし、日常的に複数の言語と接触できる欧米と同じやり方ではなく、日本の社会に合った方法を検討する必要があると考える。

2.3.3　大学大衆化の中での求められる資質・能力・教育方法

　21世紀で育成すべき汎用的能力は、すべての人に等しく求められる能力であり、かつ断片的ではなくホリスティックに教育すべきものであることについて前節において確認した。では、これらを学力低下が指摘される、日本の大学、とりわけ「Ｆランク大学」（葛城2011）、「マージナル大学」（居神 2013）といった大学の教育現場では

どのように教育していくことができるであろうか。

　大学教育の中では、市民教育をリメディアル教育とキャリア教育に関連付けて論じる立場もある。大学生の学力低下と大学間の格差が拡大している中で、(居神 2015：4) は、現代社会における階級構造を、新中間階級を中心とする「エリート」と、労働者階級およびアンダークラスを中心とする「ノンエリート」とした場合、ノンエリート大学生が「きちんと働くために求められる知識、将来の希望を支える知識や技の習得のための基になる学力」、これこそが「まっとうな企業に雇用されるための能力」(居神 2015：9) であり、中等教育段階ではいまだ達成されていない普通教育の完成を高等教育段階でいわゆる「リメディアル教育」(「補修教育」) として保証し、「キャリア教育」につなげていくことの重要性を指摘している。さらに、居神 (2013：94) は、リメディアル教育とキャリア教育を四年間の学士課程教育全体に広めて理念化すると、「良き職業人」と「良き市民」の育成という考え方に行きつくとする。「まっとうな会社に雇用されうる能力」と共に「まっとうでない現実への意義の申し立て方」、さらに人びとのさまざまな思惑やニーズがぶつかりあって「先送り」にされてきた社会の課題を、少しずつ丁寧に解きほぐしながら、少しでも良い方向に向けて地道に解決しようとする「市民の力量」を育成することまでに広がり、マージナル大学は職業教育に重点を移しつつ、「市民性の育成」にも気を配った教育をすべきだと主張している。

　このように、大衆化型大学においても市民教育の重要性が指摘されている。しかし、その議論は「日本国内で就職するため」という範囲にとどまっており、「地球市民」の範囲まで議論が広がっていないことが懸念される。日本国内もグローバル化が進んでおり、日本国内での就職が目的であっても、単なるリメディアル教育 (補習教育) やキャリア教育に終始していては、現代社会で求められてい

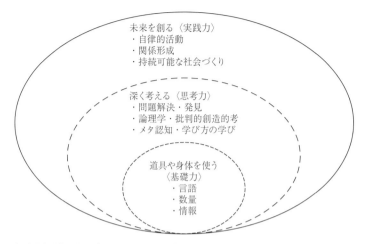

（国立教育政策研究所（2016：191）より転載）

図2-4　21世紀に求められる資質・能力の構造一例

るグローバルシティズンシップの育成には発展しない。

　この問題を解決するためには、大学の教育現場における資質・能力観の転換が必要であると考える。国立教育政策研究所（2016：191）は、諸外国の資質・能力観を踏まえ、21世紀に求められる資質・能力を、「思考力」を中核とし、それを支える「基礎力」と、思考力の使い方を方向付ける「実践力」の三層構造にまとめている。この三層構造の３つの力が一体として働き、「生きる力」を育成し、民主的社会の形成者となることができると考えられている。

　同じく国立教育政策研究所（2016）は「実践力」、「思考力」、「基礎力」について、表2-9のように定義している。

表2-9　21世紀に求められる資質・能力の内容（イメージ）

	求められる力（イメージ）	構成要素
未来を創る（実践力）	生活や社会、環境の中に問題を見いだし、多様な他者と関係を築きながら答えを導き、自分の人生と社会を切り開いて、健やかで豊かな未来を創る力	自律的活動 関係形成 持続可能な社会づくり
深く考える（思考力）	一人一人が自分の考えを持って他者と対話し、考えを比較吟味して統合し、よりよい答えや知識を創り出す力、更に次の問いを見付け、学び続ける力	問題解決・発見 論理的・批判的・創造的思考 メタ認知・学び方の学び
道具や身体を使う（基礎力）	言語や数量、情報などの記号や自らの身体を用いて、世界を理解し、表現する力	言語 数量 情報（デジタル、絵、形、音等）

（国立教育政策研究所（2016：191）より転載）

　資質・能力観について特に外国語能力との関係を例に考えてみる。大衆化型大学の学生の場合、日本人学生においても留学生においても、基礎力が低いことから、外国語教育においても基本的な文法や読み書き、発音の訓練を中心とした基礎力を重視した学習活動になることが多い。また、日本のように、日常生活のコミュニケーションをほぼ日本語のみで行うことができ、外国人との接触も限定的でヨーロッパのように頻度が高くないことから、日本人学生の外国語学習を考えた場合、外国語を用いた社会参加や政治的な活動を直接考えたり、実行したりすることは難しいと考えられる。このように、外国語学習活動において基礎力、思考力、実践力を直接結び付けることが難しい。しかし、そのような環境を逆に生かし、日本という環境の中で最も身近でローカルな存在である日本語を外国語と関連付け、社会問題との関係を学ぶ、日本語と外国語、さらにグローバルシティズンシップの視点を取り入れた教育を行うことで、基礎力、思考力、実践力という三層構造の能力を一体として育むことができるのではないかと考える。

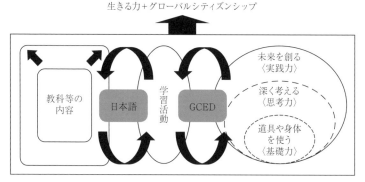

（国立教育政策研究所（2015）に筆者が加筆して作成）

図2-5　内容，学習活動，資質・能力をつなぐ学びのサイクル

　国立教育政策研究所（2015）は、21世紀に求められる資質・能力育成に向けた授業づくりには、内容、学習活動、資質・能力をつなぐ学びのサイクルを形成することが重要であると指摘している。図2-5の中で右から左の矢印は、資質・能力を引き出す学習活動によって学んだ教科等の内容を統合し、学び方も自覚的に結び付けることで、全体として「生きる力」につながっていくことを示している。一方、左から右の矢印は、学んだ内容が学習活動に使え、さらに生きた「知識」として「資質・能力」となっていくことで、その総体が「生きる力」の支えになっていくことを示している。本研究では、この学習活動の中に日本語に関連する内容とシティズンシップ教育を取り入れることで、大衆化型大学の学生に対し、「生きる力」とグローバルシティズンシップの育成が可能になるのではないかと考える。そして、このグローバルシティズンシップ教育に日本語教育の知見が大いに役立つのではないかと考える。本研究では、大学大衆化の背景や問題点を検証しながら、大衆化型大学におけるグローバルシティズンシップ実践方法について検討をしていく。

第 3 章

本研究の方法とデータの概要

本章では、本研究を進める方法と、本研究で扱うデータの概要について述べる。

　本論文は、大きく①大学大衆化に関わる教育政策の研究と、②日本語を媒介としたグローバルシティズンシップ教育の実践研究から構成されている。この2つの研究は、それぞれ複数の調査によって構成されている。それぞれの研究の進め方と実施した調査の概要の関係について述べる。

3.1　教育政策に関する研究方法

　まず、①大学大衆化に関わる教育政策の研究方法について述べる。本研究では、日本の大学教育において、日本語教育を含む留学生教育に関わる人々を行為主体＝「アクター」として捉え、アクターの留学生教育に対する意識を分析する。そしてアクターの意識から、留学大衆化時代を迎えた大学の留学生政策の問題点を明らかにすることを目的とする。

　本論文で用いる「アクター」は、「行為主体」を意味する。辻中（2012：4）によれば、政治とは、生身の人間の（合理性と非合理性を併せ持つ人間の）、集合的な決定への営みであり、その特殊な形であるとされる。政治の決定には、集団を拘束する強制力を伴うため、そこに含まれる多くの人びとの関心を引き、多くの利害が複雑に絡まりあい、もつれあい、人間性の多面的で複雑な性格が反映する。多様な利害や集団は多様なアクター（主体、政治の演者）を生み出し、それらアクター間の闘争、妥協、調整が必要となる。

3.1.1　政治学におけるアクター

　では、アクターとは具体的に誰を指すのであろうか。アクターについては、言語政策、高等教育政策に先んじて、政治学において語られてきた。政治学をフィールドとする辻中（2012：122）によれば、アクターの捉え方として、アーモンド（Almond 2008：31）の政治システム論のように政党、執政府、利益団体、官僚制、議会制、司法など政策を決定する組織・集団を対象とする考え方と、公共政策決定をシステム論に基づき体系化したドロア（2006：123）のように「政策決定は集合的なプロセスであり、そのクオリティは公共政策決定システムを形成する多様なユニットが行う意思決定および下位レベルの政策決定のクオリティに大きく依存する」という立場から、ユニットとして個人、小集団、組織の 3 類型をあげる考え方がある。ドロアは具体的には、個人として a. 私的個人、b. 知識人、c. 政治指導者、組織として d. 立法府、e. 行政府、f. 官僚組織、g. 司法、h. 政党、i. 大学、j. 利益団体、k. その他の政策思考ユニット（政府内外のシンクタンク等）をあげている。

　日本の政治学においても、伊藤・田中・真渕（2000）が、個人（市民）、利益団体、政党、議会、官僚制、執政集団を取り上げているほか、村松・伊藤・辻中（2003）は、市民（有権者）、政党、首相・内閣・国会、官僚制、地方政府、警察・防衛機構、司法、利益集団・市民運動、マス・メディア、ネットワーク関連組織（審議会など）に言及している。

　主人公（Principal）と代理人（Agent）というミクロな委任関係の連鎖として政治をみる発想（PA 論）からは、市民・国民が主人公である民主主義政治において、アクターは「代理人」として登場する。そこでは、国政は、議会（員）、政党、内閣（首相・大臣）等、執政府、官僚制が順に委任関係連鎖として把握される。また同様に地方

政府での議会、首長があり、地方政府は中央政府から代理人として把握される側面も持つ。国家の代理人として、国際レベルでは国際組織がある。アクターは、代理人である場合だけでなく、当然、主人公でもある。主人公として市民の側からモニター（主人公側からの監視）するアクターがメディアであり、主人公たる市民の一部は利益団体や政党を形成し、代理人ともなる。

3.1.2　言語政策論におけるアクター

　言語政策論においては、言語学習の主体である学習者をどのように表現するかについて議論が重ねられ、actor、agent、agency などの用語が使用されている。姫田（2005：13）によれば、社会学では個人と社会構造の関係性について、一方に個人行為を規定するものとしての社会構造という視野、他方に社会構造を創造するものとしての諸個人の行為という視野がある。フランス語の辞典では、agent は社会構造によってその行為を規定される個人、acteur は自由な意志決定を許された個人に対応する用語とされる。福島（2012：22）は、actor を「行為主体」と訳し、「自らの意思、動機づけに従って行動する個人」と定義する。一方で、agent を「代理人」と訳し、「与えられた課題を遂行する個人」と定義し、両者を区別している。

3.1.3　学校教育政策におけるアクター

　中等教育や高等教育など学校教育政策においては、アクターと呼ばれることが多い。どのアクターがどのぐらいの権力や影響力を擁しているかが分析の対象とされる。
　アメリカの学校教育政策分野において、ファウラー（2008：53）は教育システムにおいて、あるアクターは他のアクターよりも権力

を有しているが、すべてのアクターが何らかの権力を有している、と述べ、教育の場における主要なアクターとして政府機関（議会、教育委員会、教育省）、管理職、教師、サポートスタッフ、生徒、親、一般住民などをあげている。特に教育政策過程の政策論議において、政策過程に関わる個人や集団は、「政策アクター（political actors）」と呼んでいる（ファウラー 2008：111）。ファウラーはアメリカの州レベルの教育政策のアクターを政府機関のアクター、非政府機関の政策アクターの 2 つに分類し、以下のように説明している（表 3-1）。

表3-1　アメリカの州レベルの教育政策のアクター

政府機関のアクター	非政府機関の政策アクター
(1)　立法部門 　①議会、②議会スタッフ、立法機関の主要アクター (2)　行政部門 　①知事、②州教育委員会、③州教育長、④州教育省 (3)　司法部門 　裁判所、裁判官 (4)　地方政府機関のアクター 　①地方教育委員会、②教育長	(1)　利益団体 (2)　教育利益団体 (3)　非教育団体 (4)　政策ネットワーク (5)　政策企画組織 (6)　メディア

（ファウラー 2008の内容について筆者が表を作成）

3.1.4　高等教育政策におけるアクター

日本の高等教育政策においては、行為主体には「アクター」が使用され、政策過程、政治過程、大学経営などの分野で研究が行われている（橋本 2008、2014、両角 2014、夏目 2013）。

橋本（2014）は、高等教育政策に関わるアクターとして、政治家（国会議員、衆議院議員、参議院議員）、文部官僚、大学団体（日本私立大学連盟、日本私立大学協会、私立大学懇話会）、大学教員、専門職などをあげている。

3.1.5　本研究におけるアクター

　本研究では、高等教育制度における留学生政策、留学生教育政策を論じる立場から、高等教育政策の先行研究にならい、行為主体として「アクター」を使用することとする。

3.1.6　高等教育政策研究の領域と課題

　ファウラー（2008：28）によれば政策過程の段階モデルでは、政策は①政策争点の定義、②政策課題の設定、③政策立案、④政策決定、⑤政策実施、⑥政策評価という段階で進められるとある。

　日本の高等教育政策の研究について、市川（2000：26）によれば、政策内容および過程の批判・評価を行う規範的研究と、政策内容および過程の客観的な記述・説明を行う実証的研究に大別できる。また、市川は政策過程の研究の領域には(1)高等教育政策を担う主体別の研究、(2)国立・公立・私立といった設置別の政策や大学（学部・大学院）・短期大学・高等専門学校・専門学校といった学校種別の政策など、政策の対象別の政策研究、(3)初等中等教育政策、生涯学習政策、学術政策など高等教育政策と内容的に密接な関係を有する関連領域も研究対象となると述べている。

　さらに市川は政策過程の重要な研究課題として、(1)誰がどのように政策の形成と実施に関わるのかといった政策過程の研究、(2)政策争点の定義から政策評価までの政策形成過程の研究、(3)政策実施が決まってからどのように実施されるか（あるいは阻止されるか）、という政策実施過程の研究があると指摘している。以上のように高等教育政策研究において、政策の主体であるアクターは、研究領域としても研究課題としても重要な位置を占めている。

　橋本（2014：2）も高等教育政策の過程分析は、「イシュー」（討議

の焦点になる問題）の特徴やその変容、またアクターの属性やその影響力に注目することで、高等教育（という政策領域）に孕む政治的構造と制度的制約の解明にもつながる視座が持てると、重要性を指摘している。

　井下（2008：26-27）は、天野（2007）を援用し、高等教育研究を政策・制度などシステムを研究するマクロレベル、大学・団体など組織を研究するミドルレベル、教員・学生など人間を研究するミクロレベルの 3 つのレベルに分けている。井下（2008：26-27）の枠組みをさらに援用して日本の学部留学生の受入れに関するアクターを整理すると、マクロレベルで政策を決定・施行を行うアクターとしては、「留学生30万人計画」やグローバル人材育成推進など政府の施政方針を決定する内閣総理大臣、そして、その指示の下、法制化を行う法務省・特に外国人の在留資格を管理する入国管理局、教育政策を管理する文部科学省が存在する。マクロレベルの政策決定を受けて、ミドルレベルで個々の大学における留学生政策を決定するアクターは、私立大学の場合、経営責任者としての理事長、教育の責任者としての学長があげられる。理事長、学長の指示を受け、大学内の部局の統括責任者である学部長や国際交流センター長もミドルレベルのアクターである。最終的に学生に向き合い、個々の授業を管理し、意思決定をするミクロレベルのアクターが、個々の授業を担当する個人の教員である。また、学生もミクロレベルのアクターに含まれる。井下（2008：27）によれば、従来の高等教育研究はマクロレベルの研究に偏っており、個人としての教員の意思決定や問題意識が取り上げられることは少なかった。しかし、大学が大衆化し、伝統的な秩序が崩壊することによって、ミドルレベルとミクロレベルの実践的課題が急増したことや、課題が複雑化しているという高等教育の現状への対応や解決への要請に応えるため、ミクロレベルの研究にも注力すべきである。

本研究では、留学生政策の実施をマクロレベル・ミドルレベル・ミクロレベルの３つのレベルから検証し、現在の留学生政策の評価と今後に向けての提言に結び付けていくことを目指している。表3-2には各レベルの対象とアクターとを整理し、示している。

表3-2　高等教育研究のレベルとアクター

レベル	マクロ	ミドル	ミクロ
対象	システム 制度・政策	組織 大学・団体	人間 教員・学生
アクター*	内閣総理大臣* 法務省 （入国管理局）* 文部科学省*	各大学の理事長* 学長*　学部長* 国際交流センター長*	授業を担当する個人としての教員* 授業を受ける学生*

（井下 2008：27の分類に従い、アクターを筆者加筆）

3.1.7　アクターの研究方法

大嶽（1990）によれば、政策過程の研究方法には、(1)イシュー・アプローチ、(2)政策エリートに対するサーベイ・リサーチ、(3)イシュー・エリア・アプローチがある。(1)は、政策過程のなかで、特定のイシューの登場、展開、決着を、政策要求をめぐる対立と妥協の過程という観点から整理し、こうしたケース・スタディをもとに政策決定過程が示す何らかの構造を発見しようとする試みであり、(2)はエリートの出身階層についての社会学的特性やリクルートメントのパターンを踏まえつつ、エリートの一般的にあるいは特定の政治や政策に対する志向、意見や評価を直接的に質問することによって、政策過程のなかでもアクターに焦点をあてる試みであり、(3)は個別的な政策ではなく、ある政策領域の全体的な構造を把握するために、権力、イデオロギー制度などのより大きな変数に正面から立ち向かう試みであると説明している。

本研究では、次のように研究を進める。

①マクロレベルの政策研究では、アクターとして政府に注目し、留学生政策というイシューがどのように展開してきたかについて、イシュー・アプローチを参考に考察する。戦前から戦後、日本の高度経済成長に伴い発展してきた高等教育政策と留学生政策の変遷をたどり、大学大衆化と留学大衆化との関係について整理する。

②ミドルレベルのアクターについては、特に大学大衆化と留学大衆化の影響を強く受けている中規模私立大学の存在に注目し、大学経営と留学生政策について考察する。現状を概観したのち、サーベイ・アプローチにより、大学の経営方針、教育方針の立案責任者である学長にもインタビューを行い、経営者の視点の分析も行う。

③ミクロレベルのアクターについては、大学教育を留学生政策の具体的な実践者である、留学生を指導する教員を対象に、留学生に対する教育観や問題意識について半構造化インタビューを行い、M-GTA（修正版グラウンデッド・セオリー・アプローチ）によって調査・分析を行う。さらにミクロレベルのアクターとして、留学生の日本留学に対する意識についてアンケート調査を実施し、その結果を分析する。

④マクロ・ミドル・ミクロの 3 つのレベルで考察した結果をまとめ、各アクター間の関係について整理する。今まで指摘された問題から、留学生政策の問題点について評価し、検証を行う。

　戦後の医師養成を対象に研究を行った橋本（2008）は、高等教育におけるアクターを研究するにあたり、どのようなアクターが登場するか、アクターの権力リソースや影響力、さらにはアクター相互の関係性が問われなければならない、と述べている。そして、①時代・文脈・過程の諸段階それぞれにおける具体的アクターの特定、②アクターの間の「横」と「縦」の関係、③制度的制約（法制的・行政的な手続き）による影響という 3 点からアクターの相互関係について論じている。

表3-3　アクターとその関係性

「横」の関係性

		政府		医師集団	大学
「縦」の関係性 中央	行政	厚生省・文部省・大蔵省		日医	国大協・医学部長病院長会議など
	政治	自民党など			
地方	行政	県庁部局		地方医師会・開業医集団	各地方大学（医学部）
	政治	県議会・期成会			

（橋本 2008：89を引用）

　本研究では、橋本（2008）を参考に、①具体的アクターの特定、②大学教育（大学大衆化）と留学生教育（留学大衆化）の2つの方向性によるアクターの間の「横」と「縦」の関係、③制度的制約（法制的・行政的な手続き）による影響という3点からアクターの相互関係について論じる。そして、大学大衆化と留学大衆化の問題点と各レベルのアクターに与える影響について分析を行う。

表　3-4　大学教育・留学生教育のアクターとその関係性

「横」の関係性

	マクロ	ミドル	ミクロ
「縦」の関係性 大学教育（大学大衆化）	文部科学省（大学教育）	大学・学長全学教育	一般教員日本人学生
留学生教育（留学大衆化）	文部科学省（留学生政策）諸外国の留学生政策	大学・学長国際交流センター留学生教育	日本語教員留学生

（橋本 2008を参考に筆者が作成）

　上記のアクターを研究するにあたり、マクロレベルのアクターについては、大学教育、留学生教育の文献調査により、第4章で考察を行う。ミドルレベルのアクターについては、首都圏近郊にある中規模私立大学を事例として取り上げ、大学の学長に対するインタ

ビュー調査をデータとして、第 5 章で考察を行う。ミクロレベル
のアクターである教員の意識についても、事例研究として取り上げ
た中規模私立大学の一般教員、および同様の状況を抱える中規模私
立大学で日本語教育を行う日本語教員を対象に行ったインタビュー
調査をデータとして、第 5 章で考察を行う。ミクロレベルのアク
ターである留学生については、アンケート調査を実施し、その結果
を第 6 章で取り上げ、留学生政策の検証を行う。

3.2　教育実践に関する研究方法

3.2.1　実践の対象と方法

　教育実践に関する研究では、教育政策研究においても事例研究を
実施した中規模私立大学を対象に、日本語を媒介としたグローバル
シティズンシップ教育の実践を行い、その成果と課題について考察
を行う。

　日本語を媒介としたグローバルシティズンシップ教育の実践で
は、2 つの実践を行った。

　1 つは、留学生を対象とした日本語教育における実践であり、第
7 章で考察を行う。新聞記事を要約し、意見文を作成するという
NIE 教育の実践から、日本語教育を通じてグローバルシティズン
シップを育成する実践について論じる。また、留学生が要約文を作
成する際の問題点や、要約に対する意識について検証するために、
授業実践のほかに要約に対する意識調査も実施した。調査は事例研
究を行った大学の留学生のほか、日本人学生にも実施し、問題点や
意識の比較を行う。要約文の分析には、佐久間編著（2010）の情報
伝達単位（CU）を用いて、学習者の理解について調査していく。

もう1つの実践対象は、日本人学生・留学生の両方を対象にした「東アジアと日本」という全学教養科目である。これは、日本語・日本文化を通じて東アジア諸国との関係を考えるというグローバルシティズンシップ教育であり、第8章で考察する。学生が授業の感想を書いた「授業日誌」の分析を通じて、学生の意識の変容について分析を行う。分析は、日本人学生と留学生に分けて実施し、両者を比較・検討する。

3.2.2　グローバルシティズンシップ教育に関する分析方法

　本研究で取り上げた2つの実践が、グローバルシティズンシップ教育としてどのような効果があったかについては、UNESCO (2015) のグローバルシティズンシップ教育のコア概念を用いて分析を行う。UNESCO (2015) では、として、様々な世界の問題に対する「Cognitive（以下、認知）」と、価値観と責任感を分かち合える「Socio-emotional（以下、共感・連帯）」、様々な世界のレベルでの効果的で責任ある「Behavioural（以下、行動）」という3つの次元を提案している。

　そして、コア概念のそれぞれの領域で表3-5のような学習の成果が目指されるとしている。

　本枠組みを用いて学生達の意識にこのような概念がどのように表れているかを分析し、グローバルシティズンシップ教育の効果について考察する。

　さらに、授業活動としてグローバルシティズンシップ教育の意義を分析するにあたっては、国立政策研究所 (2016) の図3-1「学びのサイクル」の概念を活用し、学習内容がどのように資質・能力を引き出し、「生きる力」と「グローバルシティズンシップ」の育成に貢献できたかについて考察を行う。

表3-5　Core conceptual dimensions of global citizenship education
（グローバルシティズンシップ教育に関するコア概念）

Cognitive（認知）
To acquire knowledge, understanding and critical thinking about global, regional, national and local issues and the interconnectedness and interdependency of different countries and populations.
（世界と地域、国家と地域社会の問題に関する知識、理解、批判的思考と、様々な国や人々との関係性について学ぶこと）

Socio-emotional（共感・連帯）
To have a sense of belonging to a common humanity, sharing values and responsibilities, empathy, solidarity and respect for differences and diversity.
（多様性について人類としての共感、価値の共有、責任感、連帯と尊重の意識を持つこと）

Behavioural（行動）
To act effectively and responsibly at local, national and global levels for a more peaceful and sustainable world.
（平和で持続的な世界のために、地域、国家、グローバルレベルで効果的で責任ある行動をとること）

（UNESCO（2015：15）より引用。日本語は筆者が加筆。）

表3-6　Key Learning outcomes
（主要な学習成果）

Cognitive（認知）
Learners acquire knowledge and understanding of local, national and global issues and the interconnectedness and interdependency of different countries and populations （学習者が世界と地域、国家と地域社会の問題に関する知識、理解、批判的思考と、様々な国や人々との関係性について学ぶ） Learners develop skills for critical thinking and analysis （学習者が批判的思考や分析力を向上させる）

Socio-Emotional（共感・連帯）
Learners experience a sense of belonging to a common humanity, sharing values and responsibilities, based on human rights （学習者が人権意識にもとづき、人類としての共通性、価値と責任の共有を経験する） Learners develop attitude of empathy, solidarity and respect for differences and diversity （学習者が多様性について共感、連帯、尊重の態度を育む）

Behavioural（行動）
Learners act effectively and responsibly at local, national and global levels for a more peaceful and sustainable world （学習者がさらに平和で持続的な世界のために、地域、国家、グローバルレベルで効果的で責任ある行動をとる） Learners develop motivation and willingness to take necessary actions （学習者が必要な行動に対して主体的に行動する意欲を育む）

（UNESCO（2015：22）より引用。日本語は筆者が加筆。）

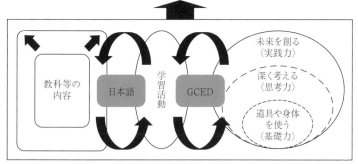

（国立教育政策研究所（2016）に筆者が加筆して作成）

図3-1　内容、学習活動、資質・能力をつなぐ学びのサイクル

高等教育政策と留学生政策の
変遷に関する調査

本章では戦後を中心に、日本の高度経済成長に伴い発展してきた高等教育政策と留学生政策の変遷をたどる。そして、本研究の「課題1　大衆化型大学における留学生教育の問題点は何か」の一環として、マクロレベルのアクターの政策決定を分析することで、大学教育（大学大衆化）と留学生教育（留学大衆化）との関係について考察する。

　戦後の大学大衆化の過程について、吉本（1996）は学校教育機関数の変化、進学率の変化と需給要因の変化などの要因分析、大学の専門分野の多様化や地域配置などの高等教育機関と進学者の動向から、戦後の高等教育拡大・大衆化に関して、4つの時期区分を行っている。第1期は「制度確立期」として新制発足から1960年頃まで、第2期は「大拡張期」として1961年から1975年頃まで、第3期は「調整期」として1976年から1990年頃まで、そして第4期は「再変動期」として1991年頃から今までの時期としている。

　また伊藤（2013）は在学者数・進学率の変化に基づき、戦後を5つに区分し、第一に敗戦から1960年前後までの「発足期」（1945年−1960年）、第二に1960年前後から1975年ごろまでの「拡大期」（1960年−1975年）、第三に75年頃から86年頃までの「停滞期」（1975年−1986年）、そして第四に86年頃から2000年頃までの「再拡大期Ⅰ」（1986年−2000年）、そして第五にそれ以降の「再拡大期Ⅱ」（2000年−）に分けている。本章では、トロウによる進学率の段階に応じた大学大衆化の動向と比較しやすく、また新しい時期まで範囲に含まれている伊藤（2013）の5つの区分を参考に、戦前の動向を加えて日本の大学大衆化の過程と高等教育政策、留学生政策の変遷についてまとめる。

4.1　戦前の高等教育制度の確立

4.1.1　高等教育政策

　近代国家としての日本の大学教育の歴史は、1886年に「帝国大学」が設置されたことに由来する（天野 1986＝2010）。帝国大学では、知的能力をもとに全国的に選抜されたひとにぎりの学生集団に、全寮制をとる高等学校において人間形成＝教養教育を与え、さらに構造化されたカリキュラム（学年生・必修制）の下に高度の専門教育を積み上げ、その卒業者には国家官僚としての無試験任用をはじめ、諸種の特権を賦与して、エリートの座を約束した。これと同時に政府は「専門学校」の設置も認め、短い年限と簡易な教育課程、低い教育コストによる進学要求と人材需要充足を期待するという政策をとった。天野（1986＝2010）は、このような日本の近代高等教育制度創設時以来の、「質」と「量」の 2 つの政策課題の同時的な解決への要請が「大学」と「専門学校」からなる重層的な高等教育の構造を生み出し、またそうした構造の制度化が、高等教育の急速な量的拡大と、急激な近代化の達成を可能にしたと指摘している。

　天野（1986＝2010：41）によれば、専門学校は、もともと帝国大学＝高等学校以外のすべての高等教育機関を包括するものとして設定された学校類型を指した。専門学校は大きく官立と私立の 2 つの学校群に分かれるが、官立校は農・工・商・外国語・音楽・美術・医学といった分野が置かれたのに対し、私立校の大半は法・文・宗教などの専門学校で占められ、とくに法学系私学が在学者の圧倒的多数を占めた。また官立がいずれも「単科」であるのに対し、私学は商・経・文などの学科を増設し、「複合」的な編成をとり、また官立校がいずれも正規の中学卒業者を入れる「本科」を教育課程編成

の中心にすえたのに対して、私学は事実上年齢以外の入学資格を問わない「別科」をおいてこれを経営の中心とし、さらに「本科」よりも「予科」（1年−1年半）の分だけ年限が長い「大学部」をおくなど、その形態は多様であった。

　そのほか、天野（1986＝2010：43-45）は官学と私学の大きな相違として社会のニーズに対する「感応性」を指摘している。官立の専門学校は、工・商・農など近代化の民間セクターでの需要が高い人材部門を主体とし、社会のニーズへの弾力的な対応を保障するものであったが、それはあくまで政府の高等教育政策の枠内での「感応性」にすぎなかった。国家にとって戦略的に重要度の高い人材、とりわけプロフェッションの育成に重点を置くものとして、帝国大学とほぼ共通の属性をもち、その機能的補完を期待された「準エリート型」の高等教育機関であった。これに対して私立専門学校の生成の基盤は、「国家ノ須要」からはみ出した社会のニーズの充足にあった。国家の手厚い保護をうける官学と違って、「国家ノ須要」尺度から最も遠い位置にある私学が安定的存続に必要な経済的基礎を持つためには、社会のニーズを的確に捉え、より多くの学生を、ひいてはより多くの授業料収入を獲得する一方、教育に要するコストを最小限にとどめるような、独自の組織と経営の形態を生み出した。知的能力・進学欲求・職業目的・経済能力のいずれも多様な、しかもおしなべて低位にある、雑多な学生層のニーズを満たすために、教育課程もまた多様な編成形態を持たねばならなかった。また、多くの学生を吸収するため、入学時の選抜は無いに等しく、定員制をとらずに希望者を全員入れ、さらに授業料の水準を可能な限り低くおさえ、いわゆる「苦学生」の進学を可能にするパートタイムの授業形態をとる学校も少なくなかった。こうした常に新しい学生層の開拓を至上の要求とした経営形態が、現代の学部学科編成の多様化への強いドライブとなった。また「学生から徴収した学費を

学生を教授するための教職員給に支出」するという、「手から口」への経営形態のものでは、授業料収入の極大化と共に、人件費の極小化が要求される。非常勤講師の雇用、少数の専任教員、限られた設備やスタッフのフル活用につながった。以上のような経営構造のもとで、天野は、私学は常により多くの学生＝授業料収入を求めて、一種の「飢餓」状態に置かれており、社会的ニーズへの「感応性」は、そうした私学経営のメカニズムに内在的なものであったと指摘する。

　このような明治期の高等教育の基礎を背景に、大正期の後半に高等教育人口が飛躍的に増加した過程について、天野（1986＝2010：46）は第一次大戦時の GNP の急激な増加を基盤に、進学要求の圧力が増大したことをその要因としてあげている。近代化の発展と共に新中産階級が肥大し、旧中産階級の進学圧力も高まった。さらに、大学は従来高度な教育によるプロフェッションを養成する場から、企業の「職員」を養成する場として構造的に変化し、私立専門学校の学科編成が法学から商学へ重心を移行したり、主要私立専門学校の「大学」への昇格が認められ、大学数が大幅に増加するなど、私立専門学校の制度改革と高等教育機関の大拡張が起こった。

　天野（1986＝2010：50）によれば、大正期に続き、戦時体制期には師範学校の高等教育機関への格上げと、理工系の大幅な拡充によって高等教育機関の在学者が増加した。法文系中心に発展をとげてきた私学は、法文系学部・学科の強制的な転換をふくむ政府の理工系拡充政策によって、多くが理工系の学部・学科を持つようになり、それが企業の「事務」職員層から「技術」職員層までに至る私学の人材養成機能を拡大させ、戦後の技術革新時代の高等教育拡大の土台となった。

4.1.2　留学生政策

　日本と中国・韓国をはじめとする留学交流の歴史は長いが、近代以降の留学生受入れは1896年に清国から13名の留学生が来日したことによって始まった（工藤・上別府・太田 2014、鈴木 2011）。その背景には日清戦争（1894〜1894）で清国が日本に敗戦したことがある。日本の勝因は、西洋文化を取り入れた近代教育制度にあると考え、距離的に近く、漢字を共有する日本で西洋文化を学びにきたと考えられている。当初13人だった清国留学生は、1906年には7,283人に達し、留学ブームと言われ、そのほとんどが私立大学または留学生予備教育機関に集中していた。日本での教育レベルはあまり高くなく、日本で簡単な西洋文化、実用的な西洋学を学び、本格的な西洋文化を学ぶには再度西洋に留学することがなかば常識であった（鈴木 2011）。この現象は戦後の中国人学生による留学ブームと酷似しており、その下地となる環境がすでに戦前にあったと言える。

表4-1　1906年の主な中国人留学生受入れ教育機関と受入れ人数

教育機関	受入れ人数（人）
法政大学	1,125
宏文学院	911
早稲田大学	820
経緯学堂	542
明治大学	454
東京高等工業学校	73
東京高等師範学校	44
東京商業学校	41
東京帝国大学	35
第一高等学校	31
その他	3,207
合計	7,283

（鈴木（2011：60）を引用）

辛亥革命（1911〜1912年）が勃発すると、革命への参加を希望した多くの留学生が帰国したが、鈴木（2011）によれば、中国人留学生以外にも、朝鮮半島からの留学生や、インド、ビルマ、タイなどの東南アジアからの留学生も来日しており、1930年代には日清戦争後に続く日本留学ブームと言われた。1934年には外務省のもとに国際文化振興会が設立されたが、これは国連脱退後に日本が孤立しないよう中国以外の国に対する外国語による日本文化発信の機関としてつくられた。1930年代には東南アジアからだけでなく、欧米からの留学生も増加し、その教育のために1935年には国際学友会（外務省管轄）が設立された（鈴木 2011）。その後、日本と近隣諸国の関係悪化、さらには第二次世界大戦（1939〜1945年）によって留学生は減少したが、第二次世界大戦末期には、大東亜共栄圏構想の一環として東南アジアの有力者の子弟などを対象とした「南方特別留学生制度」（1943〜1944年）が実施され、250名が日本に留学した（工藤・上別府・太田 2014）。

　以上のように、戦前の留学生政策は概ね政府主導の政策により進められた。それにアジアの民衆の海外渡航に対する意欲の向上も伴って、留学ブームが生まれたと考えられる。そのブームの受入れ機関として下支えしていたのが私立大学や留学生予備教育機関であったと言える。

4.2　新制大学教育発足期（1945年〜1960年）

4.2.1　高等教育政策

伊藤（2013）によれば、1945年の敗戦から1960年までに、戦後高等教育の基礎構造が作られた。1947年に教育基本法および学校教

育法が制定され、1948年に新制の私立大学と公立大学、1949年に新制国立大学が発足した。新制大学の設置によって、在学者数は急増した。

天野（1986＝2010：51）によれば、敗戦後は第一に農地改革をはじめとする戦後改革による社会階層の流動化が進んだこと、第二に企業の職員層へのパスポートとしての「学歴」取得を志向する進学要求の増大と「学歴主義」が定着したこと、第三に教育制度改革による前期中等教育（中学校）の義務化、また従来の5年から3年に短縮された新制高等学校の整備により、中等教育のマス＝ユニバーサル化が進み、高等教育進学の有資格者が激増したことが進学要求を増大させた。さらに、戦前期の多様な高等教育機関が単一の4年制大学（一部2年制の短期大学）に統合されたことも、「大学」への社会・心理的な距離を短縮する役割を果たした。

伊藤（2013）はまた、1945年と1960年の在学者数を比較すると、その増加率は60％になり、さらにこの時期の在学者の増加分の95％が私立大学の拡大によるものであると述べている。特に多額の供託金が不要になるなど、旧制大学の時期と比べての設置要件のハードルが低くなったことが私立大学の拡大を大きく後押しした。大学設置基準緩和の背景について、草原（2008）は戦後の教育改革は、GHQの主導であったことを指摘している。戦後の教育制度の根幹をなす法律は、文部省の介入を排除し、実質的にはGHQで教育を担当する民間情報教育局（CIE）のコントロールを受けた、総理大臣直属の機関である教育刷新委員会がまとめていたという。このようなGHQの指導の下、官僚による統制の排除、民意の反映、地方分権という考え方が色濃く反映されたことも、私学の拡大に影響していた。その中で、国立大学は政策的に「エリート型」の養成を方向付けられたのに対し、経営形態の独自性から常に量的拡大を志向する私学は、社会の進学希望者を吸収し拡大の一途をたどるこ

とになった。

　この動きについて、天野（1986＝2010）は日本の高等教育のマス化の独自性は、量的拡大の過程が、法制上は同一の学校類型として同じ「大学設置基準」によって設立され、運営される「大学」間の、戦前期以来のハイラーキカルな構造を拡大再生する過程として進行してきた点にあると考える。ひとにぎりの国立大学への集約的な資源の投入による「質の維持」と、量の犠牲において経営のバランスを保持しようとする私立大学に全面的に依存した「量の拡大」という、明治期以来の高等教育の発展パターンが急速なマス段階への移行を可能にした、制度の基本的構造であるとしている。

4.2.2　留学生政策

　戦後の留学生制度の再開は、新制大学の発足と共に、1951年サンフランシスコ平和条約の締結による日本国の主権の回復まで待たなければならなかった。条約締結によって連合国は日本国の主権を承認し、国際法上はこの条約の発効により日本と、多くの連合国との間の「戦争状態」が終結した。また、1952年には国際連合教育科学文化機関（United Nations Educational, Scientific and Cultural Organization U.N.E.S.C.O. ＝ユネスコ）に加盟し、日本は教育文化を通して国際親善に努めることを打ち出すことを世界から認められるようになった。

　1954年に「国費外国人留学生招致制度」が設けられ、戦後の本格的な留学生受入れ政策が始まった[1]。これは、1951（昭和26）年に

（1）　文部省（1972）「学生百年史」第二編　戦後の教育改革と新教育制度の発展　第三章　学術・文化　第六節　学術文化の国際交流　二　留学生の招致・派遣と教育協力　http://www.mext.go.jp/b_menu/hakusho/html/others/detail/1317876.htm（2022年 5 月31日最終閲覧）

サンフランシスコ講和条約を結んだ後、1952（昭和27）年にユネスコに加盟し、1953（昭和28）年に日本ユネスコ国内委員会から「外国人留学生の受入れ体制の強化に関する建議」を受けて始まった[2]。1954年、日本は、南および東南アジアの経済的・社会的発展への協力を目的とした「コロンボ・プラン」に加盟し、国際社会において敗戦国から援助国への仲間入りを果たすと共に、諸外国への技術協力を開始した（工藤・上別府・太田 2014）。国費外国人制度はODA（政府開発援助）の一環として、発展途上国の人材育成と送出し国との友好・親善を目的としており（工藤・上別府・太田 2014）、授業料が無料になるほか、渡日および帰国費用は全額給付、毎月の奨学金のほか研修費も一定額給付して招聘する制度を開始した（鈴木 2011）。留学生への教育については、1954年に東京外国語大学と大阪外国語大学に留学生別科が設置され、国費留学生のための1年間の日本語課程が開設された（川上 2016）。

4.3　拡大期（1960年〜1975年）

4.3.1　高等教育政策

第二の拡大期は、いわゆる高度経済成長期と重なり、大学数・在学者数・進学率のいずれも急激な伸びが見られ、伊藤（2013）は我が国の高等教育史上、最大規模の量的拡大が見られた時期であると述べている。

市川（1995：35）によれば、特に、1960（昭和35）年度から1975（昭和50）年度の15年間に私立の大学は140校から305校、短大は214校

（2）　横田・白土（2004：24）

から434校へと 2 倍以上になったのに対し、国公立の大学は105校から115校、短大は66校から71校へと 1 割足らずの伸びにとどまり、その結果、私立在学者の割合は大学が64.3％から76.4％へ、短大は78.9％から91.2％へと拡大し、私学依存の体質がいっそう強まった。

　伊藤（2013）は、この時期の拡大をもたらした主要因は基本的には経済成長であったが、より直接的に拡大を招いた政策的要因のひとつとして理工系学生増募計画をあげている。これは今後の我が国の経済成長のための理工系人材育成のために始められたものであるが、1964年まで二次にわたって実施された。さらに1965年からは第一次ベビーブーム世代が1966年以降に大学受験をすることに備え、大学入学志願者急増対策が開始されたことも要因である。

　その他の要因として、伊藤（2013）は高等教育政策に大きな影響を与えたのはいわゆる「池正勧告」（1961年に科学技術庁長官・池田正之輔が科学技術庁設置法第11条を根拠に荒木万寿夫文部大臣に対して行った勧告）とそれに続く諸政策により、公私立大の拡充に対する政府の介入が大幅に減らされたことを指摘する。すなわち公私立大は事前の届け出だけで学科増設や学生定員変更を行うことができるようになり、また大学・学部新設時の大学設置基準の運用も緩和されたということである。この政策変更の背景には一部の私立大学関係者の圧力があったと言われているが、伊藤（2013）は、政府の拡張計画によってというよりは、それ以上に私立大の旺盛な拡張意欲によって量的拡大がもたらされたと述べている。

　米澤（2010）は高等教育の大衆化過程における私学の役割について、1960年代の大学設置基準の運用緩和を受けて、私立大学はセクター全体として急拡大を始めるが、この時期に戦前からの歴史を持つ中核大学群が需要吸収型の行動様式を放棄し、高い学生の選抜度を生み出すエリート型の行動様式を志向するようになった一方

で、その他の戦後の新設大学を中心とした大学は、その市場が限定され大きく拡大しなかった「ニッチ」大学と、エリート大学化した中核大学に代わって、大衆にアクセスが広がった新しい市場に対して需要吸収型の行動をとる「周辺」大学に分化したと述べている。1970年代に入り、第一次ベビーブーマーの進学の波が過ぎ去り、学生数が急減すると、私立大学セクター全体の財務状況の悪化が顕在化し、経常的経費への公的助成が導入された。しかし、公的助成が導入されたにもかかわらず財務状況は改善に至らなかった。このため、需要吸収型の規模拡大を目指した経営行動がいまだ主流であった日本の私立大学セクターの下での高等教育の一層の量的拡大が進んだ。

4.3.2　留学生政策

1959年に自民党政務調査会が対外経済協力の推進方策として教育協力を打ち出し、当時低開発国と言われていた国の経済発展に寄与し、共存共栄を目指そうとした（鈴木 2011）。それに伴い、留学生の受入れ制度も新たに創設された。

1960年に学部生のための日本語コースを含む3年間の教養課程を、文科系留学生用として東京外国語大学、理科系留学生用として千葉大学、研究留学生（大学院生）用として大阪外国語大学に開講するようにし、国費留学生以外の留学生は国際学友会が受け持つようになった。この制度は1972年度まで継続するが、1973年度からは、東京外国語大学外国語学部に付属日本語学校を設置し、そこで1年間日本語とその他の準備教育をしてから各大学の1年生に入学させることとなった。これに伴い、東京外国語大学留学生課程と千葉大学留学生部への入学は停止された。

1960年代には、第二次世界大戦後の賠償金を元手にインドネシ

ア政府が派遣した「インドネシア賠償留学生」、1978（昭和53）年には日中平和友好条約が締結され、中国人留学生の受入れが始まった。1980（昭和55）年には韓国が規制を緩和して留学を自由化した。1970年代から1980年代前半にかけては中国政府が派遣した理工系の留学生、1980年代にはルックイースト政策を掲げたマレーシアからの留学生・技術研修生などの受入れが進んだ。（横田・白土2004、工藤・上別府・太田2014）。日本の高度経済成長とアジアへの経済進出に伴い、日本留学ブームとなった。

　一方で、武田（2006）が指摘するように、1960年代後半から70年代には、アジア諸国の独立、東南アジア諸国連合（ASEAN）の成立、激化したベトナム戦争が留学生の受入れにも影響を与えた。国費留学生の中には、「政治活動禁止状況」違反により奨学金が打ち切られる留学生が出た。また、在日外国人の規制を強化する法案に対して撤回を求める各国留学生の共同声明が出されるなど、留学生をめぐる状況が一部政治問題化した（武田2006、田中1995）。そのほか、1972年の日中国交回復に伴い、中国人留学生の受入れを開始したが、一方で台湾人留学生の処遇をめぐる問題も生じた。

　日本の大学の体制が整い始めてからは、奨学金を得ることができないにもかかわらず、日本に留学してくる私費留学生が増加し、1978年度には約83.7％（全留学生5,849人のうち4,774人）に達した。私費留学生の入学選抜は各大学に任されているため、大学によっては書類選考だけで入学でき、実力がないまま学位を与えていた大学もあり、1960年代には東南アジア各国から日本の大学の学位についての権威は疑わしいと言われる結果を招いていた（鈴木2011）。

4.4　停滞期の高等教育政策（1975年～1986年）

4.4.1　高等教育政策

　第三の停滞期は、大学進学率が低下し、在学者数の増加率も低くなっている。こうした変化の背景には、伊藤（2013）は1973年の第一次オイルショックによる高度経済成長期の終焉と、政府による私立大の量的規模への強力な統制政策があると指摘する。高等教育の規模の拡大と教育水準維持への危機感に加え、オイルショックを契機に高度経済成長が終わると、高校生の進学要求増大には専修学校制度の創設によって対処することとし、経常費助成の開始と引き換えに私立大学の増設は抑制すると同時に、新構想大学や医大など地方国立大学を増設、高等教育機会の地域的不均衡と過度の私学依存を是正することが目指された（市川 1995：37）。その結果、1978（昭和53）年度から1985（昭和60）年度にかけて学生数は停滞し、とくに1979（昭和54）年度から1982（昭和57）年度にかけて在学者が5万1,000人も減少した。

　政府による統制政策は、私立大の学科設置・定員変更は届け出制から再び認可制に変更され、また1976年から5年間は原則として大都市部の私立大の新増設は禁止され、さらに私立大の定員超過への規制が強化されたというものであった。政府が私立大に対しこのような厳しい措置ができたことについて、伊藤（2013）は1975年の私立学校振興助成法の成立により、政府による私学への経常費助成が本格的に開始されたからであると述べている。私立大は国庫助成とひきかえに規制強化を受け入れたということである。米澤（2010）によると、1970年代後半になると学生紛争の終結や学費値上げのスライド方式などが普及、また私学振興助成法の成立を受け、1985年

までに私立高等教育セクターの財務状況は1950年代までの拡大期
以前の状況まで回復した。この意味で、日本の高等教育の大衆化
は、約四半世紀かけてようやく安定したシステムとして実現した、
と述べている。

　大崎（1999）によれば、私立大に対して、国立大は1970年代に筑
波大学をはじめとする新構想大学や医科大学の設置が進み、地方の
国立大学の整備も行われたということである。また吉本（1996）は
1975年に専修学校専門課程が発足し、中等教育後の進路選択肢と
して定着したことも、高等教育全体の進学率が5割で推移するよ
うになった要因であると述べている。

4.4.2　留学生政策

　1978（昭和53）年から1982（昭和57）年までに留学生数は5,849人か
ら8,116人と約1.4倍に増加したが1万人には届かず（表4-3）、アメリ
カ、イギリス、西ドイツ、フランスといった主要先進国の受入れ数
とは大きな差があった（表4-4）[(3)]。そこで、受入数を国際的地位に
ふさわしいものとするため、1983（昭和58）年、中曾根首相の下で
「留学生10万人計画」が策定された[(4)]。これは21世紀の初頭まで
に、当時のフランスと同程度の10万人の留学生を受け入れるとい
う目標を掲げたものである。当初の計画では、日本の18歳人口が
増加する1983年から1992年までの前期に受入れ体制・基盤の整備
を重点的に行い、18歳人口が減少する1993年から2000年までの後

（3）　文部省（1984：2-3）
（4）　「留学生10万人計画」は1983（昭和58）年の『21世紀への留学生政策に
　　　よる提言』、1984（昭和59）年の『21世紀への留学生政策の展開について』
　　　という2つの文部省（当時）有識者会議の報告により、枠組みが形作られ
　　　た。（寺倉 2009：28）

表4-2　1978～1982年　留学生数の推移

年度	1978 (昭和53)	1979 (昭和54)	1980 (昭和55)	1981 (昭和56)	1982 (昭和57)
人数	5,849	5,933	6,572	7,179	8,116

（文部省（1984：3）『我が国の留学生制度の概要：受入れ及び派遣　昭和58年度』より引用。）

表4-3　1983年　主要国における留学生の状況

国名	アメリカ	イギリス	西ドイツ	フランス	日本
留学生 （受入）数	286,340	56,774	57,421	112,042	8,116

（文部省（1984：2）『我が国の留学生制度の概要：受入れ及び派遣　昭和58年度』より引用。）

期に、整備された体制・基盤の上に立ち、受入れ数の大幅な増加を見込むというものであった[5]。横田・白土（2004：25）は、「留学生10万人計画」には、アジアを中心にした発展途上国の人材育成に協力することを標榜した裏に、18歳人口減少に伴う高等教育への学生補充という意図があり、「途上国援助モデル」と「高等教育の学生定員確保モデル」とが共存したものであると述べている。

4.5　再拡大期 I （1986年～2000年）

4.5.1　高等教育政策

　1986年頃から在学者数が私立大学を中心に急増する。この背景として、伊藤（2013）は、第二次ベビーブーム世代への政策対応として、1986年から1992年まで入学定員の増加を認め、18歳人口が急減する1993年以降は順次解消していく「臨時定員措置」を行う政策を

（5）　寺倉（2009：28）

とったと述べる。このように10年間にわたった抑制政策が転換されたが、政府が予定していた規模をはるかに超える量的拡大がなされ、18歳人口がピークとなった1992年を過ぎても臨時定員措置の解消が特に私立大で順調に進まなかった。さらに伊藤（2013）は臨時定員の半分の恒常定員化を認めたことや、公立大の設置基準の緩和による増加も拡大につながったこと、そして高校卒業者の就業機会の急激な減少も大学進学者の増加させた要因になったと述べている。

4.5.2　留学生政策

　1983（昭和58）年以降、順調に増加してきた留学生数が1996（平成8）年は初めて前年を下回る結果となり、留学生数は横ばいの状態が続く。文部省はこれを重く見て留学生政策懇談会「留学生の入学選考の在り方に関する調査研究協力者会議」（座長：江崎玲於奈）を招集し、1999年に『知的国際貢献の発展と新たな留学生政策の展開を目指して〜ポスト2000年の留学生政策〜』をまとめた。この中で、海外での情報提供、日本語教育の充実、学位授与の改善、学籍管理の徹底、官民一体となった留学支援、さらに優秀な学生を惹きつける積極策の推進を掲げた。

　しかし、留学生数の変動には、教育政策よりも出入国管理政策が大きく影響している。寺倉（2009）によれば、「留学生10万人計画」策定の直後、1984（昭和59）年に法務省は留学生と同様に就学生にも、入国しやすいよう受入れ期間による査証発給の代理申請を認めて手続きを簡素化したほか、アルバイトにあたる資格外活動の規制を緩和したため、日本語教育機関の就学生数が急増した。1983（昭和58）年に約3,500人だった新規受入数が1988（昭和63）年には約3万5千人に上った。しかし、実態のない日本語学校が入学許可証を発行する事例等が報告されたため、1988（昭和63）年に、査証申

請手続きに関わる提出書類要件を加重するなど、入国手続きを厳格化した。さらに1990（平成2）年3月からは日本語教育振興協会による日本語教育施設の審査・認定事業が開始され、法務省も1990（平成2）年以降、就学生の入国に関わる書類審査等をさらに厳格化する措置を講じた。寺倉（2009）は就学生数の減少が1995（平成7）年以降の留学生数の伸びの鈍化に影響していることを踏まえ、「出入国管理政策が留学生受入れに及ぼす影響の大きさを見ると、留学生受入れが大学等のみの問題ではなく、国が一体となって対処しなければならない課題である」と述べている。

2000（平成12）年1月、再び入国・在留に関わる申請時の提出書類が大幅に簡素化され、留学生・就学生の入国審査が原則的に受入れ先教育機関に委ねられるようになると、留学生数が再び急増するようになる。

4.6　再拡大期II（2000年〜）

4.6.1　高等教育政策

この時期の量的拡大の特徴は、2000年前後に在学者数の増加がほぼ止まったにもかかわらず、大学進学率が増加していることにある。この背景について伊藤（2013）は、大学数は公私立大で約150校増加したものの小規模大学が多く、また既存大学の規模の伸び悩みにより全体の在学者数の大幅な増加をもたらすには至っていないが、同年齢集団に占める在学者数の比率が増加しているための、「ヴァーチャルな拡大期」であると指摘している。伊藤（2013）は2010年頃からは大学進学率の増加も止まっており、今後の18歳人口は2020年ごろまで横ばいで推移すると予想され、大学入学者に

大きな変化が起こらないとすれば当面の進学率も停滞する可能性が大きく、再び停滞期へ入るのではないかと述べている。

　小川（2017b）は、18歳人口が2018年度以降に再び下がり始める「2018年問題」を契機に、大学の淘汰が加速すると述べている[6]。2017年度に「入学定員割れ」をした私立大学は229校で、全私立大（581校）に占める割合は39.4％であった[7]。首都圏の大・中規模私立大学への学生の集中を防ぐために、2015年に文部科学省は定員管理を厳格化する通知を出し、収容定員8,000人以上の大規模大学については1.10倍以上、収容定員8,000人未満4,000人以上の中規模大学については1.20倍以上の入学者がいた場合、その大学または学部に対する補助金を全額不交付とする入学定員超過率を設定した[8]。小川（2017）によれば、この入学定員管理により、大都市圏の有力私大の多くは全学の定員充足率を110％前後に抑え、この2〜3年は入学者数を絞っていることから、2017年度の定員割れの大学は減少し、特に充足率が80％未満の大学が減っている。これは、定員割れが一時的に改善されたかのように見える。しかしながら、18歳人口の減少は私立大学の経営に大きく影響することから、2017年5月に文部科学省は「私立大学等の振興に関する検討会議」の「議論のまとめ」を報告した。この中で「経営基盤の充実した私

（6）　小川洋（2017b）「2018年の大問題 「中小限界大学消滅」は回避可能か」http://gendai.ismedia.jp/articles/-/53631（2022年5月31日最終閲覧）
（7）　旺文社（2017）「29年度私立大・短大入学状況私立大「入学定員割れ」229大学・39.4％で、6年ぶり30％台に"好転"！」 http://eic.obunsha.co.jp/resource/pdf/exam_info/2017/0814_1.pdf#search=%27%E7%A7%81%E5%AD%A6+%E5%AE%9A%E5%93%A1%E5%89%B2+2017%27（2022年5月31日最終閲覧）
（8）　文部科学省（2015c）「平成28年度以降の定員管理に係る私立大学等経常費補助金の取扱について（通知）」 http://www.mext.go.jp/a_menu/koutou/shinkou/07021403/002/002/1360007.htm（2022年5月31日最終閲覧）

立大学を形成すると共に教育研究の質の向上や高等教育へのアクセス格差を是正するため、私学助成において、私立大学の多様性・重層性が一層発揮されるよう、今後以下のような見直しの方向性を中心に検討する必要がある。」として、1. 教育研究の質の向上に向けた取組の一層の強化・促進、2. 教育研究の成果の可視化、3. 社会の多様なニーズを踏まえた大胆かつ機動的な改革の促進、4. 自らの強みや特色の重点化に向けた支援、5. 各大学や関係機関等との連携の促進、6. 地域に貢献する私立大学の支援、7. 学生の経済的負担の軽減、これらに加えて、安全・安心な環境の実現のため、耐震化の推進や大規模災害時の支援の充実に向けた取組が必要であるとしている[9]。私学に対する政策だけでなく、中央教育審議会では2017年12月に「今後の高等教育の将来像の提示に向けて　論点整理」を発表し、その重点項目として①高等教育の教育研究体制、②18歳人口の減少を踏まえた大学の規模や地域配置、③教育の質保証と情報公開をあげ[10]、高等教育の将来構想が検討されている。

　このように18歳人口減少を見据え、大学経営面の変化を促す政策に加え、教育内容を「高等学校教育」と、「大学教育」、そして両者を接続する「大学入学者選抜」を一体的に改革しようとする、いわゆる「高大接続改革」とよばれる政策もある。「大学入試センター試験」が2020年に「大学入学共通テスト」に移行することもこの一部である。新テストでは、『学力の3要素』(1. 知識・技能、2. 思考力・判断力・表現力、3. 主体性を持って多様な人々と協働して学ぶ態

（9）　文部科学省　私立大学等の振興に関する検討会議（2017）「私立大学等の振興に関する検討会議「議論のまとめ」（本文）」　http://www.mext.go.jp/b_menu/shingi/chousa/koutou/073/gaiyou/1386778.htm（2022年5月31日最終閲覧）

（10）　中央教育審議会大学分科会将来構想部会（2017）「今後の高等教育の将来像の提示に向けた論点整理【概要】」　http://www.mext.go.jp/component/b_menu/shingi/toushin/__icsFiles/afieldfile/2018/01/04/1400115_02_2.pdf（2022年5月31日最終閲覧）

度）を育成・評価することを目的に、試験の内容が大幅に変更されることが予想されている。18歳人口の大幅な減少を前に、大学の生き残りをかけた大学経営と教育内容の改革がさらに進んでいくのではないかと考えられる。

4.6.2 留学生政策

留学生数は2003年に109,508人に達し、3年遅れで「10万人計画」が達成される。これには2000年の入国管理・在留資格の大幅な緩和の影響のほか、特に中国の経済発展に伴う留学ブームと時期が重なった影響も大きい。

徐（2011）によれば日本の「留学生10万人計画」の実施で1980年代から留学ブームが現れ、1990年代に入ると、中国の一般国民の所得水準が大きく上昇し、上海や北京のような大都市の若者だけでなく、一般都市の若者も海外へ留学することができるようになっていたが、中国人の海外への留学が飛躍的な増加を遂げたのは2000年以降だということである。2000年度の出国留学生数は3万9,000人であったが、2002年に12万5,000人となり、わずか2年で3倍以上に増えた。その後、2002年から2008年まで毎年の出国留学生数は10万人以上、そのうち私費留学生が90％以上を占めているということである。この背景について徐（2011）は、1993年に大卒者の5年の勤務義務期間の制限が緩和され、誰でも一定の養成費を国に返還すれば出国してもよいことになったため、大学新卒者の私費留学が大幅に増加することとなったこと、また2000年から中国政府の私費留学に対する促進政策が始まり、1999年に「私費出国留学仲介サービスに関する管理規定」を制定し、私費留学仲介サービス機関に対する審査管理を厳格に行うことによって、安心して利用できる私費留学専門サービス機関が確立したこと、さらに2000年

から諸外国との学歴・学位の相互承認の実施されるようになったことも要因としてあげている。これらに加えて、高等教育のグローバル化や、先進国の少子化による学生減少によって、世界レベルで中国人留学生をめぐる「争奪戦」が激しくなったことで、エリートのみが許されていた留学が大衆留学へ変化したことも取り上げている。

　外国人留学生に関しては、数の上での目標値が達成されたので、今後はその数を維持しつつも、質の重視という点が強調された。また、日本語教育機関に対する支援、特に「就学生」と「留学生」の区分を廃して「留学生」に統一し、交通費の学割の適用や学習奨励費の給付の充実、医療に関する支援等が受けられるようになった。

　2003年12月に発表された中央教育審議会『新たな留学生政策の展開について（答申）』によれば、ポスト10万人の留学生受入れ政策の理念は①諸外国との相互理解の増進と人的ネットワークの形成、②国際的な視野をもった日本人学生の育成と開かれた活力ある社会の実現、③我が国の大学等の国際化、国際競争力の強化、④国際社会に対する知的国際貢献が掲げられ、留学生受入れを「支援」から大学の国際競争力に結び付けようという「戦略」に向けて徐々に転換が見られる。

　2007年からは、社会・経済のグローバル化が急速に進展する中で、世界から優秀な人材を集め、国際競争力の強化という観点から留学生政策が展開されるようになる。

　同年、安倍内閣において日本がアジアの架け橋となるという「アジア・ゲートウェイ構想」が掲げられ、重点7分野の1つとして「国際人材受入・育成戦略」を取り上げ、位置付けるようになった[11]。2008年には福田内閣のもとで「留学生30万人計画」が策定され、

---

(11)　寺倉（2009：30）

2008年 8 月に発表された『骨太の方針』に、「2020年を目途に留学生数を30万人とすることを目指す」 という目標が明記された。同年 7 月に発表された『「留学生30万人計画」骨子』では、留学の動機づけから、入試・入学・入国の入り口、大学等や社会での受入れ、就職など卒業進路に至るまで、体系的な方策を実施し、関係省庁・機関等が総合的・有機的に連携して計画を推進するとしている。その受入れの具体的な取り組みとして、国際化の拠点となる大学を30（G30）選定し重点的育成することをあげ、実際には13大学が選定され事業を進めている。

　また2007年からアジアの相互理解と経済連携の促進に向け、経済産業省と文部科学省は、「アジア人財資金構想」を実施し、産業界と大学が協力して優秀な留学生の日本への招聘、日系企業での活躍の機会を拡大するための専門教育・日本語教育、就職活動支援、インターンシップ等の人材育成プログラムを一貫して行う事業も始まっている。2004年をピークに日本の人口が減少傾向に入ったこともあり、留学生が労働人口にもなり得ることが期待されるようになった。

　しかし、2009年に自民党から民主党に政権が交代すると、国費のムダを削減する目的で、行政刷新会議による事業仕分けが始まった。これにより、留学生政策に関連する事業も対象になった。特に私立大学にとって影響が大きいものには、「政府開発援助留学生修学援助費補助金」の廃止がある。これは私立大学・短期大学が私費外国人留学生を対象とした授業料の全部または一部の免除事業を行う場合に、その免除する授業料の一部を国が援助することにより、学校法人の授業料減免事業を拡大すると共に、私費外国人留学生の授業料負担の軽減を図ることを目的としていた。しかし、開始から20年以上経過し、当初の趣旨がすでに達成されたとされ、廃止が決まり、今後は各大学の自助努力により授業料減免が行われること

になった。JAFSA（国際教育交流協議会）[12]が対応を調査したところ、2010（平成22）年度の対応については「大学の予算で補填し、学生に影響の出ないように対応する」という回答が最も多かったが、2011（平成23）年度以降については減免の見直し、奨学金の切り替え、受入数を制限するなどの対応が見られた[13]。

　2007年に決定したグローバル30については、2009年に13の大学が選定されたが、同年の政権交代による仕分け事業により補助金が削減され、さらに2010年には一旦廃止が決定した。しかし、新規要求を取り止めたものの、予算を縮小して継続されることになった[14]。

　そのほか、2010年の仕分け事業で、日本学生支援機構が運営する国際交流会館等留学生宿舎も廃止されることが決定し、現存施設の売却とそれ以外の宿舎支援策に取り組むことになった。

　政権交代で国家としての留学生政策が迷走する中で、2007年からは戦略的に留学生獲得へ舵をきった大学と、補助金の削減により留学生数を押さえる大学との姿勢の変化が見られる。国内の18歳人口の減少と合わせ、大学が今後のどのような経営と教育を行っていくのか、またそれに備えた構造改革や資金獲得ができるかなど、大学間の格差が広がる時代に入ってきたと言える。

（12）　JAFSA（国際教育交流協議会）は、1968年に設立され、2003年に法人格を取得した特定非営利活動法人（NPO）で、主に大学の国際教育交流に関する情報交換・調査・研究・研修・出版・提言等の諸活動を行っている。

（13）　JAFSA「アンケート：文部科学省による"授業料減免"廃止について（2010年2月実施）」アンケート集計結果

（14）　有賀（2014）「グローバル30（2009年～2013年度）～これまで、そしてこれから～」 https://www.jsps.go.jp/j-kokusaika/follow-up/data/h26/Presentation_MEXT.pdf#search=%27%E3%82%B0%E3%83%AD%E3%83%BC%E3%83%90%E3%83%AB30+%E5%BB%83%E6%AD%A2+%E7%B6%99%E7%B6%9A%27（2022年5月31日最終閲覧）

4.7　政策の変遷に関する考察

4.7.1　高等教育政策

　以上、伊藤（2013）を中心に、日本の大学大衆化の過程と高等教育政策の変遷について見ると、日本の大学大衆化の主要な政策アクターの役割を私立大学が果たしていることがわかる。これは私立大学が学生からの学費が経営基盤になっていることから、常に財政基盤の維持のために拡大傾向にあるということが要因と考えられる。また、天野（1986）が指摘するように、日本の近代高等教育制度は明治の創設時から官立の「大学」と、私立の「専門学校」という重層的な構造の制度によって発展し、高等教育の「質」を官立の「大学」で維持し、民衆の進学意欲の吸収と民間の人材育成の需要を「専門学校」で対応することで日本は急激な近代化の達成を可能にしたとする。この重層的構造が戦後の教育にも引き継がれ、私立大学の量的拡散と大学大衆化に発展したと考えられる。一方、政府も1976年から始まる第三の停滞期に大学設置基準の厳格化により大学数の抑制を行ったり、天野（2013：228）が指摘するように2000年代の小泉政権下において、大都市部における大学新増設を許可したりするなど設置認可の「自由化」政策が進んだ。その結果、1990年に507だった大学数が2010年には778に急増するなど、政府の政策が大きな指導力を発揮した時期でもあった。以上を踏まえ、伊藤（2013：27）は戦後の大学大衆化の過程は、一面で政府主導であったと共に、他方で私立大のシェアが大きいことによる市場志向的側面もあり、私立大学を主要な原動力としつつ、両者が絡まりあいながら進展してきたと述べている。さらに付け加えると、市川（1995）が指摘するように、近代社会から現代社会への移行に伴い、一般大

衆の高等教育への進学意欲が両者の動きを後押ししてきたと言える。この動きを本研究の枠組みで捉えるとすると、政府というマクロレベルのアクターと、個々の大学、とりわけ私立大学というミドルレベルのアクターの駆け引きによって決定した政策を、ミクロレベルのアクターである学生が評価し、選択する構図であるということができる（表4-4）。私立大学は、個別に政府に働きかけるほか、複数の大学が団体を結成し、アクターとして働きかけることも行われるようになった。1951年に発足した私立大学連盟はその1つである[15]。

表4-4　大学教育におけるアクター間の関係

	マクロ	ミドル	ミクロ
大学教育 （大学大衆化）	政府・文部科学省 （大学教育）	大学・学長 私立大学連盟	学生

駆け引き　　　　評価

4.7.2　留学生政策

日本の留学生政策を振り返ると、横田・白土（2004：28）が述べているように、戦後の日本の留学生増加は、政治的・経済的動向に対応した政府の政策の結果というべき部分が大きく、大学は受身的に役割を果たしてきたと言っても過言ではない。世界で大学の国際化と留学生の獲得に向けて熾烈な競争が行われている中で、日本の目指す留学生教育像を政府だけではなく、大学、経済界、そして日本語教育施設等も含め、一貫した政策を打ち出す必要がある。

<hr>

(15) 一般社団法人日本私立大学連盟「加盟大学について」2022年4月現在の加盟大学数は、123大学（111法人）となっている。https://www.shidairen.or.jp/about/guide/（2022年5月31日最終閲覧）

　この動きを本研究の枠組みで留学生政策を捉えると、政府という
マクロレベルのアクターが決定した政策を、とりわけ私立大学とい
うミドルレベルのアクターが受け入れ、大学の量的拡大の根拠にし
ていると考えられる。この動きに対して、量的調整の役割を果たし
ているのがマクロレベルのアクターである入国管理局であると言え
る。留学生は、文部科学省と入国管理局の政策の間の駆け引きに
よって決定した政策を、その両者の力関係の影響を受けながら、ミ
クロレベルのアクターとして評価し、選択する構図であると言うこ
とができる。

表4-5　留学生政策におけるアクター間の関係

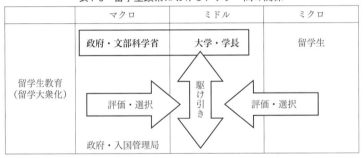

　留学生数の本格的な拡大は1983年に「留学生10万人計画」が発
表されてからである。この時期は高等教育の「再拡大期Ⅰ」（1986年
−2000年）と重なる。この時期は、第二次ベビーブーム世代への政
策的対応として大学の入学定員増加が認められた時期である。同時
に、1993年以降に予測された18歳人口急減を考慮し、その定員拡
大は1993年以降順次解消していく臨時措置としていく方針がとら
れた時期である。現実には定員の拡充は1992年以降も続き、大学
の設置も緩和されたことから大学大衆化が加速した。留学生数の増
加はこの大学数の拡大と一致していると言える。1988年に私費留
学生に学費減免措置をした学校法人に対し、授業料の3割を限度

として助成する制度も開始され、2009年まで続いた。2000年代初めまではマクロレベルの政府が留学生政策を拡大する主体的なアクターとなり、それに対してミドルレベルの大学が私立大学を中心に後押しし、結果的に大学大衆化のアクターの役割も果たしていたとも言える。

　2007年に「アジア・ゲートウェイ構想」、2008年に「留学生30万人計画」が発表されると、留学生政策は明確な「国家戦略」として位置付けられた。それと同時に、大学に対しては私費留学生に対する補助金が廃止される一方で、2009年には英語で学べるコースの設置や留学生数の増加を目指した国際化拠点整備事業「グローバル30」が開始された。また、2013年からグローバル人材の育成のために、大学教育のグローバル化を目的とした体制整備を推進する事業に対して重点的に財政支援することを目的としたグローバル人材育成推進事業、さらに、2015年からは大学改革と国際化により、国際競争力の高い大学の環境整備を目指した「スーパーグローバル大学創生支援」が開始された。各大学の留学生政策に対する選抜が激しくなり、個別の大学、すなわちミドルレベルのアクターの主体的な留学生政策がマクロレベルからの評価の対象になり、大学間の格差が広がる時代に入ってきたと言える。

留学生教育に対する大学教員の意識調査

本章では、本研究の「課題2　大学大衆化と留学大衆化が進行する中で、どのような教育が必要か。」の一環として、高等教育および留学生政策のアクターについて考察する。まずミドルレベルのアクターとして、大学の教学責任者である学長に焦点をあて、その政策決定について分析する。私立大学は、大学教育と留学生教育の両方において、マクロレベルのアクターである政府が行ってきた政策を後押しし、大衆化に大きな役割を果たしてきたミドルレベルのアクターである。グローバル化と少子化が進み、大学間の格差が広がる中で、マクロレベルのアクターである政府と、ミクロレベルのアクターである学生が大学を選ぶ時代になっている。大学の生き残りをかけて、ミドルレベルのアクターである個々の大学がどのように教育方針として採用したかについて、教育の責任者である学長に焦点をあてて考察を行う。次にミクロレベルのアクターとして、大衆化が進む教育現場において、学生を直接指導する大学教員が、マクロレベル、ミドルレベルのアクターの政策決定についてどのように捉えているのか、留学生教育に対する意識調査から明らかにする。そして、留学生教育の問題点について考察を深めていく。

5.1　大学経営と学長

　大学の大衆化と国際化が進む中で、国内の日本人学生をはじめ、海外からの外国人留学生を獲得するために大学間の競争が激化している。政府が留学生の数に応じて補助金を出す政策から、大学の留学生政策の内容によって補助金を分配する政策に転換したため、個別の大学すなわちミドルレベルのアクターの主体的な留学生政策が評価の対象となってきている。

　政府が決定したマクロレベルの政策を大学の状況に応じて具体的

に実行するのが学長である。学校教育法第92条第 3 項では、「学長は、校務をつかさどり、所属職員を統督する。」と規定しているが、学長は大学の校務について権限を有しており、その前提の下で大学運営について最終的な責任を負うことになっている。

1998年10月にまとめられた大学審議会答申、「21世紀の大学像と今後の改革方策について―競争的環境の中で個性が輝く大学―」によると、「大学運営を円滑に進めるためには、まず、大学運営の基本方針を明らかにすることが重要であり、全学の教育研究目標・計画を学長が中心となって責任をもって策定し、それを学内外に明示する仕組みを設ける必要がある」としており、教学の責任者である学長を中心とした、全学的な運営体制の整備を行うことが指摘されている。さらに、文部科学省によって2014年 8 月に各大学に通知され、2015年 4 月 1 日より施行された「学校教育法及び国立大学法人法の一部を改正する法律及び学校教育法施行規則及び国立大学法人法施行規則の一部を改正する省令」では、「大学（短期大学を含む。以下同じ。）が、人材育成・イノベーションの拠点として、教育研究機能を最大限に発揮していくためには、学長のリーダーシップの下で、戦略的に大学を運営できるガバナンス体制を構築することが重要である。」という趣旨から、教授会が法律上の審議機関として位置付けられていることを明確化しつつも、「仮に、各大学において、大学の校務に最終的な責任を負う学長の決定が、教授会の判断によって拘束されるような仕組みとなっている場合には『権限と責任の不一致』が生じた状態であると考えられるため、責任を負う者が最終決定権を行使する仕組みに見直すべきであること」とされ、大学の運営における学長の権限が明確化された。多くの私立大学もこれにならい、学則の改正を行っている。

このような法律改正によって権限が強化された学長がミドルレベルの政策アクターとして注目されている。学長の政策決定が大学の

運営に直結するため、大学の留学生政策を分析する上でも学長の意思決定を分析することが欠かせない。そこで大学の教学運営責任者である学長が、大学の留学生政策や国際化についてどのような認識を持っているのか、そのために大学をどのように運営しようとしているのかを調査する事例研究の1つとして、首都圏近郊にある中規模私立大学のX大学の学長にインタビューを行った。その内容を踏まえ分析を行う。

5.2　大学経営におけるリーダーシップに関する先行研究

　大学経営に関するリーダーシップについては、夏目（2013）が副学長を対象にその職務と役割に関する意識調査を実施している。夏目（2013）が述べるように、学校におけるリーダーシップに関する研究は初等中等教育での研究はあるが、大学の執行部を対象とした研究は少ない。大学の学長の経営判断や教育理念については、天野（1997、2000）のような学長と研究者の対談形式や、市川（2007）、中嶋（2010）、水戸（2014）、山本（2015）など学長経験者の回顧録の形式で出版されていることは多いが、研究として学長自身が分析の対象になっていることは少ない。本研究は事例研究ではあるが、学長を留学生政策の研究対象として行う数少ない例の1つである。

　天野（1997、2000）は21世紀を目前とした時期に、日本の代表的な大学の学長36名と対談を行った。その中で、大学の国際化に言及した学長の発言には大きく3つの傾向が見られた。1つめは教育・研究、また大学運営の面で「国際水準」を目指すというものである。このような大学は、慶応義塾大学（石川忠雄塾長[1]）、早稲田

（1）　学長名は、対談時のものである。

大学（奥島孝康学長）、 京都大学（井村裕夫学長）、日本大学（瀬在幸安学長）であった。慶應義塾大学の石川塾長は、「もし日本の大学が、これまでのように国内的な基準ではなく、国際的な基準で評価されるとなると、私は、今ぐらいの費用のかけ方では、とてもだめだと思いますね。だから、政治家ももう少しこういう見地から高等教育のことを考えるべきではないですかね。どうも、そういうところが足りない気がします。」（天野 1997：17）と述べ、国際的な基準から日本の高等教育の質を向上させる必要性を述べている。また日本大学の瀬在学長は、「日本大学は戦後、大変な勢いで拡大した大学の一つですが、その急激な拡大によって総合性が失われ、経営にしても、研究や教育にしても、各学部単位でしかできないという弊害が出てきました。大学紛争から30年間たってもそこを崩せなかったのは人々の認識、意識の根底に独立採算性があったためです。それで総長になったときに、世界的レベルの大学をと、私は総合性ということを強く打ち出したのです。これからはその総合性から日本大学の教学の地盤を固め、発展させようということです。」と述べ、総合性という規模の面から世界のトップを目指すという考えを示している。いずれの大学も、日本の代表的な大学であり、日本のトップであるという自負と、その強みを生かして世界に挑むという気概がうかがわれる。

　2つめは、大学の建学理念で国際性を謳っているというものである。その例として、国際大学（ジョージ・R・パッカード学長）、南山大学（ハンス・J・マルクス学長）、東京外国語大学（中嶋嶺雄学長）の発言があげられる。国際大学は「世界が直面するグローバルな課題の実践的解決に貢献できるリーダーの育成」を目指して1982年に創設された、日本で初めて英語を公用語とした大学院大学であり[2]、

（2）　国際大学「国際大学が目指す教育」https://www.iuj.ac.jp/jp/about/education/
　　（2022年 5 月31日最終閲覧）

在学生400名弱のうち8割が外国人、その内の8割程度がアジア・アフリカからの学生となっている[3]。パッカード学長は、「結局、われわれが目標にしていることは、日本、外国を問わず、最も優秀な教授陣を抱えたいということです。優秀な教授陣を抱えることができれば、国を超えて優秀な人材が学生としてわれわれの大学にやってくると思うのです。」（天野 1997：150）と述べ、世界レベルで最高水準の教育を目指し、最高水準の学生を集めるという方法で建学の理念に基づく国際的に質の高い教育を実現させている。東京外国語大学は、1857年に江戸幕府内に設置された洋学研究機関である蕃書調所を源流とするが、1897年に、高等商業学校に附属する外国語学校として以来、独立した国立の外国語教育機関としての役割を果たしてきた[4]。海外留学をする日本人学生も、また海外からの留学生比率も高く、インタビュー当時は海外からの留学生は600人で、全学生数の13.5％ぐらいであり、日本で最も留学生比率の高い国立大学であった（天野 1997：182）。中嶋学長は、「一昔前には、留学生はお荷物だという気持ちがあったのですが、いまは留学生教育が外大の一つの特徴になっています。外国人教師（客員教官）も25人になりました。外国人任用法で採用している外国人も徐々に増えています。そのほか、アジア・アフリカ言語文化研究所にも、かなり外国人研究員がいます。しかし、もっともっと増やしたいですね。」（天野 1997：184）と述べ、日本人に対する教育だけでなく、留学生教育が大学教育の柱になっていることを示している。さらに、東京外国語大学は、アジア太平洋地域における高等教育機関間の学生・教職員の交流促進を目的として 1991年に発足した、UMAP

（3）　国際大学「学長からのメッセージ」https://www.iuj.ac.jp/jp/about/president/（2022年5月31日最終閲覧）

（4）　東京外国語大学「大学の歴史と沿革」http://www.tufs.ac.jp/abouttufs/pr/history.html（2022年2月9日最終閲覧）

（アジア太平洋大学交流機構）の拠点に九州大学と共に指定され、欧州のエラスムス計画とならぶ、アジアのグローバルな大学間交流ネットワークの拠点となっている。南山大学は明治末期に来日した神言会ドイツ人宣教師ヨゼフ・ライネルス神父が1932年に設立した南山中学校（旧制）を母体としている。南山外国語専門学校を経て1949年に開学した大学であり、「キリスト教世界観に基づく学校教育」をその建学の理念としている[5]。マルクス学長が「第二次世界大戦のあとで留学生を外国へ送ったのは南山大学が初めてでした。」（天野 1997：178）と述べるように、開学当初より国際教育を重視しており、留学生の受入れについても1974年に日本研究センター（外国人留学生別科）を設置するなど先進的であった[6]。この背景には、マルクス学長が「『カトリック』そのものが世界的な規模と視点のものだからです。国際カトリック大学連盟という世界規模のネットワークがあることです。」と述べているように、既存の強固な国際的な人材交流のシステムを活用できることが大きなメリットとなっていると言える。このように、大学の建学の理念として国際交流や外国語学習が掲げられている場合、国際化は大学の存在意義そのものであり、それに基づいた教育制度の構築と運営が行われていると言えるだろう。

　3つめは、学長の強いリーダーシップにより、国際化を推進するケースである。関西大学 大西昭男学長は、日本の私学の大学運営の難しさの理由の1つに、大学の創設者が一人に特定できないという点をあげている。

（5）　南山大学「建学の理念」https://www.nanzan-u.ac.jp/Menu/rinen/index.html（2022年 5 月31日最終閲覧）
（6）　南山大学「南山大学の歴史」https://www.nanzan-u.ac.jp/Menu/history/index.html（2022年 5 月31日最終閲覧）

関西大学もそうですが、日本の私学の多くは創設者がはっきりしないことが多い。慶應や早稲田は別ですが、明治も法政も中央も関西大学も、法律系の私学は、創設者は一人に特定できない。むしろ先生たちの集団が大学をつくってきたという経緯がありますから、そうしたタイプの大学は、どうしても教授会が大学運営の中心になってきますね。

　ですから、極端なことをいいますと、関西大学として将来この方向に進めたいと思ったら、まずは、どこかの学部でやってもらうんです。たいてい反対は出ます。そこで、いいじゃないか、まずこの学部がやるというから、成功するか失敗するかトライしてもらおうじゃないか。これが私のセリフです。国際交流でも、入試でも、すべてこの方式でいきました（天野1997：122-123）。

　大西氏は、関西大学学長を5期15年（1979〜1994年）務め[7]、その後、理事長も務めている（1992年7月8日〜9月30日職務代行、1996〜2000年）[8]。その間海外5大学との交流協定の締結、交換留学生の派遣、学生国際交流館秀麗寮の建設等を進めた[9]。長期間にわたる強力な学長のリーダーシップにより、大学改革を進めていった事例であると言える。

（7）　関西大学　「歴代学長」　http://www.kansai-u.ac.jp/nenshi/people/president.html#fragment-0（2022年5月31日最終閲覧）
（8）　関西大学　「歴代理事長」　http://www.kansai-u.ac.jp/nenshi/people/president.html#fragment-1（2022年5月31日最終閲覧）
（9）　関西大学　「関大大学通信」　第176号　昭和63（1988）年10月12日　http://www.kansai-u.ac.jp/nenshi/sys_img/article_1_75.pdf（2022年5月31日最終閲覧）

5.3　本研究の調査方法

5.3.1　調査の目的

　本研究では、首都圏近郊にキャンパスを置く、中規模大学⁽¹⁰⁾私立Ｘ大学のＺ学長にインタビューを行い、Ｘ大学の国際交流政策に対するミドルレベルのアクターとしての学長の役割について分析を行う。

　Ｘ大学は1960年⁽¹¹⁾代半ばの日本の高度経済成長期に、経済一般の研究と教育を通じて日本経済の発展に貢献すると共に、教養ゆたかな人材を育成することを目的に開学した大学である。大学・大学院の在学者数は約5,500名であり、本調査を行った2013年 5 月 1 日現在の留学生数人数は在学生のうち約400名であった。

　学生の国際交流が大きく動きだしたのは、1980年代半ばからである。中国のＡ経済学院と、海外の大学としては初めての交流協定と締結し、翌1986年から留学生・教員の交換が始まった。1980年代の国際化の進展という時代の流れ、また1983年に開始された「留学生10万人計画」や国際化に関する調査の実施という当時の文部省というマクロレベルのアクターのプレッシャーにより、まずは当時の学長というミドルレベルのアクターのリーダーシップにより、本格的な国際交流の一歩が踏み出されたと考えられる。

　1992年をピークに日本の18歳人口が減少傾向に転じると、定員

---

(10)　横田（2006）では学生数 1 万人規模以上を大規模大学、3,000人以上 1 万人未満を中規模大学、3000人未満を小規模大学としているが、本研究もそれにならって中規模大学を選定した。

(11)　両角（2010）の私立大学類型によれば、私立大学の大拡張期であった1960年代から1974年までに設置された「第 2 世代大学」に分類される。

表5-1　留学生（学部）の比率が25パーセント超の大学

大学名	留学生比率 （%）	開設年	備考
至誠館大学	78.1	1998	萩国際大学として開学。2014年名称変更。短大の改組。
日本経済大学	71.4	1968	2007年、第一経済大学から福岡経済大学に名称変更。さらに2010年に現名称。
愛国学園大学	57.6	1998	短大の改組。
九州情報大学	48.0	1998	短大の改組。
愛知文教大学	41.7	1997	短大の改組。
鈴鹿大学	40.9	1994	鈴鹿国際大学として開学。2015年名称変更。
神戸医療福祉大学	38.6	2000	近畿医療福祉大学として開学。2008年名称変更。短大の改組。
大阪観光大学	34.6	2000	大阪明浄大学として開学。2008年に名称変更。短大の改組。
デジタル ハリウッド大学	33.8	2005	株式会社立。
長崎ウエスヤレン 大学	33.0	2002	短大の改組。
岡山商科大学	30.3	1965	短大の改組。
四日市大学	30.0	1987	短大の改組。
東京富士大学	29.6	2002	短大の改組。

（小川（2017a：198）より引用）

確保のためにＸ大学は留学生の受入れを本格的に行うようになる。1990年代に新たに２つの学部を新設し、入学試験制度の中に「外国人特別入試」が設けられ、特別枠を設けて外国人学生を選考・入学させることとなった。

　Ｘ大学のように、18歳人口の減少により外国人留学生の定員枠を設けることを前提に新規に大学を設立したり、新学部を開設したりする事例は、2000年前後に多く見られた。小川（2017a：198）は『大学ランキング　2017年版』で留学生（学部）の比率が25パーセント以上の大学を13大学示している。多くが設立時期や短期大学の改組により設置されたという点において共通性が見られる。これら

の大学には大学経営のほか、教学上も多くの共通する問題があることが予想され、大学の留学生政策を見直すことは、留学生に依存する大学にとっても、また日本の留学生政策においても緊急性が高いと思われる。

5.3.2　調査方法

データ収集のため、2013年10月に 1 対 1 の半構造化インタビューを実施した。

インタビュー項目は、①X大学の国際化の目標、②X大学の国際化を進めていく上で必要なこと、③X大学の留学生の受入れ方針、④現在の留学生受入れ状況に対する認識、⑤キャリア形成、成人力、社会人力の育成の上で、X大学としての人財育成の目標、などであった。

5.3.3　分析方法

データは木下（2003）を参考に、修正版グラウンデッド・セオリー・アプローチ（Modified Grounded Theory Approach、以下 M-GTA）を用いて分析した。M-GTA は、データの解釈から独自の説明概念を生成し、そうした概念間の関係から人間行動についてのひとつのまとまりのある説明図を理論として提示するものである（木下 2003：100-101）。M-GTA は社会的相互作用に関係し、人間の行動の説明と予測に有効な方法である。留学生教育は、教員、職員、学生同士など様々なアクターの相互作用により進められているものであるが、そのような教員の教育現場における問題意識の生成プロセスの分析に有効であると考えた。

データの分析にあたり、具体例から概念を生成し、概念ごとに分

析ワークシートを作成した。そして分析ワークシートごとに概念名、定義、具体例、及び理論的をメモ記入し、概念の類似性、関係性からカテゴリーを生成し、全体における位置付けを考察した。

5.4 結果・考察

5.4.1 ストーリーライン

　X大学Z学長は【大学の社会的存在意義】を、建学の理念から「（概念1）X大学の役割は日本人の中間層の育成」であり、研究面ではサプライチェーンのグローバル化に対応した「（概念2）（主として発展途上国の）物流基盤整備への貢献」であると認識している。中間層を育成するにあたり具体的な教育方針として〈グローバル人材の育成〉をあげ、英語力やコミュニケーション能力、異文化力を向上させることが必要だと考えている。一方、一般的な学力だけでなく一芸に秀でた学生は基本的な能力が高いという考えから、スポーツや文化活動に実績のある高校生をAO入試や推薦入試で募集する「（概念15）重点部政策で文武両道の学生を集める」ことも行っており、【生き残りをかけた戦略】として〈「個性」の尊重にもとづく教育の多様性〉も目指している。しかし、大学としては学業中心で「（概念17）課外活動はあくまで「課外」」であり、大学では正課で実績がなければ評価は高まらないと考え、〈アカデミズムへの自負〉を掲げている。

　【大学の社会的存在意義】や【生き残りをかけた戦略】から、国際社会への貢献やグローバル人材育成は重要であるとしながらも、【大学の社会的存在意義】は「（概念1）X大学の役割は日本人の中間層の育成」を基盤に考えられており、留学生教育が大学の経営維

持のために一定の役割を果たしている現実は認めながらも、大学の
生き残りと発展のためには、あえて「(概念19) 留学生を戦略的に
集める必要はない」と考えている。

　大学の生き残りをかけ、理想を掲げながら、Ｚ学長の改革により、受験者数の回復などの大きな成果が見られた。しかし、現実的に様々な問題を抱える日本人学生がいることに加え、また留学生も、日本語能力やコミュニケーション能力が十分ではないことから、実際にキャンパス内で「(概念 8) 日本人学生と留学生が友達になるのは難しい」という認識を持っており、【理想と現実】として教育面の課題は残されている。

　次の図5-1に概念図を示す。【　】はカテゴリー、〈　〉はサブカテゴリー、「(数字)」は概念を示す。図中の矢印は、各カテゴリーが影響を及ぼしている方向性を示している。

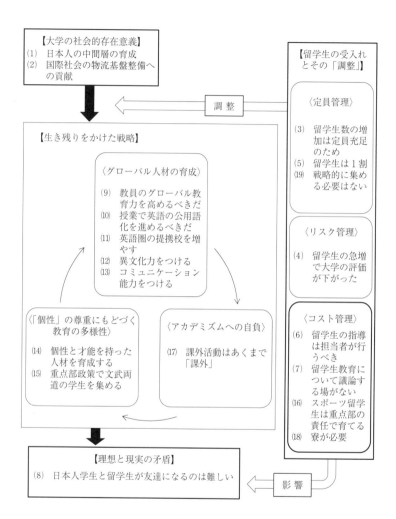

【大学の社会的存在意義】
(1) 日本人の中間層の育成
(2) 国際社会の物流基盤整備への貢献

調整

【留学生の受入れとその「調整」】

〈定員管理〉
(3) 留学生数の増加は定員充足のため
(5) 留学生は1割
(19) 戦略的に集める必要はない

〈リスク管理〉
(4) 留学生の急増で大学の評価が下がった

〈コスト管理〉
(6) 留学生の指導は担当者が行うべき
(7) 留学生教育について議論する場がない
(16) スポーツ留学生は重点部の責任で育てる
(18) 寮が必要

【生き残りをかけた戦略】

〈グローバル人材の育成〉
(9) 教員のグローバル教育力を高めるべきだ
(10) 授業で英語の公用語化を進めるべきだ
(11) 英語圏の提携校を増やす
(12) 異文化力をつける
(13) コミュニケーション能力をつける

〈「個性」の尊重にもとづく教育の多様性〉
(14) 個性と才能を持った人材を育成する
(15) 重点部政策で文武両道の学生を集める

〈アカデミズムへの自負〉
(17) 課外活動はあくまで「課外」

【理想と現実の矛盾】
(8) 日本人学生と留学生が友達になるのは難しい

影響

図5-1　X大学の教育と留学生政策

5.4.2　大学の社会的存在意義

インタビュー[12]の初めの質問として、Z 学長に国際化に向けての大学の目標を尋ねた。

Z 学長は大学の状況によって「大学の役割分担というのは（大学によって）相当違う」と述べた上で、X 大学の役割は「分厚い中間層」の育成であると考えている。この発言は、2005年の大学審議会答申「我が国の高等教育の将来像」に示された大学の 7 つの機能[13]のうち、「③幅広い職業人の養成」を踏まえたものであると考えられる。この方針は、社会科学系の総合大学としての大学の設置理念に合致するものであるが、「分厚い中間層」の主軸は日本人学生であり、留学生を積極的に受け入れて世界トップレベルの教育・研究を行うスーパーグローバル大学[14]とは異なる方向性を目指すことを意味している。

経済一般の研究と教育を目的に日本を代表する営利企業の 1 つによって設置されたという経緯から、X 大学は創設当初から中国をはじめとする物流分野の人材交流に貢献してきており、その面から国際交流の意義はあるということであった。

---

(12)　インタビューの下線部は、執筆者が付したものである。

(13)　大学の 7 つの機能には、①世界的研究・教育拠点、②高度専門職業人養成、③幅広い職業人養成、④総合的教養教育、⑤特定の専門的分野（芸術、体育等）の教育・研究、⑥地域の生涯学習機会の拠点、⑦社会貢献機能（地域貢献、産学連携、国際交流等）があげられている。（天野 2013：20）

(14)　2014（平成26）年度より開始された、我が国の高等教育の国際競争力の向上を目的に、海外の卓越した大学との連携や大学改革により徹底した国際化を進める、世界レベルの教育研究を行うトップ大学や国際化を牽引するグローバル大学に対し重点支援を行う「スーパーグローバル大学創成支援」で支援を受ける大学群を指す。

5.4.3　生き残りをかけた戦略

　Z学長の方針である、「分厚い中間層」の育成の中で大学の【生き残りをかけた戦略】として、〈グローバル人材の育成〉、〈「個性」の尊重と教育の多様性〉、〈アカデミズムへの自負〉が明らかになった。

5.4.3.1　グローバル人材の育成

　〈グローバル人材の育成〉は、日本経済団体連合会（経団連）（2011）の「グローバル人材の育成にむけた提言」や首相官邸付のグローバル人材育成推進会議（2012）の「グローバル人材育成戦略」において「国家戦略の一環」と位置付けられているように、現在の日本の国家的プロジェクトとも言える。「分厚い中間層」の育成を目指す上でも英語力の向上を中心として、「（概念9）教員のグローバル教育力を高めるべきだ」、「（概念10）授業で英語公用語化を進めるべきだ」、「（概念11）英語圏の提携校を増やす」、「（概念12）異文化力をつける」、「（概念13）コミュニケーション能力をつける」など、Z学長は積極的な教育目標をあげている。

　就職のためにはグローバル人材としての基礎的スキルの育成が不可欠であり、そのために資金的な援助の方法も確立するなど、非常に積極的な姿勢が見られる。就職率の向上は大学の社会的評価とも直結する問題であり、大学の生き残りをかけた戦略の1つであると考えられる。

5.4.3.2　「個性」の尊重に基づく教育の多様性

　1990年代から高等教育の規制緩和が進み、推薦入試の拡大やAO入試の導入が始まり、大学には多様な学生が入学するようになってきた。X大学でも運動部を中心とした課外活動の活性化のために、

スポーツ推薦入試を採り入れている。

　Z学長は全日本レベルで「一芸に秀でた学生」は「基本的な能力も非常に高い」と評価し、「（概念14）個性と才能を持った人材を育成する」、「（概念15）重点部政策で文武両道の学生を集める」という観点から AO やスポーツ推薦入試を支持している。スポーツなどの課外活動での成果は大学の社会的な知名度を上げると共に、教育の活性化の効果も高い。教育面、また入試広報の面からも「個性」の尊重は、高等教育を支える柱の1つであると考えられている。

5.4.3.3　アカデミズムへの自負

　スポーツ活動を中心とした課外活動で成果を上げているX大学であるが、他方でZ学長には大学は何よりも正課の教育や教員の研究で評価されなければならないという、〈アカデミズムへの自負〉がある。「スポーツの知名度は高くなっても大学全体の評価にはつながらない。」と述べ、むしろ過度にスポーツに特化することは評価を下げることからスポーツ推薦等の厳格な運用を必要とした。大学見学に訪れた保護者に対しても「（スポーツは）あくまでも学生の課外の活動」であると説明している姿勢からも、その考えが明確にわかる。

5.4.4　留学生の受入れとその「調整」

　留学生の受入れについてZ学長のインタビューを分析すると、〈定員管理〉〈リスク管理〉〈コスト管理〉という3つの大学運営上のマネジメント機能の調整が肝要であるとの立場に立っていることが明らかになった。

5.4.4.1　リスク管理

　Ｘ大学は第二次ベビーブーム世代の大学進学の時期が去ると、日本人学生の受験者減少に苦しみ、その補充として留学生数を大幅に増やした時期もあった。

　しかし、学生総数における留学生比率が急に高まったことで、「（概念４）留学生の急増で大学の評価が下がった」という一面もあり、留学生の増加は大学にとってリスクもあると考えていることがわかる。

5.4.4.2　定員管理

　この経験を踏まえ、Ｚ学長は、これまでは「（概念３）留学生は定員の補充のため」に無原則に受け入れてきたが、それは教育目的の１つとしての国際化とは直接関係しないものであったと考えている。そこで、教育上留学生も必要であるが日本人学生との一定のバランスを維持するために「（概念５）留学生は１割」、と積極的に人数を管理し、「（概念13）留学生を戦略的に集める必要はない」と考えている。Ｚ学長の意図は、大学の経営を長期的に安定させるためには日本人学生を中心にする必要があり、留学生の教育は大学の本来の設置理念に基づく人材育成に回帰するべきである、というものであった。そうすることが真の「グローバル人材」の育成の一助になるのではないか、と考えていた。

5.4.4.3　コスト管理

　Ｘ大学の留学生受入れの問題については、「（概念６）留学生の指導は担当者が行うべき」であるが、現在は「（概念７）留学生教育について議論する場がない」ことも述べている。

　大学では、留学生教育については留学生の受入れ・送り出しの業務を行う留学生委員会は設けられているが、指導は担当教員に委ね

られているのが現状となっている。この背景には留学生教育について人的または時間的コストをかけることが難しい背景があると考えられる。大学が力を入れているスポーツ留学生についても、「（概念16）スポーツ留学生は重点部の責任で育てる」のように、受入れ担当者に指導を任せているのが実情であり、大学としての方針は打ち出していない。また、留学生受入れのために「（概念18）寮が必要」という認識がありながら、準備が進んでいないとも述べられていた。留学生を定員管理のために一定人数受け入れることは表明しているものの、そのための人員と経費の用意など、リスクとコストの管理の難しさがうかがわれる。

5.4.5　理想と現実の矛盾

　大学の生き残りをかけ、日本人の「分厚い中間層の育成」とグローバル人材の育成に重点をおいた X 大学であるが、日本人学生と留学生の交流がうまく進んでいないという課題も残されている。

　Z 学長はコミュニケーション能力が未熟な日本人学生も増加しており、留学生との交流まで発展させることが難しいという教育現場の現状を理解している。グローバル人材を育成する目標を掲げながら、「（概念 8 ）日本人学生と留学生が友達になるのは難しい」という現状は、大衆化型大学の教育の難しさを示している。

5.4.6　本調査のまとめ

　Z 学長の大学の国際化とマネジメントに対する意識構造は、建学の精神に基づき、アカデミズムの維持と学生の個性を生かしながら①日本人の中間層を育成すること、②留学生は一定数必要だが、学生数のバランス維持のために調整すること、と非常に明確であ

る。

　Z学長の改革は大学経営と教育水準の維持・向上という観点から、学長の強いリーダーシップのもと留学生政策の大幅な転換を図った事例である。この改革により、X大学全体の受験者数が増加し、大学の偏差値も上昇するなど、対外的に大学の評価も上がった。文部科学省を中心とするマクロのアクターにより留学生30万人計画が推進され、多くの大学が留学生数を拡大された時期に、ミドルレベルのアクターである学長の教育方針により、マクロレベルの政策を評価・選択し、留学生数を抑制しながら大学教育の質的向上を目指したものとして注目される改革であると言える。教育的な課題としては、大学全体の国際交流の活性化という面では課題は残されるものの、留学生政策の位置付けを明確にし、X大学経営と教育の健全化を図った点で、大きな意義があったと考えられる。

表5-2　大学経営におけるアクター間の関係

	マクロ	ミドル		ミクロ
大学教育 （大学大衆化）	文部科学省 （大学教育）	評価・選択	大学・学長 全学教育	一般教員 日本人学生
留学生教育 （留学大衆化）	文部科学省 （留学生政策）		大学・学長 留学生教育	日本語教員 留学生

5.5　教育現場の課題に直面する教員

　前節では大学経営において、ミドルレベルのアクターである学長の留学生政策を確認した。そのような環境の中で、現場で学生を指導する教員は留学生政策をどのように捉え、どのように実施し、どのような問題点を抱えているのか、留学生政策に対する教員の問題

意識について論じる。大学と留学の大衆化が進んだ大衆化型大学で
は、多様な学力を持つ日本人学生と留学生が増加した。その結果、
私立大学を中心に多くの教員は、日々の授業運営と指導に苦慮する
という現実に直面している。教員は大学運営の主要なアクターであ
るが、両角（2014：68）によれば、教員自身が主体的にどのように
意思決定や運営に参加しているのかについて研究はまだほとんど行
われていない。

　大学の大衆化、留学の大衆化が進む中で、現在困難を抱えている
大学も多いが、教育現場で問題点に直面している教員の問題意識に
こそ、解決の糸口が隠れているはずである。その問題意識を分析
し、改善に向けて検討することは、日本の大学全体の留学生教育の
質の向上に貢献できると思われる。

　そこで、本章では、高等教育政策と留学生政策を教育現場という
ミクロレベルで実施する上で重要な役割を果たすアクターとして、
留学生の指導を担当する大学教員に注目する。そして、留学生担当
教員が勤務先の留学生教育の現状についてどのように考えて行動し
評価しているのかを中心に、抱えている問題意識の分析を通じて、
大学・留学大衆化時代における私立大学の留学生の受入れ環境につ
いて問題点を指摘することを目的とする。

5.6　留学生を指導する教職員の意識に関する先行研究

　留学生を指導する教員・職員の意識を調査した先行研究には、白
土・権藤（1991）、二宮・中矢（2004）、横田（2006）、近田（2011）な
どがあり、いずれの研究も修学面、生活面で教員は幅広い問題への
対応を迫られていることを明らかにしている。

　白土・権藤（1991）は国立・私立大学73大学の外国人留学生担当

教員、留学生担当事務職員を対象に質問紙調査を行った研究であるが、修学指導面で教員の感じる問題点としては専門領域の知識・学力の不足、語学・数学等に関する基礎学力の不足、日本語能力の不足を指摘しており、授業の理解のためには教員自身が指導するほか、同じ研究室の日本人学生に教えてもらう、チューターに教えてもらう、などの対応をとっていることをあげている。また生活面においても、奨学金への配慮、宿舎の世話、病気・事故等への援助、身元保証、就職の斡旋など、教員は幅広い問題への対応を迫られていると述べている。

大学院の受入れ体制について質問紙調査を行った二宮・中矢（2004）は、大学院担当教員の抱える問題点として、研究指導の面で①留学生に限らず学生指導の時間がないこと、②留学生指導には非常にエネルギーが必要であるにもかかわらず評価されることがなく、③教員にはメリットがないこと、④教員一人あたりの適切な留学生の人数、⑤受け入れる教員への支援制度の整備および待遇の改善に努めていかない限り、留学生に対する研究指導の改善は教員のボランティア精神に全面的に頼るものとなっている状況を指摘している。

日本の大学の国際化部門担当者に質問紙調査を行った横田（2006）でも、外国人留学生の受入れを推進する上で特に問題と考えている点の１つとして教員の負担が大きいことをあげ、日本留学の基本的な課題として従来から指摘されていることが解決されていないと述べている。

また名古屋大学の専任教員に対する質問紙調査を行った近田（2011）は、大教室での講義やゼミの運営といった大学での教育に対する教授法やFD（Faculty Development）は日本人教員が日本人大学生に行う授業研究が中心であり、留学生の受入れについて教員間で多くの共通認識があるにもかかわらず、彼らに対する授業や研究指

導上の基本ノウハウが教員間でほとんど共有されていないことも、状況が改善しない要因になっていると指摘している。

　これらの研究はいずれも質問紙による量的調査によって大学教員の現実を明らかにしたものであるが、留学生教育の拠点校で、受入れの中心は大学院留学生、しかも経営が安定している大規模な国公私立大学を中心に行ったものである。学部留学生の比率が高く、大学の大衆化・留学の大衆化の進んだ中・小規模私立大学の問題はまだ十分に検討が行われていない。学部留学生の受入れ政策の実施とその評価を検討するためには、大学の特徴をそろえた上で、教員へのインタビューによる質的調査をすることで、より具体的な問題とその関係性、共通の課題が明らかになると思われる。また個人としての教員の問題意識は、教員の専門分野や担当する学生の人数とそれに占める留学生の割合によっても、指導方針や方法に差が生じることも予想される。そこで教員の専門性の違いによる認識の共通点、相違点を明らかにすることも今後の参考になるのではないかと考えられる。

5.7　大学教員の留学生教育に対する意識調査

5.7.1　調査対象校・調査協力者

　本研究では大学大衆化・留学大衆化の問題に直面する留学生の指導を担当する大学教員12名を対象にインタビューを実施した。調査対象校は首都圏近郊に位置する社会科学・人文科学系の学部を擁する、学生数が約5,000人〜約1万人の中規模私立大学で、大学の教育内容、大学受験の偏差値など諸条件が近い5つの大学である。調査協力者は調査対象校で専任教員としてゼミでレポートや論文指

導を行うほか、講義を通じて留学生を指導する立場にある12名の大学教員である。12名の教員のうち、6名は主として日本人学生を中心に学部の専門科目や教養科目を中心に指導する一般教員6名、残りの6名は留学生に対する日本語教育の知識を持ち、留学生教育の知識と経験が豊富な日本語教員である。6名ずつではあるが、一般教員と日本語教員の共通点・相違点を分析することにより、学部留学生の受入れ問題を多角的に検討できると考えた。調査協力者の12名の内訳は表5-3の通りである。

表5-3　研究協力者

番号	性別	勤務年数	専門分野	勤務先大学	番号	性別	勤務年数	専門分野	勤務先大学
1	男	7	国際物流	A	7	男	10	日本語教育	B
2	男	10	行政法	A	8	女	6	日本語教育	B
3	男	30	経営工学	A	9	女	7	日本語教育	B
4	女	5	キャリアデザイン	A	10	男	5	日本語教育	C
5	女	13	日本文学	A	11	男	2	日本語教育	D
6	女	28	中国語	A	12	女	7	日本語教育	E

　調査は2012年2月～8月の間に、1対1の半構造化インタビューを実施した。1回あたりのインタビューは約90分で、ICレコーダーで録音し、文字化を行った。

　インタビューの基本項目は、①勤務年数、②留学生教育の経験、③留学生を教えていて難しいと感じる点、④留学生の日本語で問題だと思う点、⑤留学生の日本語を向上させるために必要なもの、⑥（学部で学ぶ上で）求められる日本語力、⑦授業をする時の留意点や工夫、⑧ゼミの指導方針、⑨大学、学部等での留学生指導方針、⑩今後の留学生受入れの課題である。

5.7.2　分析方法

インタビューによって収集したデータは、先の5.3、5.4と同様に木下（2003）を参考に、修正版グラウンデッド・セオリー・アプローチ（Modified Grounded Theory Approach、以下M-GTA）を用いて分析した。

データの分析にあたり、具体例から概念を生成し、概念ごとに分析ワークシートを作成した。そして分析ワークシートごとに概念名、定義、具体例、及び理論的メモ記入し、概念の類似性、関係性からカテゴリーを生成し、全体における位置付けを考察した。一般教員、日本語教員ごとに分析を行った後、共通点と相違点について分析を行った。

5.8　結果・考察

5.8.1　ストーリーライン

分析の結果、36の概念が生成され、12のサブカテゴリー、4つのカテゴリーにまとめられ、表5-4に日本語教育担当教員と一般教員の概念の比較、図5-2に概念図をまとめた。〈　　〉は概念名、【　　】はカテゴリー名、〔　　〕はサブカテゴリーである。図中の➡は意識の方向性、←→は影響関係、⟹はサブカテゴリー間の対応関係を表している。概念名〈　　〉の前のアルファベットNは日本語教員、Ⅰは一般教員に見られた概念を表している。〈　　〉の前にアルファベットの記載のないカテゴリーは、日本語教育担当教員と一般教員に共通して見られた概念である。

中規模私立大学の留学生担当教員は、【大学大衆化による学生の

多様化】のため留学生・日本人学生の区別なく、学力やコミュニケーション能力の低い学生を受け入れなければならないという教育現場の厳しい現実に直面している。特に留学生の受入れには〔国の矛盾した留学生政策〕の影響もあると捉えている。【留学生教育の問題意識】としては、留学生の受入れについて〔大学の教育方針が不明確〕であるために〔教員間の連携不足〕が生じ、その影響で〔留学生の学習意欲の不足〕や〔留学生の日本語力の不足〕が深刻になり、さらに〔留学生・日本人学生の交流が困難〕になっていると考えている。このような中で、教員は個別に様々な形で【現在の学生を伸ばす取り組み】を行っている。また〔組織の活用と連携〕や〔学生を動かす〕ことによって教育環境を組織的に改善する仕組みを作り、〔学生に寄り添う〕〔基礎を固める〕ことによって学生個々の特性に配慮して指導する努力を行っていた。大学の現状を踏まえ、今後の【理想とする改革の方向性】としては、教職員・日本人学生を含め〔学内の意識改革〕を進め、大学の国際化に向けて〔大学における留学生政策の確立〕が必要であるという点で共通していた。

　以下、一覧表（表5-4）と図（図5-2）により概念を示し、各カテゴリーの構成、カテゴリー間および概念間の関係を説明する。

表5-4　日本語教員と一般教員の概念の比較

カテゴリー	サブカテゴリー	概念 日本語教育担当教員（N）	概念 一般教員（I）
【大学大衆化による学生の多様化】		〈日本語力の低い留学生の受入れ〉 〈日本人学生の学力の低下〉 〈コミュニケーション能力不足の学生の増加〉	〈日本語力の低い留学生の受入れ〉 〈日本人学生の学力の低下〉 〈コミュニケーション能力不足の学生の増加〉
	〔国の矛盾した留学生政策〕	〈日本留学試験への批判〉	**〈入国管理局の方針への批判〉**
【留学生教育の問題意識】	〔大学の教育方針が不明確〕	**〈留学生政策の不在〉**	**〈大学の制度に対する不満〉**
	〔教員間の連携不足〕	〈独立性の高い教員〉 〈教員の指導方針の違い〉 〈情報や情熱の共有が不十分〉 〈多忙な教員〉	〈独立性の高い教員〉 〈教員の指導方針の違い〉 〈情報や情熱の共有が不十分〉 〈多忙な教員〉
	〔留学生・日本人学生の交流が困難〕	〈年齢差〉	〈年齢差〉 **〈日本語力の差〉** **〈異文化への関心の差〉** **〈文化差〉** **〈金銭感覚の差〉**
	〔留学生の日本語力の不足〕	〈書く力が不足している〉 〈適切な表現で話せない〉	**〈講義が理解できない〉** 〈書く力が不足している〉 〈適切な表現で話せない〉
	〔留学生の学習意欲の不足〕	〈やる気がない〉 **〈学習環境や機会を活用しない〉**	〈やる気がない〉
【現在の学生を伸ばす取り組み】	〔組織の活用と連携〕	〈留学生を支援する制度の設立・活用〉 **〈教職員の連携を図る〉**	
	〔学生を動かす〕	〈学生が交流する仕掛けを作る〉	**〈ゼミを活用する〉** 〈学生が交流する仕掛けを作る〉 **〈優秀な学生を伸ばす〉**
	〔学生に寄り添う〕	〈個人差に対応する〉 〈就職・進路指導を行う〉	〈個人差に対応する〉 〈就職・進路指導を行う〉
	〔基礎を固める〕	〈理解の確認〉 〈繰り返し書かせる〉 **〈段階的な指導〉** 〈教材の工夫〉	〈理解の確認〉 〈繰り返し書かせる〉 〈教材の工夫〉
【理想とする改革の方向性】	〔学内の意識改革〕	〈教職員・組織全体の協力〉 〈日本人学生の意識改革〉	〈教職員・組織全体の協力〉 〈日本人学生の意識改革〉
	〔大学における留学生政策の確立〕	〈バランスのとれた国際化〉 〈人材育成方針の明確化と卒業後の出口管理〉	〈バランスのとれた国際化〉 〈人材育成方針の明確化と卒業後の出口管理〉

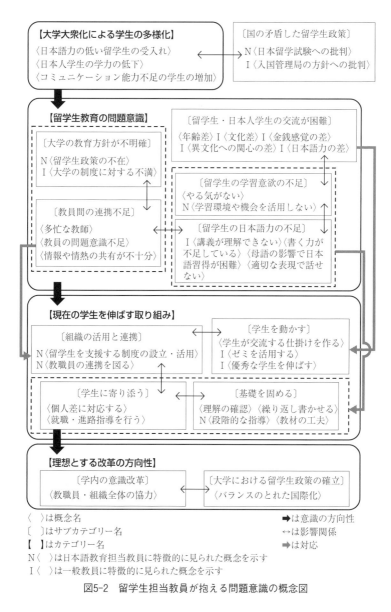

図5-2　留学生担当教員が抱える問題意識の概念図

5.8.2　大学大衆化による学生の多様化

【大学大衆化による学生の多様化】について、日本語教員も一般教育教員も困難な教育環境であるという認識は共通している。現在、大学では学力やその他の面で多様な学生を受け入れているが、定員の充足やスポーツの振興など、その背景には様々な〈日本語能力の低い学生の受入れ〉をせざるを得ないという事情があり、大学の経営上やむを得ないと考えている。特に日本の大学が持つ「定員」制度では、大学に入学定員と収容定員を基準として予算措置がなされており、これを大きく超過もしくは下回ることは困難となっている（佐々木 2009）。私立の大学・短大・高等専門学校（以下、私立大等）を対象とする私立大等経常費補助金は、① 私立大等の教育研究条件の維持向上のため、② 学生の修学上の経済的負担の軽減に資するため、③ 私立大等の経営の健全性向上に資するため、日本私立学校振興・共済事業団が国から補助金の交付を受け、これを財源として全額、学校法人に対して私立大等の経常的経費について補助している（旺文社教育情報センター 2015）。そのため、大学にとって定員を確保することは至上命題となっている。定員維持のために多くの学生を入学させた大学では留学生だけでなく、「漢字が書けない」「卒論が書けない」など〈日本人学生の学力の低下〉も見られるため、教員は卒業論文やレポートの指導など留学生・日本人学生双方に対して多大な労力を費やしている。学力のほか少子化やインターネットの普及による弊害で、インターネットやスマートフォン依存症や引きこもりの学生も増えている。留学生・日本人を問わず〈コミュニケーション能力不足の学生が増加〉しており、大学のキャンパス内で学生主体による積極的な行動や交流も進みにくい状態にあることが改めて浮き彫りになっている。

5.8.3　留学生教育の問題意識

　大学大衆化の進行により、多くの留学生を受け入れた大学が抱える様々な問題意識は【留学生教育の問題意識】としてまとめることができる。

5.8.3.1　大学の教育方針が不明確

　まず教員は多様な留学生・日本人学生が混在する中で授業や学生指導を行う際に、本来はその拠り所となるべき〔大学の教育方針が不明確〕であることの戸惑いを感じているが、日本語教員と一般教員で立場の違いが見られた。

　日本語教員が感じているのは、大学に留学生が存在することを前提とした上での〈留学生政策の不在〉である。大学で留学生を受け入れているにもかかわらず、その教育方針や位置付けが明確でないために、目指す方向性が分からないという指摘である。これに対し一般教員が抱いているのは、〈留学生教育への違和感〉であり、日本人大学生の教育を前提とした教育体制・環境の中で留学生を受け入れ、指導していくことの困難さを感じている。「私もいったいどうしてここの大学は留学生を受け入れるのかなっていうのは、実はよく分からないっていうのはありますね。」という日本語教員の認識と、「日本人と一緒に混合で授業をするのが有効なんだろうか、非常に私としては疑問なんですね。」という一般教員の認識は、大学で留学生の存在を前提とするか否かの差であり、留学生の存在をコインの表と裏から見た関係ということもできる。これはいずれも大学の教育方針や教育体制が未整備であることから生じていると考えられる。横田（2006）の調査でも大学国際化のための明確なビジョンやミッションをもっている大学は全体で20％に過ぎず、これに関連して大学の国際化を評価する制度・体制もできてないとい

う結果が出ている（横田 2006, 131-132）。グローバル化の進行に伴い大学の国際化や留学生の増加の必要性が叫ばれる中で、留学生教育の教育方針の確立は喫緊の課題であると言える。

5.8.3.2　教員間の連携不足

多くの悩みを抱えながら、〔教員間の連携不足〕であることも状況が改善しない原因となっているという認識は、日本語教員も一般教員も共通している。この原因として大学の教育方針が不明確であることのほか、大学教員は学問の自由が保障されている〈独立性の高い教員〉であるため、他の干渉を嫌い、自らの学問的理想を実現させるためにオリジナリティーの高い授業を望むことが多い。学生数の中心を占める日本人学生の指導に労力やコストがかかるため、〈多忙な教員〉が多く改善する余裕がないこと、また留学生に関心がなく〈教員の指導方針の違い〉や〈情報共有や情熱の共有が不十分〉であることも改善が進まない悪循環を生み出している。

5.8.3.3　留学生の学習意欲の不足

留学生を指導する際の根本的な問題として、〔留学生の学習意欲の不足〕も指摘されている。「意欲のない人にあの、勉強しろっていってもね、なかなか効果はないですよね。」のように、〈やる気がない〉ことがあげられる。留学生の日本語力・理解の不足を補うために、日本語教員を中心に大学側も補講クラスの設置など様々な学習の機会や日本人学生との交流の機会を増加させるために方策を立てるが、留学生は〈学習環境や機会を活用しない〉状況である。アルバイトがある、単位にならない、勉強したくない、などの理由で受講生が集まらない。

5.8.3.4　留学生の日本語力の不足

　日本留学の意義そのものを留学生自身が感じなければ日本語学習が進まず、来日後何年経っても〔留学生の日本語力の不足〕は解消しない。大学で学ぶ上で、〈講義が理解できない〉、〈書く力が不足している〉、〈適切な表現で話せない〉、〈母語の影響で日本語の習得が難しい〉など、様々な問題があるが、中でも大学の学業を続けるにあたり日本語力の面で最も重要な懸念は、〈書く力が不足している〉ことである。基本的な文体、文法が不完全であるため、言いたいことがあっても表現できず、配布されたプリントを写して終わってしまうことも多い。最終的に書く力の問題点は成績評価の問題に発展する。「(テストの答案として高村光太郎の詩の感想を書かせると)"光太郎さんはやさしかった"とか"智恵子さんはかわいそうだった"とか一行しかでてこない。こちらとしてはやっぱりそれで評価っていうのが…。(略)本当にジレンマなんです。」のように対応に悩んでいる。

　学業のほかに、〔留学生・日本人学生の交流が困難〕であることも大きな課題となっている。「日本人は、まず中国人留学生と2つぐらい年齢違うんですよね。その差だけじゃなくて、(略)日本人は中国人が大嫌いだという、そういう、子が、いっぱいいるんですよ。」のように、日本人学生が〈年齢差〉〈異文化への関心の差〉の理由から留学生を避ける傾向もある。また留学生側の〈日本語力の差〉〈文化の差〉、交流よりアルバイトが優先といった〈金銭感覚の差〉も交流を妨げる要因になっている。留学生と日本人学生との交流の困難さについては、日本人学生の数が多いゼミや授業を担当する一般教員の方が、より深刻に感じていた。

5.8.4　現在の学生を伸ばす取り組み

【現在の留学生を伸ばす取り組み】については、日本語教員が連携により支援システムを作って教育を進めたいと考えているのに対し、一般教員はゼミを基本に指導するべきであると考えている。確かにゼミでも個別指導ができるが、問題が起こった時に外部から見えにくい。連携があったほうが、問題が起こったときの対応がうまくできるであろう。

5.8.4.1　組織の活用と連携

問題が山積する中で、【現在の学生を伸ばす取り組み】として教員は様々な努力を行っていた。日本語教員は〔組織の活用と連携〕によって個人的な活動から脱し、〈教職員の連携を図る〉ことで〈留学生を支援する制度の設立・活用〉を進めたいと考えていた。例えば補習学習を提供する機会として学習支援センターを設置しても、学習支援センターが個別に働きかけるだけでは利用は進まない。しかし、普段留学生と必修科目の授業の中で直接関わり合う日本語担当教員がセンターの職員と連携をとり、センターの利用率を上げる努力をするなど、日本語教員が専門教員や関連部署とのパイプ役となり、問題意識の共有と役割分担を進めることは非常に効果的に行っている例も見られた。「学部を越えていろんな先生とお話したり、そういうことを積み重ねて。(略) あっちこっちドアを押しているうちに、ばたばたばたって開いていって、いまそんなふうにこう、あちこち動いて、勝手に動いていく。」と語るように、連携によって組織が変化し、教育環境改善への協力体制が構築されていく。

5.8.4.2　学生を動かす

日本語教員が連携により支援システムを作って教育を進めたいと

考えているのに対し、一般教員はゼミを基本に指導するべきである
と考えている。特に〔学生を動かす〕ことでは教育環境を改善する
取り組みも見られた。中規模大学の特徴を生かし、少人数制の〈ゼ
ミを活用する〉ことによって打ち解けやすい環境で学習内容の理解
と学生間の交流を深めることも重視されていた。また、「留学生の
男子学生が少し年上だったので、（略）あなたはお兄さんよ、みた
いにしちゃったんです。だからみんなも尊敬してね、みたいな。」
という語りのように、日本人学生に留学生への接し方を教員自らが
示し、〈学生が交流する仕掛けを作る〉などの工夫も見られた。学
生間の協力体制が構築され、チューター制度や学生による日本語教
室、学内の発表会など教育環境改善が進むと留学生に実力がついて
くる。そして日本語力が自信になって授業や活動に積極的に参加す
る〈優秀な学生を伸ばす〉ことは、教員にとっても周囲の留学生・
日本人学生にとっても刺激となり、留学生を中心とした良い循環が
できあがっていく。

5.8.4.3　学生に寄り添う

　一方、多様な学生を抱えている中で一人一人の学生の個性に応じ
て〔学生に寄り添う〕ように対応していくことも重要である。「多
様な問題を抱える学生もいるので、最終的には個別対応するしかな
いっていうのはありますね。」という語りのように、様々な事情や
学力の〈個人差に対応する〉こともしながら、卒業まで〈就職・進
路指導を行う〉ことも重要である。

5.8.4.4　基礎を固める

　学生の〔基礎を固める〕手段としては、〈理解の確認〉〈繰り返し
書かせる〉〈段階的な指導〉〈教材の工夫〉などにより、講義の理解
を促し、書く力の向上に努めていた。「一回直せば、その部分につ

いては、あの、次からは直ってきますし、でまた同じのあったら、ここなんかおかしくないって言うだけで、"あ"って気がついてくるので、そうするとだんだん上手になってくるんですね。（略）私のなかではそこ最後の砦だと思っていまして、それをやって、社会に出さないと、きっときちんとした文章を書けないんじゃないかと思うんです。」という語りのように教員の強い信念と個人の努力が教育を支えていることがわかる。〔基礎を固める〕面では共通点も多いが、一般教員は日本人学生と同じ学習方法を学生に求めるのに対して、日本語教員は留学生に向けた〈段階的な指導〉を心がける姿勢が見られた。

5.8.5　理想とする改革の方向性

　以上のような取り組みを行う中で、教員が考える今後【理想とする改革の方向性】として、まず〔大学における留学生政策の確立〕があげられる。大学の経営的にも、学生に対する教育効果をあげるためにも、外国人学生比率や出身国籍で〈バランスのとれた国際化〉が必要だと考えられている。また大学の大衆化、留学の大衆化が進む中で、どのような留学生を受け入れ、育てるかという〈人材育成方針の明確化と卒業後の出口管理〉を徹底し、実績を積むことで大学の社会的な存在意義を確立することが重要である。
　そのためには、〔学内の意識改革〕が欠かせない。大学の国際化に向けて〈教職員・組織全体の協力〉のほか、〈日本人学生の意識改革〉も課題としてあげられた。「日本人についてもいかに、留学生と友達、仲良しになって、お互いの交流ができるかどうか、それがやっぱり一番ポイントだと思いますね。」という語りのように、留学生と日本人学生が相互に交流を進めることこそが大学の国際化の原点であると考えられていた。なお、今回の調査では〈日本人学

生の意識改革〉はインタビューからカテゴリーとして出現したのに対し、留学生の意識改革についての言及は見られなかった。しかし、学内全体の意識改革を進めるためには、留学生の意識改革の必要性についても考えていく必要があると思われる。

5.8.6　本調査のまとめ

　日本語教員と一般教員は、それぞれの立場から留学生教育に尽力しているが、大学教育における留学生の位置付け方に違いが見られる。日本語教員は大学で留学生を受け入れることを前提と考えている。日本語教育担当教員は、留学生の支援に対して学内全体の協力の必要性を強く感じており、国際交流センターや学習支援センターなど、学内の組織を活用しながら教職員の連携を図ることで留学生への支援を充実させようとしている。その上で、大学の留学生政策が明確でなく、留学生をどこまで、どのように支援するべきか、疑問を感じている。これに対し、一般教員は大学の教育は日本人が主体であるという意識が強い。日本人主体の大学経営や制度の中に留学生を順応させて授業を運営していこうとする中で指導方法・成績評価・学生交流の面などで多くの苦労を抱えていた。特に一般教員はゼミを教育の重要な単位とし、ゼミの中での指導や学生交流の中で留学生を支援することを重視している。ゼミという少人数教育を実践する中で丁寧な指導を試みる一方で、少人数であるがゆえに、日本人学生と留学生の差も強く意識し、学生交流の難しさを感じている。

　日本語教育担当教員と一般教員には以上のような違いがあるが、留学生の指導面で多くの共通の課題を抱えている。しかし、留学生に関する情報や議論が十分に共有されていないという現実がある。その背景には、留学生の支援は、日本語教育担当教員や国際交流セ

ンターのような専門の教員や組織が行うものだ、という意識が、日本語教育担当教員にも一般教員にも強いことが影響していると考えられる。

　留学生を大学内でどのように位置付けるかは、大学の留学生政策と深い関わりがある。佐々木（2009：5）は「（留学生の）特別選抜はそれが例外であり、特別であるがゆえに、皮肉にも、日本の大学が留学生を普遍的に受け入れることを遠ざける結果をもたらしている」と述べているが、大学の入口から日本人学生とは異なる基準で特別に入学させていることは、入学後の教育にも大きな影響を与えていると考えられる。

　しかし、入口は特別であっても、入学すると、留学生は定員に含まれているため、入学定員と収容定員を基準として予算措置がされる厳しい定員管理の下では、大学経営のためには数が重視される。太田（2010）は、このような現状の定員管理体制下では学生をふるいにかけ、一定のレベルに達した学生だけを卒業させるという形での質保証へのシフトを妨げていると指摘している。このようなマクロな高等教育政策・留学生政策がミドルレベルの大学経営・留学生政策を規定し、ミクロレベルのアクターである教員、学生の意識・行動にも影響を与えていると考えられる。

　一般教員も日本語教員もミクロレベルはアクターとして活発に活動している。しかし、その連携に影響を与えるのはミドルレベルの学内の留学生政策である。学内の留学生政策の不足がミクロレベルの教員間の連携不足に大きく影響している。また、マクロレベルの「留学生は特別枠」という定員管理の政策もミクロレベルの教員の学生管理に影響をもたらしている。マクロレベルにおいても、ミクロレベルにおいても、大学教育の中で留学生をどのように位置付けるかという問題が、ミクロレベルの教育現場にも影響を与えていることを認識する必要がある。

表5-5　教育現場におけるアクター間の関係

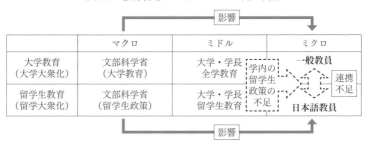

第6章

大学・留学大衆化時代の留学生政策の検証

本章では、第4章、第5章で行った日本の大学大衆化・留学大衆化に関するアクターの研究を整理し、高等教育政策と留学生政策の問題点について検証を行う。さらに、ミクロレベルのアクターである留学生の意識調査を実施し、その結果も合わせて「課題2　現代社会における大衆化型大学の役割は何か。」について考察する。

6.1　アクター間、レベル間の関係性

　日本の大学大衆化は、第4章でも論じたように、戦前からの政府主導の政策により、国立大学による「質」の確保、私立大学による「量」の確保が図られた。私立大学はその経営を主に授業料収入で維持するために量的拡大が必要であり、時に政府を突き動かしながら拡大を目指した。そして、高度経済成長に伴うミクロレベルの学生の進学熱も吸収しながら、マクロレベルのアクターである政府と、ミドルレベルの私立大学が政策上の駆け引きをしながら政策を展開し、ミクロレベルの学生が政策を評価し、後押しする形で大学大衆化が進行したと考えられる。

表6-1　高等教育政策におけるアクター間の関係：大学教育

	マクロ	ミドル	ミクロ
大学教育 （大学大衆化）	政府・文部科学省 （大学教育）	大学・学長 私立大学連盟	教員・学生

駆け引き　　　　評価

　留学大衆化も、政府主導の政策により進められたが、そのスピードは1983年の「留学生10万人計画」の発表までは非常に緩やかであった。1983年以降、10万人という計画達成のために、当初は政

132

府が留学生の受入れ人数に応じて各大学に補助金を出すなど、マクロレベルのアクターである政府が、ミドルレベルのアクターである各大学に委託する形で政策が進められた。留学生の受入れは発展途上国の援助であると同時に、18歳人口の減少を見据えた定員補充をも目的とした大学大衆化を補完する役割も兼ねていた。そのため、ミドルレベルである大学、とりわけ私立大学がマクロレベルの政府が決めた政策を受け入れ、大学の量的拡大の根拠にしていると考えられる。マクロレベルで法務省による人数調整を受けながらも諸外国の留学生推進政策や、ミクロレベルでの海外の市民の留学熱に推し進められる形で21世紀初頭に10万人計画が達成された。2007年以降、マクロレベルのアクターに経済界が加わり、留学生政策が新たな国家戦略となると、ミドルレベルの大学の留学生政策をマクロレベルの政府が評価し、選抜するようになる。留学生政策は大学大衆化を補完する役割のほか、大学大衆化を勝ち抜く手段としての意味も加わるようになった。

表6-2　高等教育政策におけるアクター間の関係：留学生教育

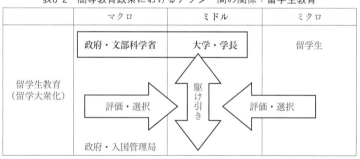

個別の大学の経営においては、ミドルレベルのアクターである学長が大きな権限を持っており、マクロレベルのアクターが決定した政策を、ミドルレベルのアクターである学長が評価・選択して大学の運営を行っていることがわかる。ミクロレベルのアクターである

一般教員や学生は基本的にはその決定に従うことになる。高等教育のユニバーサル化、グローバル化が進む教育環境の中で、留学生の受入れは大学の存亡に関わるところであるが、大学の特徴に応じた留学生教育の方針をどのように学長が判断するか、という点にかかっていると言える。もちろん大学経営は学長が単独で決めるわけではなく、重要事項は理事会や学部長をはじめとする大学部局の長らとの議論が重ねられて決定される。また学長も大学の一教員であり、個人としての教員が直面している困難も理解をしている。その上で、現行制度においては大学の経営方針を決定する段階で学長の権限が強く反映される状態になっているということができるであろう。

表6-3　大学経営におけるアクター間の関係

	マクロ	ミドル		ミクロ
大学教育 （大学大衆化）	文部科学省 （大学教育）	評価・選択	大学・学長 全学教育	一般教員 日本人学生
留学生教育 （留学大衆化）	文部科学省 （留学生政策）		大学・学長 留学生教育	日本語教員 留学生

　留学生を迎える教育現場においては、一般教員も日本語教員もミクロレベルのアクターとして活発に活動している。しかし、その連携に影響を与えるのはミドルレベルの学内の留学生政策である。学内の留学生政策の不足がミクロレベルの教員間の連携不足に大きく影響している。また、マクロレベルの「留学生は特別枠」という定員管理の政策もミクロレベルの教員の学生管理に影響をもたらしている。マクロレベルにおいても、ミクロレベルにおいても、大学教育の中で留学生をどのように位置付けるかという問題が、ミクロレベルの教育現場にも影響を与えていることを認識する必要がある。

表6-4　教育現場におけるアクター間の関係

6.2　留学生からみた日本留学に対する意識

6.2.1　調査概要

　留学生を受け入れる日本の大学側から留学生教育を考えていく一方で、留学生が留学生活の中で何を求め、何を重視しているのかという、留学生の視点に立った留学生活を検証することも必要であろう。留学の意義は目的によって多様であると考えられるが、特に日本語能力があまり高くなく、大衆化型大学に入学した留学生は日本の大学生活や異文化での生活をどのように捉えているのであろうか。そこで、本節は日本で学ぶ外国人留学生を対象とし、彼らが日々の異文化交流の中でどのような能力を必要としているのか、についてアンケート調査の結果から分析を試みた。

　調査は、2017年 7 月に実施し、質問紙調査を用いて以下の問 1 〜 6 の質問を日本語による自由記述で回答する形式で実施した。

表6-5　留学生の異文化理解／異文化間能力に対する意識調査　質問項目

1．日本に留学してよかったと思うことはなんですか。その理由はなんですか。

2．日本での生活が、将来のあなたの人生にどのように役立つと思いますか。その理由はなんですか。

3．これまでの日本生活で、失敗したり困ったり不安に思ったりしたことはありますか。それはなぜでしたか。

4．上の3．に書いた問題をどのように解決しましたか。

5．日本での生活をより充実させるために、今のあなたにもっとも必要な能力は何だと思いますか（いくつでもいい）。
　　例）「日本語能力」「社交性」「研究・学習能力」「積極的な態度」「問題解決能力」「向上心」「リーダーシップ」「協調性」などなど

6．上の5．に書いた能力を高めるために、あなたは今現在どんな努力をしていますか。または、すべきだと思いますか。

　対象者は、X大学に在籍する学部留学生25名である。対象としたのは、「リベラルアーツ入門」という必修の一般教養科目の受講生で、全員2年生に在籍していた。留学生の母語は中国語が17名、ベトナム語が7名、ウイグル語が1名であり、日本語能力は日本語能力試験のN2合格者が14名、N1合格者が5名、N3合格者が1名となっており、N2レベルの留学生が中心となっていた。滞日期間は、1年～3年未満が14名、3年～5年未満が10名であった。対象とした留学生の内訳は表6-6の通りである。

表6-6　留学生の異文化理解／異文化間能力に対する意識調査　対象者

クラス	X大学　教養科目：リベラルアーツ入門（必修）		
人数	25名		
母語	中国語：17　　ウイグル語：1　　ベトナム語：7		
身分	学部生（私費留学生）：25		
滞日期間	1 年〜 3 年未満：14　　3 年〜 5 年未満：10　　5 年以上：1		
日本語能力試験	N1： 5　　N2：14　　N3：1　　未受験：4　　未記入：1		

　留学生は日本でのアルバイトや大学の授業も一通り体験し、日常生活や大学生活において日本語を用いて過ごすことができているが、日本人とのコミュニケーションや学業面で問題を抱えていることもある。このような環境の中で、①留学生が実際にどのような状況に置かれているか、②留学生が現実に必要としている異文化理解能力とはなにか、の 2 点に注目して分析を行った。

　本調査では、計量テキスト分析のためのフリーソフトウェア、樋口（2014）が開発した KH Coder を使用し、「テキストマイニング」という手法を利用して、学生の自由記述の回答の分析を行った。テキストマイニングとは、テキストを対象にした統計的な分析手法の総称であり、数理的モデルで言語データを分析し、有用な情報を発掘する、というものである（李 2017：10、62）。自由記述の分析には、書かれた内容を分類していく川喜田（1967）の KJ 法や、佐藤（2008）による QDA ソフトによる定性的コーディングなどの質的分析方法が用いられることも多い。KH Coder は、樋口（2014）が開発した、無償のソフトウェアである。もとは、社会学・社会調査の分野の中で開発されたものであるが、テキストに使用された単語の頻度や品詞、共起関係などを求めることができ、阪上（2015）、泉屋（2018）などをはじめ、授業活動の効果の分析にも多く使われている。本研究では、アンケートで得られた自由記述における頻出語の抽出と、抽出された語と語の共起ネットワーク分析を実施するこ

とで、外国人留学生が日々の異文化コミュニケーションの中で、何を意識し、何に問題を抱えているか、問題意識を分析することにした。

データは、学生の手書きによるアンケート結果の内容を、フェイスシートの情報と共にMicrosoft社のExcelに入力した。学生の回答内容は、書かれた内容に忠実に入力したが、文末に句点のないものには句点を追加し、1文の区切りを明確にした。また、回答は1文を1行にまとめて表示するようにした。続いて、回答内容の部分を、テキストエディタであるMicrosoft社のメモ帳にコピーし、KH Coderで読み込めるようにした。KH Coderは、Version2を使用した。

6.2.2　結果1　留学生がどのような状況に置かれているか

まず、「結果1　留学生が実際にどのような状況に置かれているか」、では、留学生活の中で何を意識しているのかについて調べるために、問1から問6までの全回答における頻出語を求めた。また、ある語彙がどのような語彙と共に使われているか、という共起関係を見ることで、学生が何をどのように感じていたかという意識の手がかりを観察することにした。KH Coderで、前処理を経て得られたデータの概要は、表6-7のようになった。

表6-7　問1から問6までの回答のデータファイルの概要

総抽出語数	2,523
異なり語数	487
文の数	233

データファイルに含まれる単語とその頻度を求めるため、KH Coderで頻出150語を抽出したところ、表6-8のようになった。

表を見ると、「思う」という思考活動を表す動詞が最頻出の語彙

表6-8　抽出語リスト：問1～6までの全回答

順位	抽出語	出現回数	順位	抽出語	出現回数	順位	抽出語	出現回数
1	思う	51	45	高める	3	68	態度	2
2	日本	44	45	困る	3	68	大学院	2
3	日本語	40	45	実際	3	68	大丈夫	2
4	能力	27	45	社交	3	68	仲間	2
5	生活	26	45	就職	3	68	聴解力	2
6	文化	22	45	住む	3	68	伝える	2
7	勉強	20	45	上司	3	68	入る	2
8	自分	19	45	上手	3	68	必ず	2
9	日本人	18	45	色々	3	68	普段	2
10	将来	15	45	身	3	68	負担	2
11	友達	13	45	人生	3	68	部分	2
12	今	10	45	大学	3	68	方法	2
13	アルバイト	9	45	働く	3	68	本音	2
14	解決	8	45	独立	3	68	面接	2
14	関係	8	45	問題	3	68	来る	2
14	仕事	8	45	理由	3	68	了解	2
14	人間	8	45	話す	3	68	料理	2
14	必要	8	68	N1	2	118	UP	1
19	交流	7	68	たくさん	2	118	「ほ・れ・そ」	1
19	国	7	68	コミュニケーション	2	118	1番	1
19	作る	7	68	ベトナム	2	118	いま	1
19	努力	7	68	ルール	2	118	お金	1
19	不安	7	68	悪い	2	118	かよ	1
19	留学	7	68	異なる	2	118	きれい	1
25	時間	6	68	一番	2	118	すっきり	1
25	守る	6	68	架橋	2	118	ほか	1
25	新しい	6	68	会う	2	118	イベント	1
25	人	6	68	外国	2	118	ケース	1
25	良い	6	68	学習	2	118	サークル	1
30	英語	5	68	環境	2	118	スケジュール	1
30	学校	5	68	言語	2	118	スタート	1
30	現在	5	68	語学	2	118	スポーツ	1
30	積極	5	68	行く	2	118	ツール	1
30	体験	5	68	細かい	2	118	ニュース	1
30	知る	5	68	試験	2	118	バイト	1
30	特に	5	68	辞める	2	118	ボクシング	1
37	協調	4	68	社会	2	118	ボランティア	1
37	経験	4	68	受ける	2	118	メリット	1
37	考え方	4	68	終る	2	118	安全	1
37	参加	4	68	上がる	2	118	意識	1
37	分かる	4	68	色々	2	118	異国	1
37	役立つ	4	68	真面目	2	118	一種	1
37	理解	4	68	昔	2	118	一週	1
37	練習	4	68	接触	2	118	一緒	1
45	違う	3	68	全部	2	118	一人暮らし	1
45	影響	3	68	素晴らしい	2	118	一生懸命	1
45	会社	3	68	相手	2	118	印象	1
45	活動	3	68	卒業	2	118	飲食	1
45	頑張る	3	68	尊重	2	118	越える	1
45	気持ち	3	68	多い	2	118	可能	1

となっていることがわかる。それに続き、「日本」「日本語」「生活」「勉強」「文化」「自分」という名詞が続いており、「日本」における「日本語」を用いた「自分」の「生活」、「勉強」「文化」について思考している様子がわかる。「思う」に続く動詞としては、「作る（19位）」「守る（25位）」が続き、さらにコミュニケーション活動を表す「知る（30位）」「分かる（37位）」「役立つ（37位）」、違いの認識を示す「違う（45位）」、努力していることを示す「頑張る（45位）」「高める（45位）」という語の順位が上位にあげられた。これらの動詞がどのような語と用いられているかを調査することで、留学生のコミュニケーション活動や、異文化に対する認識、そして異文化の中でどのような努力をしているのかを次に考察することにする。

　ある語彙がどの語彙と共に用いられていたのかという共起関係を可視化するために、KH Coder の「共起ネットワーク」を作成する機能を利用した。共起ネットワークとは、ある単語が同じ文中でどの語彙と共に使用されているか、出現パターンの似通った語を線で結んだ図によって表現したものである。

　共起ネットワークは、設定の仕方によって作図が異なるが、今回は阪上（2015）を参考に設定を行った。まず、集計単位は「段落」と「文」を指定できるが、今回はアンケートの回答が1〜2行の短い文で表現されていることが多いことから、集計単位を「文」とした。次に、語の取捨選択を語の出現回数によって選択するが、回答の大きな特徴を把握するために語の「最小出現数」は「2」とした。また、今回はデータの規模が大きいものであるとは言い難いため、より顕著な共起関係を発見できるようにするため対象とする品詞の範囲は広げず、標準設定のままとした。共起関係を図で示す際の描画数は標準設定の「60」とし、強い共起関係ほど太い線で、また出現数の多い語ほど大きい円で描画するように設定した。円の配置は重ならないように自動で調整するようにした。

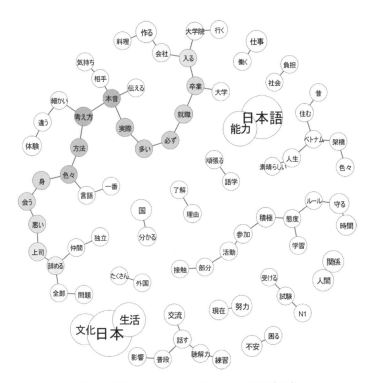

図6-1　共起ネットワーク：問 1 ～ 6 までの全回答

　語と語を結ぶ線が多くなった場合は、より重要な線を残すよう、
「最小スパニング・ツリー（minimum spanning tree）」を選んで強調す
るようにした。また色は白黒で表現するグレースケールとし、語の
中心性が高くなるほど濃い色（黒っぽく）なるようにした。このよ
うな設定で表6-8の語彙の共起ネットワークを作図すると、図6-1の
ようになった。

　図6-1から、「日本」と「日本語」が大きな円となり、出現回数が
多いことがわかる。「日本」には「文化」と「生活」、「日本語」に

は「能力」が隣接し、結び付きが強いことがわかる。「日本語」と「能力」に近い位置に「卒業」「就職」「仕事」「働く」という語彙が配置され、将来の生活を支えるために日本語能力を必要だと感じていることがわかる。一方で、「日本語」の近くには、「人生」「素晴らしい」「架橋」という語もあり、日本語能力を身に付けることは人生全体を豊かにするものであるという認識もうかがわれる。

「生活」の面では、「話す」ことや「聴解力」中心に、交流を広げたいという意識が見られる。また一方で、「日本」の「生活」の近くには「問題」も存在し、「問題」は「上司」との人間関係や「考え方」「本音」の部分にも影響する問題であることがわかる。全体的に留学生の意識は、表6-8にまとめた問1～6までの全回答における頻出語上からわかるように、「アルバイト」、「仕事」、「不安」といった語彙が出てくるものの、「授業」、「研究」、「先生」といった語が含まれておらず、留学生が大学に籍を置くものの、大学での人間関係や授業よりもアルバイトを重視した生活を送っており、仕事の成果を非常に気にかけていることが推測される。

続いて、留学のメリットについて、問1「留学してよかったと思うことは何ですか。その理由はなんですか。」の分析を行う。回答のデータの概要は、表6-9の通りである。

表6-9　問1の回答のデータファイルの概要

総抽出語数	523
異なり語数	152
文の数	46

問1に関する共起ネットワークと抽出語は、以下のようになった。抽出語リストを見ると、頻出語の名詞には「日本」（1位）、「文化」（2位）、「国」（6位）があり、動詞には「思う」（2位）、「分かる」（12位）があげられ、まず日本の文化や国の様子がよくわかるよ

表6-10　抽出語リスト問1：「留学してよかったと思うことは何ですか。その理由はなんですか。」

順位	抽出語	出現回数	順位	抽出語	出現回数	順位	抽出語	出現回数
1	日本	15	26	影響	1	26	将来	1
2	思う	10	26	家族	1	26	上がる	1
2	文化	10	26	過す	1	26	色々	1
4	自分	7	26	会う	1	26	真面目	1
4	留学	7	26	拡大	1	26	人	1
6	国	5	26	学生	1	26	人生	1
6	生活	5	26	学費	1	26	生まれる	1
6	勉強	5	26	環境	1	26	昔	1
9	日本語	4	26	観光	1	26	接触	1
9	日本人	4	26	客	1	26	素晴らしい	1
9	友達	4	26	経験	1	26	知る	1
12	新しい	3	26	見れる	1	26	知識	1
12	体験	3	26	減少	1	26	長期	1
12	分かる	3	26	交流	1	26	入校	1
15	アルバイト	2	26	好き	1	26	能力	1
15	違う	2	26	高める	1	26	必ず	1
15	外国	2	26	国際	1	26	部分	1
15	住む	2	26	国籍	1	26	雰囲気	1
15	大学	2	26	細かい	1	26	便利	1
15	特に	2	26	仕事	1	26	母国	1
15	独立	2	26	視界	1	26	法律	1
15	負担	2	26	始める	1	26	役立つ	1
15	理由	2	26	時間	1	26	役立てる	1
15	了解	2	26	自由	1	26	友	1
15	良い	2	26	実際	1	26	有利	1
26	きれい	1	26	社会	1	26	理解	1
26	たくさん	1	26	守る	1	26	旅行	1
26	スタート	1	26	受ける	1	26	両親	1
26	意識	1						

うになったことが留学してよかった点であったことがわかる。その次に多い語として、「生活」（6位）、「勉強」（6位）、「日本語」（9位）、「日本人」（9位）、「友達」（9位）があり、日本語を学ぶ留学生活や日本人との出会いが良かった点としてあげられている。また、共起ネットワークを見ると、「勉強」には「日本語」と共に「アルバイト」が強く結び付いており、勉強を続けていく上でアルバイトが欠かせないものであることがわかる。さらに、「独立」（15位）という語が「留学」と結び付いているが、家族から離れても一人で生活できているという自信は、留学の成果にもつながっていることがうかがわれる。

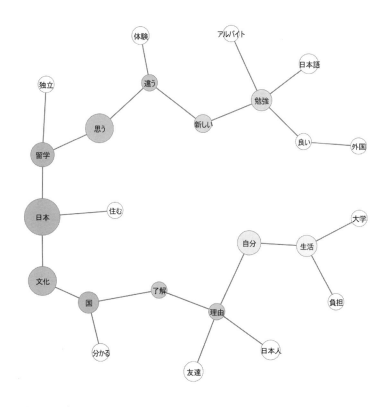

図6-2　共起ネットワーク問１：「留学してよかったと思うことは何ですか。その理由はなんですか。」

　回答から見ると、「よかったことは日本語能力が上がって、日本の文化をもっとわかった。なぜなら、日本で日本人と交流して、実際に日本の文化を体験したから。」という日本文化や日本語学習が進んだことへの喜びや、「日本に留学してよかったことは、時間を守るようになりました。独立意識が高めて、なんでも一人でできるようになったこと。」のように、社会の一員として参加しながら、

自立して生活できるようになったことなどをあげている。家族から離れても一人で生活できているという自信は、留学の成果にもつながっているようである。

　次に、この留学経験は将来的に役立つかについて、問2「日本での生活が、将来のあなたの人生にどのように役立つと思いますか。その理由はなんですか。」と尋ねた。回答のデータの概要は表6-11の通りである。

表6-11　問2の回答のデータファイルの概要

総抽出語数	580
異なり語数	175
文の数	43

　また、問2の抽出語リストと共起ネットワークは、表6-12、図6-3の通りである。

　抽出語リストでは、「日本」（第1位）、「思う」（第2位）が上位であることは問1と同じであるが、その後に「将来」（第3位）「生活」（第3位）、「文化」（第5位）、「仕事」（第7位）、「時間」（第8位）、「守る」（第8位）という語が続いている。

　これらの語彙は、共起ネットワークでも強く結び付いている。「日本人」という語と「時間」、「日本語」、「文化」、「関係」という4語が結びついており、留学生にとってこれらが留学中に日本人との関わりの中で身に付いた要素であり、将来にも役立つと考えていることが推測される。

　学生の回答では、「日本での生活が自分の視野を広がて、色々な面が物事を見ることができ、いずれ両国の架橋の力になれると思う。」のように、将来的には日本の生活を通じて得た経験によって母国と日本の架け橋になれると考えていたり、「日本での生活は将来に自分が従事する仕事に影響が出ると思う。ツールとなる一種の

表6-12　抽出語リスト問2：「日本での生活が、将来のあなたの人生にどのように役立つと思いますか。その理由はなんですか。」

順位	抽出語	出現回数	順位	抽出語	出現回数	順位	抽出語	出現回数
1	日本	22	32	ルール	1	32	接触	1
2	思う	16	32	一種	1	32	素晴らしい	1
3	将来	13	32	一番	1	32	走る	1
3	生活	13	32	印象	1	32	尊重	1
5	自分	7	32	飲食	1	32	他	1
5	文化	7	32	過程	1	32	多い	1
7	仕事	5	32	海外	1	32	体験	1
8	時間	4	32	簡単	1	32	大学	1
8	守る	4	32	企業	1	32	知る	1
8	日本語	4	32	見る	1	32	中国語	1
8	日本人	4	32	後	1	32	仲間	1
12	会社	3	32	広がる	1	32	特別	1
12	作る	3	32	行く	1	32	独立	1
12	就職	3	32	国	1	32	日系	1
12	人	3	32	今	1	32	能力	1
12	働く	3	32	視野	1	32	必ず	1
12	役立つ	3	32	事務	1	32	必要	1
12	良い	3	32	実現	1	32	付ける	1
19	ベトナム	2	32	習慣	1	32	普段	1
19	影響	2	32	住む	1	32	物事	1
19	架橋	2	32	従事	1	32	分かる	1
19	関係	2	32	出る	1	32	変化	1
19	経験	2	32	色々	1	32	勉強	1
19	現在	2	32	伸	1	32	方向	1
19	言語	2	32	新しい	1	32	夢	1
19	色々	2	32	進歩	1	32	面	1
19	身	2	32	人間	1	32	理解	1
19	人生	2	32	正しく	1	32	理由	1
19	卒業	2	32	生かす	1	32	流	1
19	大学院	2	32	精神	1	32	両国	1
19	入る	2	32	積む	1	32	両方	1
32	ツール	1	32	接す	1	32	力	1
32	メリット	1	32	接する	1	32	礼儀	1

言語を身につけることは色々メリットがある。また、日本の文化は普段の生活にもよい影響があると思う。おもてなしの精神は人との接し方に良い方向を走らせる。」や、「時間を守ることです。日本人はきちんと時間を守るから。」のように、日本語学習の習得や日本文化、日本的な習慣を身につけたことは、日本人との関係を築くことや、日本で就職し日本人と共に働く上で将来の役に立つと考えていることがわかった。就職のほか、「将来日本飲食店を作ります。」や「自分の会社を作りたい。」という起業を目指す学生や、「将来は

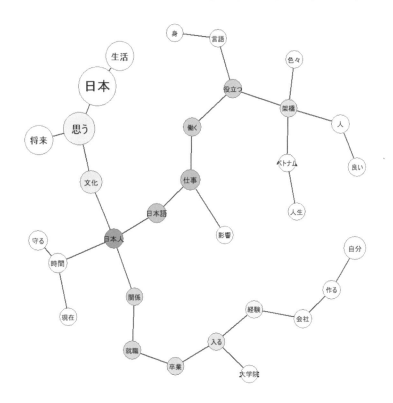

図6-3　共起ネットワーク問２：「日本での生活が、将来のあなたの人生にどの
　　　　ように役立つと思いますか。その理由はなんですか。」

大学院へ行きたいと思う。」という学生もおり、これらは共起ネッ
トワークにおいても、「卒業」−「入る」−「大学院」−という語のつな
がりや、「卒業」−「入る」−「経験」−「会社」−「作る」という語のつ
ながりからも読み取ることができる。
　次に、問３の結果について分析する。日本での留学経験を評価
する一方で、留学生活でどのような困難を抱えているかについて、

問3「これまでの日本生活で、失敗したり困ったり不安に思ったりしたことはありますか。それはなぜでしたか。」という質問を行った。回答のデータの概要は表6-13の通りである。

表6-13　問3の回答のデータファイルの概要

総抽出語数	481
異なり語数	180
文の数	44

　抽出語リストの結果を見ると、上位に「不安」（第1位）、「アルバイト」（第3位）という語が上がっており、アルバイトでの不安が大きいことがわかる。次に、「生活」（第3位）、「日本」（第5位）、「日本語」（第5位）、「考え方」（第7位）、「困る」（第7位）という語が続いていることから、日本で生活する上で、「日本語」や日本人の「考え方」が理解できず、困っていることが推測される。
　共起ネットワークから語の関係性を見ると、「アルバイト」が「面接」、「上司」、「学校」という語と結びついていた。アルバイトの採用面接の時の不安、採用後の上司との人間関係への不安、また学校との両立に関する不安というように、アルバイトが留学生活の不安に大きく影響していることがわかる。
　さらに学生の回答を見ると、「日本生活の一番不安は日本語です。後で努力します。」のように、日本語の問題は生活全般に影響を与えるものであり、現在の不安は日本語の能力が不足していることが原因だと考えていることがうかがわれる。また、「日本人の考え方は外人の考え方は違ったり、細かいすぎって、不安したことがあります。」のように日本人の考え方に戸惑いを覚え、交流に難しさを感じている例もあった。人間関係の中でも特にアルバイト先の上司との関係がうまくいかず、「アルバイト先で上司が嫌いだが、周りの仲間に信頼されるので、バイトを辞められなかった。やっと、

表6-14　抽出語リスト問3：「これまでの日本生活で、失敗したり困ったり不安に思ったりしたことはありますか。それはなぜでしたか。」

順位	抽出語	出現回数	順位	抽出語	出現回数	順位	抽出語	出現回数
1	思う	7	22	一番	1	22	助け	1
1	不安	7	22	越える	1	22	女性	1
3	アルバイト	5	22	可能	1	22	少ない	1
3	生活	5	22	家	1	22	色々	1
5	日本	4	22	解決	1	22	信頼	1
5	日本語	4	22	外人	1	22	深夜	1
7	考え方	3	22	害す	1	22	生じる	1
7	困る	3	22	環境	1	22	昔	1
7	特に	3	22	帰る	1	22	先生	1
10	学校	2	22	緊張	1	22	相手	1
10	関係	2	22	遇	1	22	多い	1
10	気持ち	2	22	経験	1	22	多分	1
10	今	2	22	嫌い	1	22	大事	1
10	仕事	2	22	言	1	22	大変	1
10	実際	2	22	語	1	22	知る	1
10	上司	2	22	誤解	1	22	仲間	1
10	上手	2	22	交流	1	22	途中	1
10	人間	2	22	考える	1	22	努力	1
10	日本人	2	22	最初	1	22	年間	1
10	文化	2	22	細かい	1	22	変態	1
10	面接	2	22	思いやり	1	22	方法	1
22	お金	1	22	時間	1	22	忙しい	1
22	かよ	1	22	時期	1	22	本音	1
22	すっきり	1	22	自分	1	22	毎日	1
22	ケース	1	22	自立	1	22	問題	1
22	ニュース	1	22	辞	1	22	友達	1
22	悪い	1	22	辞める	1	22	来る	1
22	異なる	1	22	失敗	1	22	流	1
22	異国	1	22	周り	1	22	留学生	1
22	違う	1	22	終る	1	22	良い	1
22	一人暮らし	1	22	出す	1			

4年間でやって、辞られたが、気持ちがすっきりした。人間関係が大事だと思ったからです。」のように、上司と同僚の間で板ばさみに合い、悩みを抱えている例もあった。

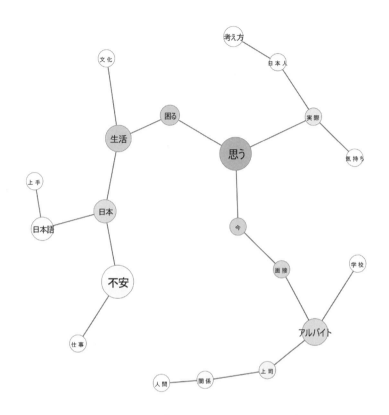

図6-4　共起ネットワーク問3：「これまでの日本生活で、失敗したり困ったり
　　　　不安に思ったりしたことはありますか。それはなぜでしたか。」

　続いて、問4について分析する。問3で見られた不安や困難と
いった問題を解決するためにどのような努力をしたかについて、問
4「上の3.に書いた問題をどのように解決しましたか。」という質
問で尋ねた。回答のデータの概要は表6-15の通りである。

表6-15　問4の回答のデータファイルの概要

総抽出語数	309
異なり語数	120
文の数	32

　問4のデータについては前出までの問2、問3のデータより総抽出語数、異なり語数、文の数が少なくなっているが、この要因の1つとして、問題が「解決していません」、「解決しました」、「もう大丈夫です」という短い文による回答が多かったことがある。この回答形式は抽出語リストにも影響が見られる。今回も頻出語150語の設定で処理を行ったが、リスト上の語は全体で62語であり、そのうち出現回数が2回以上の語は第6位までにとどまっており、12語のみであった。そのほかはすべて出現回数が1回の語であった。

　このような中で、出現回数が多い語は「勉強」（第1位）、「解決」（第2位）、「日本語」（第3位）であり、日本語を勉強することが主な解決方法となっていたことがわかる。また「文化」（第6位）、「友達」（第6位）という語に2回以上の出現回数が見られたことから、文化を学ぶことや、友達と相談することも不安や問題の解消につながっていることが推測される。

　共起ネットワークからも、「日本語」ネットワークの中心となっており、「日本語」－「勉強」、「日本語」－「問題」－「解決」－「友達」という結びつきから、日本語の勉強と友達が問題解決に果たした役割が大きいことがわかる。

　学生の回答からも、「チャント、日本語を勉強して、あるてど日本語ができて、問題に解決した。」「日本語の能力を練習すること。」という意見が多く見られた。一方で、「自分に努力します」「自己調整しだ。生活にもどんとんながれた。」のように、自助努力による問題解決を図っているという意見も多かった。また、「友達と

表6-16　抽出語リスト問4：「上の3.に書いた問題をどのように解決しましたか。」

順位	抽出語	出現回数	順位	抽出語	出現回数	順位	抽出語	出現回数
1	勉強	8	14	異なる	1	14	新しい	1
2	解決	7	14	一生懸命	1	14	身	1
3	日本語	5	14	英語	1	14	全部	1
4	思う	4	14	学ぶ	1	14	早い	1
5	自分	3	14	学科	1	14	相手	1
6	学校	2	14	気持ち	1	14	体験	1
6	生活	2	14	極力	1	14	調整	1
6	大丈夫	2	14	言う	1	14	直接	1
6	伝える	2	14	言える	1	14	努力	1
6	日本	2	14	向こう	1	14	逃げる	1
6	文化	2	14	作る	1	14	特有	1
6	問題	2	14	自己	1	14	日本人	1
6	友達	2	14	辞める	1	14	認める	1
14	「ほ・れ・そ」	1	14	終る	1	14	能力	1
14	てい	1	14	柔道	1	14	必死	1
14	アルバイト	1	14	宿題	1	14	本音	1
14	スケジュール	1	14	助ける	1	14	理解	1
14	スポーツ	1	14	奨学	1	14	立てる	1
14	ボクシング	1	14	少し	1	14	流	1
14	悪い	1	14	上司	1	14	練習	1
14	安全	1	14	寝る	1			

「ほ・れ・そ（「報告・連絡・相談」を略した言い方[1]）。の報・連・相をして、解決しました。」のように、友達に助けを借りている例も見られたが、相談相手に「学校」や「先生」「日本人」などの語は見られず、社会的なネットワークが非常に狭いことがうかがえる結果となった。

　以上のように、留学生の留学生活の現状から日本語力の問題が留学の成功体験に対しても、また困難な体験に対しても大きく影響していることがわかる。さらに、異文化を体験し、異国で自立的に生活することが留学での大きな成果であると考えていた。その中で、日本文化を学ぶことや、時間やルールの厳守などの日本的習慣を身につけることは将来の生活に役に立つと考えており、特に日本人と

（1）「報連相」は、組織内で十分な意思疎通を図るための作法とされる。（『デジタル大辞泉』 https://kotobank.jp/word/報連相-628766#E5.A4.A7.E8.BE.9E.E6.9E.97.20.E7.AC.AC.E4.B8.89.E7.89.88（2022年5月31日最終閲覧）

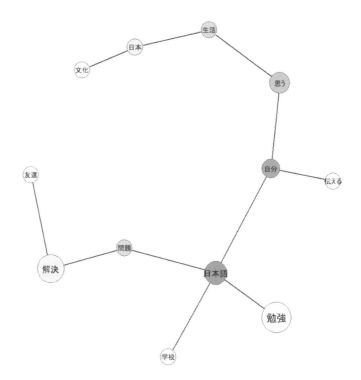

図6-5　共起ネットワーク問 4 :「上の 3 . に書いた問題をどのように解決しましたか。」

関係を築き、日本で就職し日本人と共に働く上で将来の役に立つと考えていることが明らかになった。一方で、問題解決に日本語や勉強が大切であると考えているものの、その方法は自分で勉強することに限られており、教員や友人に質問したり、様々な学習ツールを活用したりといった、学習ストラテジーの活用に関する記述はあまり見られなかった。アルバイトで忙しく時間がないという制約があるというだけでなく、学習に対する関心が低いことが一因となっていることも推測される。

6.2.3 結果2 留学生が現実に必要としている異文化理解能力とは何か

このような状況の中で、②留学生が現実に必要としている異文化理解能力とは何かについて調査するため、問5「日本での生活をより充実させるために、今のあなたにもっとも必要な能力は何だと思いますか。」と質問した。回答のデータの概要は表6-17の通りである。

表6-17　問5の回答のデータファイルの概要

総抽出語数	297
異なり語数	97
文の数	38

データの概要から見ると、問5の回答は、問4よりも文の数は6文多くなっているが、総抽出語数は12語、異なり語数は23語減っており、抽出語数はアンケートの6問の中で最も少なくなっている。

抽出語リストを見ると、最も多いのは「能力」（第1位）、「日本語」（第2位）であり、日本語能力の必要性の高さがうかがえる。次に必要とされる能力に関連する語で多いものは「関係」（第6位）、「人間」（第6位）、「日本人」（第6位）で、日本人との人間関係の必要性を示すものであった。その後、「英語」（第7位）、「協調」（第7位）、「社交」（第7位）、「コミュニケーション」（第8位）など、日本語以外の外国語とコミュニケーション能力に関連する語が多くなっている。

共起ネットワークにおいても、最も大きい円は「日本語」と「能力」であり、頻出語リストでの順位が反映されたと考えられる。ネットワークの構成は比較的シンプルであるが、大きく3つの傾向が読み取れる。1点目は「日本語」－「能力」のつながりであり、

表6-18　抽出語リスト問5:「日本での生活をより充実させるために、今のあなたにもっとも必要な能力は何だと思いますか。」

順位	抽出語	出現回数	順位	抽出語	出現回数	順位	抽出語	出現回数
1	能力	17	17	1番	1	17	上がる	1
2	日本語	14	17	サークル	1	17	上手	1
3	思う	8	17	バイト	1	17	真面目	1
4	必要	7	17	ルール	1	17	人	1
5	今	5	17	一緒	1	17	生活	1
6	関係	4	17	我慢	1	17	増やす	1
6	人間	4	17	技能	1	17	態度	1
6	日本人	4	17	強い	1	17	大切	1
7	英語	3	17	語学	1	17	馴染む	1
7	協調	3	17	向上心	1	17	方法	1
7	社交	3	17	考え方	1	17	勇	1
8	コミュニケーション	2	17	高い	1	17	友達	1
8	交流	2	17	作る	1	17	来る	1
8	積極	2	17	試す	1	17	理解	1
8	日本	2	17	社会	1	17	流	1
8	勉強	2	17	守る	1	17	料理	1
17	UP	1	17	重要	1			

日本語能力を高めていきたいというものである。2点目は「日本人」－「人間」－「関係」というつながりや、「日本人」－「協調」、「日本人」－「交流」－「コミュニケーション」というつながりのように、日本人との関係性の構築に関するものである。学習者の回答にも、「やはりもっと必要な能力が日本語力だと思う。また協調性も日本人社会に馴染む大切な能力になると思う。」や、「もっと日本人の考え方を理解し、一人一人の人間をつながるためにどの方法ですればいいのかという能力が必要だと思う。(協調性)」という記述が見られるように、日本語を用いながら、人間関係を築いていく能力の必要性を感じていることがわかる。3点目としては、「勉強」－「今」－「英語」というつながりである。学生の回答においても、「今の私にもっと必要な能力は英語の語学能力と思う。また向上心、社交性と思う。」という記述や、「日本語と英語です。」、「1番は英語、2番は日本語、3番は日本人と交流するのコミュニケーション。」などという記述から、異文化の中で今後さらに活躍していくために、行

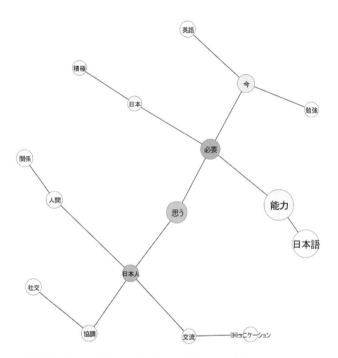

図6-6　共起ネットワーク問5：「日本での生活をより充実させるために、今の
　　　　あなたにもっとも必要な能力は何だと思いますか。」

動していくための「向上心」「社交性」のほか、「英語」も必要であ
るとの指摘があった。

　そのほか、共起ネットワーク図には表れていないが、抽出語リス
トから能力に関係する語をあげると、生活態度に関する語（「我慢」
「向上心」「守る」「真面目」「勇」）、知識や技能に関する語（「技能」「語
学」）、生活能力に関する語（「料理」）に大きく分類することができ
る。学生の回答に、「日本に来て、今もっとも必要な能力は我慢
する能力です。」という例もあげられていたが、不慣れな環境の中
で、留学生活を続けていくためには、精神面を支える生活態度、学

業や仕事を支える知識や技能、そして毎日の生活を続けていく上での生活能力など、様々な能力を必要としていることがわかる。

　さらに、教育上どのように支援できるかという課題を考えるために、問6「上の5.に書いた能力を高めるために、あなたは今現在どんな努力をしていますか。または、すべきだと思いますか。」という質問を尋ねた。回答のデータの概要は表6-19の通りである。

表6-19　問6の回答のデータファイルの概要

総抽出語数（使用語彙数）	360
異なり語数	120
文の数	39

　抽出語リストから、留学生の努力を示す語を見ると、「日本語」（第1位）、「活動」（第8位）、「交流」（第8位）、「話す」（第8位）という語が上位にあげられていた。日本語能力を高めて、交流をしていきたいという、直前の問5の回答と類似した結果となっている。

　共起ネットワークの形も問5と問6は近い形になっている。「日本語」－「勉強」－「頑張る」という語が、さらに「友達」につながっており、交流のための日本語が身に付けられるように努力している様子がうかがわれる。さらに、「日本語」－「能力」は「試験」－「N1」と、「活動」－「参加」につながっていた。また「能力」は、「聴解力」－「話す」－「交流」や、「日本人」、「練習」という語とつながっており、日本人との交流のために「話す」こと、「聞く」ことの練習も努力しようという意識が見られる。

　学生の回答を見ると、「現在は日本語を勉強する努力をしています。」という記述のほか、具体的には、「先にN1を取る」という回答のように、日本語能力試験のN1に合格することが目標としてあげられていた。これは学業をする上でも、就職活動をする上でも日本語能力を示す重要な基準であるということが強く意識されている

表6-20　抽出語リスト問6：「上の5.に書いた能力を高めるために、あなたは今現在どんな努力をしていますか。または、すべきだと思いますか。」

順位	抽出語	出現回数	順位	抽出語	出現回数	順位	抽出語	出現回数
1	日本語	9	23	SNS	1	23	受ける	1
2	能力	7	23	いま	1	23	授業	1
3	思う	6	23	たくさん	1	23	将来	1
4	努力	5	23	ほか	1	23	食事	1
4	友達	5	23	アルバイト	1	23	新しい	1
6	参加	4	23	イベント	1	23	人	1
6	勉強	4	23	ボランティア	1	23	人間	1
8	活動	3	23	一週	1	23	先	1
8	頑張る	3	23	英語	1	23	全部	1
8	現在	3	23	覚える	1	23	足りる	1
8	交流	3	23	学校	1	23	尊重	1
8	積極	3	23	基本	1	23	態度	1
8	日本人	3	23	協調	1	23	単語	1
8	練習	3	23	研究	1	23	鍛える	1
8	話す	3	23	見つける	1	23	団体	1
16	学習	2	23	語学	1	23	電話	1
16	高める	2	23	行く	1	23	普段	1
16	今	2	23	合格	1	23	部分	1
16	作る	2	23	国	1	23	文化	1
16	試験	2	23	自分	1	23	遊び	1
16	知る	2	23	弱い	1	23	流	1
16	聴解力	2	23	取る	1	23	料理	1

結果であると言える。続いて、「もっと日本人と交流して、聴解力と話す能力を練習する。頑張って勉強します。」のように日本人との交流や、日本人に限らず「はい、いろんな人とあって、いろんな国の文化やおもしろいとこを知りたいため語学を頑張ってます。」のように、様々な人との交流を通じて視野を広めたいと考えていることがわかる。日本語を重視している一方で、共起ネットワークには具体的な学習方法として「N1」「試験」「しゃべる」「聴解力」が、また抽出語リストに「SNS」、「アルバイト」「ボランティア」といった語彙はあるものの、そのための具体的な学習方法や学習リソースに関する表現は見られず、逆に「努力」「頑張る」といった抽象的な語彙が目立っていた。これらのことから、交流や協調、日本語能力向上の必要性を感じていながら、現実的な行為に結び付いていない様子が明らかになった。

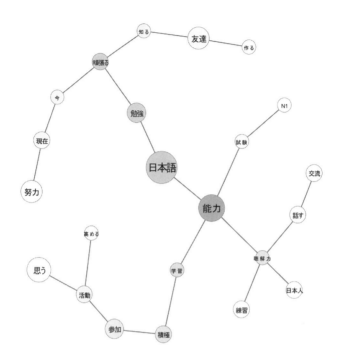

図6-7　共起ネットワーク問 6 :「上の 5. に書いた能力を高めるために、あなた
　　　　は今現在どんな努力をしていますか。または、すべきだと思いますか。」

6.2.4　留学生が必要だと考える資質・能力と授業設計

　問 1 〜 6 の結果から、X 大学の留学生は、留学生活を通じて日
本語や日本文化を学ぶことは、将来的に就職や起業に役に立つと考
えていた。また生活を自分で管理したり、社会のルールを身に付け
たりすることは自分自身の自立にもつながり、人生を豊かにするも
のであると肯定的に捉えていたことが明らかになった。しかし、ア
ルバイト中心の働きながら学ぶ生活環境の中で、日本語能力が不十

分なために、アルバイトでの上下関係をはじめとする、日本人の考え方を理解するのに困難を抱えているということが浮かび上がってきた。その問題を克服するために、まず日本語能力を高める必要性を感じており、努力しようとする姿勢が見られた。日本人の考えを理解するために、積極的に交流することが重要であり、そのためには話す力や聴解力を伸ばす必要があると考えていた。その一方で、交流を進めるための具体的な学習方法に関する計画は少なく、就職のための資格取得を目的とした日本語能力試験 N1 対策を中心に学習をしようと考えていることがわかった。

　本調査の結果から、留学生自身がどのような資質・能力を必要としているかについて、第2章でも取り上げた、汎用的能力との関係を図6-8にまとめた。国立教育政策研究所（2016：24）では、諸外国のプロジェクトで提唱されている資質・能力について、基礎的リテラシー、認知的スキル、社会スキルの3つに分類している。この3つの分類と、本調査で明らかになったX大学の留学生の特徴がどのように関係するかを考えると、まずX大学の留学生が特に必要だと考えている資質・能力としては、日本語によるコミュニケーションが中心的な位置を占めていると言うことができる。次に、基礎的リテラシーとしては、日本文化や専門知識といった知識や情報、上司や友人との言語的なコミュニケーションを含めることができる。続いて、認知スキルとしては、日本語学習を進めるうえでの学習能力や、トラブルが起こった際の問題解決能力、日本人の考え方への理解や、留学全体を通じた視野の広がりといった、思考力・学び方の学習があげられる。最も多くの特徴が関係するのが社会スキルであり、就職・起業といった人生の目標・目的や、協調性や交流といった人間関係を構築する力、そしてアルバイトや大学での役割参加や日本社会における自立した生活は、社会における役割参加に関する能力と言うことができる。特に、今回の調査からは、X大

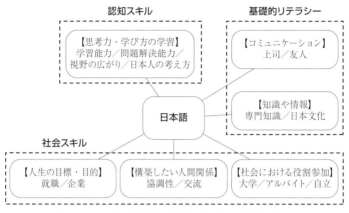

認知スキル

【思考力・学び方の学習】
学習能力／問題解決能力／
視野の広がり／日本人の考え方

基礎的リテラシー

【コミュニケーション】
上司／友人

【知識や情報】
専門知識／日本文化

日本語

社会スキル

【人生の目標・目的】
就職／企業

【構築したい人間関係】
協調性／交流

【社会における役割参加】
大学／アルバイト／自立

図6-8　Ｘ大学の留学生が必要だと考える資質・能力

学の留学生はアルバイトをはじめとする日本での人間関係や生活の中で交流を進め、将来的に日本の会社に就職したり、起業したりしたいという傾向が強く、日本語の運用と社会スキルとの関連性が特に強く見いだされた。大学生としてアルバイトをしながら日本社会に参加し、さらに卒業後も日本社会の中で生きていくために、大学４年間だけでなく、将来設計も見据えて、社会的スキルに対する認識と運用が向上するような教育が、日本語教育にも求められていると言えるのではないかと思われる。

　次に、これらの留学生が求める授業をどのように設計していくかが、課題となる。第２章でも述べたが、諸外国の資質・能力観を踏まえた上で、日本の国立教育政策研究所は、21世紀に求められる資質・能力を、「思考力」を中核とし、それを支える「基礎力」と、思考力の使い方を方向付ける「実践力」の三層構造にまとめている（国立教育政策研究所 2015：93）。基礎的リテラシーが「基礎力」、認知スキルが「思考力」、社会スキルが「実践力」に相当する概念であるが、この３つの力は別々に存在するのではなく、３つが一

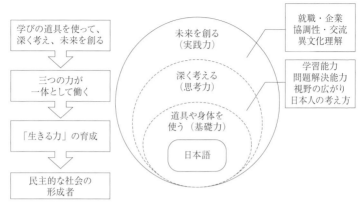

(国立教育政策研究所（2016：191）を参考に筆者が作成)

図6-9　X大学で求められる授業設計

体として働き、「生きる力」を育成し、民主的社会の形成者とな
り、社会スキルを発揮し、社会参加できると考えられている。この
三層構造に、今回のアンケートの結果で得られた留学生が求める資
質・能力を関係付けてみると、基礎力として日本語力、思考力とし
て大学生活・社会生活に必要な学習能力、問題解決能力、複眼的視
野など、そして実践力として就職・起業などキャリアを形成する能
力、協調性などがそれぞれの目標としてあてはめることができる。
X大学の留学生が求める資質・能力を育成するには、日本語能力の
必要性が高いことから、日本語教育が担うべき役割が大きいと考え
られる。そしてその役割として、今回の留学生に対する調査から、
言語的な知識や情報にとどまらず、学習や物事の考え方や社会参加
の在り方まで、幅広い内容が求められていることが明らかになっ
た。特に今回のアンケート調査の結果から、いわゆるアカデミック
スキルのような大学の授業に関することよりも、アルバイトや現在
の生活、そして将来の進路に関する実践力に関する回答が多く見ら

れたことから、日本語教育においても授業と実践力との結びつきを今まで以上に重視していく必要があると思われる。さらに実践力をより効果的に発揮するためには、適切な言語運用を支える基礎力や、行動を判断するための深い思考力が必要であると考えられる。

6.3　市民教育の必要性

　留学生に対する意識調査から、留学生は留学先である日本社会に参加をしていくために、基礎力としての日本語能力を土台としながら、思考力、実践力を育成する授業設計が求められることが確認された。留学生が社会の中で生き抜く実践力を育成することは、大きな課題であり、留学生自身の個人の努力のほか、大学など所属している教育機関、また留学生を取り巻く地域社会や国家も連携しながら育成方法を考えていく必要があると思われる。

　しかし残念ながら、現時点では留学生教育が成功しているとは言えない事態が多く存在している。例えば、留学生を巻き込んだ犯罪があげられる。その背景には、日本語能力の不足による日本の法的な制度に関する理解不足や、学業よりも経済的収入を重視するあまり法律を犯してしまうこと、また日本社会に馴染めず母国のコミュニティに依存し、その圧力によって犯罪に手を染めてしまうことなど、何等かの社会参加を阻害する要因があるのではないかと考えられる。このような犯罪を防止し、多文化社会の中で自覚的に行動する学生を育成していくためには、日本語能力の向上と共に、個々の学生や学生を取り巻く周辺の人々といった個々のアクターに働きかけることにより、留学生も共に同じ地域社会で生きていくという自覚を育成し、社会的な環境を変えていくことが重要ではないかと思われる。

163

個々のアクターに社会参加を働きかける教育方法の概念として、近年、「市民教育」の重要性が指摘されている。鈴木ほか（2005：11-12）によれば、「市民」とは、自分が社会における存在であることを自覚しているか、自覚していずとも社会的な存在として行動している個人のことを指す。鈴木ほか（2005：19）には、「市民」は、単に社会的問題意識をもっているだけではなく、自分や自分の住む地域社会や市民に愛着をもち、もっているがゆえにパブリックに関わり、それをよくしたいと考えることが望まれると述べている。図6-10のように、「市民」も、パブリックを担う重要なアクターであると考えられている。鈴木ほか（2005：19）は、各個人が、自分の存在する社会を理解し、自分の役割を理解し、必要とされる情報、スキルや素養を身につけ、自覚的な「市民」になることが必要であり、その身に付けるものの総体を「シチズン・リテラシー」と呼んでいる。

　宮崎（2011）においても、多文化社会における市民の育成において、課題を遂行する個人として無意識な代理人（agent）から、自らの意思や動機づけに従って自覚的に役割参加をする行為主体（actor）に変容させていくために、「市民リテラシー」の重要性が指摘されている。本稿では、鈴木ほか（2005）を参考に、「市民」として身に付けるべきものの総体を「シチズン・リテラシー」、そして「市民性」とは市民の持つ資格、特性とする。「市民教育」は市民性を養い、シチズン・リテラシーを高める教育を指す。

　さらに鈴木ほか（2005）は、20世紀後半から急速に進展したグローバル化により、国境を越えた人やモノ、金の動き、多文化・多民族市民社会が発展すると、従来の国家の枠組みだけでは捉えられないものの意味が高まり、現代ではグローバルな認識をもった「地球市民」としての意識が求められていると述べている。鈴木ほか（2005：49）や、人間は生まれながらにどこかの国に属した存在では

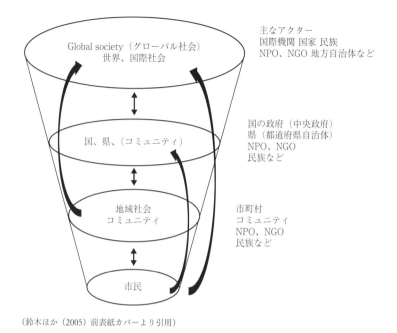

（鈴木ほか（2005）前表紙カバーより引用）

図6-10　様々な社会のレベルと主なアクター

あるが、多文化・多民族社会に暮らし、グローバル社会を生きるために、19世紀的「国民」意識に囚われた市民意識を越えた「地球市民」として様々な社会に関心をよせ、その解決に向かって努力することが求められている、と指摘する。「地球市民」としての教育は、「地球市民教育」あるいは「グローバルシティズンシップ教育（Global Citizenship Education、以下 GCED）」とも呼ばれ、UNESCO（2015）においても「GCED とは、教育がいかにして世界をより平和的、包括的で安全な、持続可能なものにするか、そのために必要な知識、スキル、価値、態度を育成していくかを包含する理論的枠組みである。」と定義されている。そして、グローバルシティズン

シップの目標は、「GCED は、学習者が国際的な諸問題に向き合い、その解決に向けて地域レベル及び国際レベルで積極的な役割を担うようにすることで、平和的で、寛容な、包括的、安全で持続可能な世界の構築に率先して貢献するようになることを目指すものである。」とされ、現在進行中のポスト2015開発・教育アジェンダ策定に向けた議論では、教育の質を向上させるものとしてターゲットに明記されている[2]。

「地球市民」を育成する教育に近い概念として（Education for Sustainable Development）「持続可能な開発のための教育」がある。文部科学省・日本ユネスコ国内委員会「持続可能な開発のための教育」によれば、ESD とは、現代社会の課題を自らの問題として捉え、身近なところから取り組む（think globally, act locally）ことにより、それらの課題の解決につながる新たな価値観や行動を生み出すこと、そしてそれによって持続可能な社会を創造していくことを目指す学習や活動のことである。環境問題、人権問題など、現代社会の問題は多岐にわたりかつ複雑化している。自国の利害を考えていればいいという時代は終わり、自然や植物、動物を含む地球全体を視野に入れて行動する必要性が高まっている。その中で2005年から「国連持続可能な開発のための教育（ESD）の10年」がスタートし（2005～2014年）、日本でも国の教育政策である教育振興基本計画に２期にわたり取り上げられた。活動には一度区切りが打たれたが、初等教育、中等教育、高等教育の様々な教育現場にその成果が引き継がれ、さらに教育方法が発展されつつある。

多様な文化的背景を持つ留学生が集まる大学は、地球市民教育が求められる教育現場の１つである。特に、大学大衆化と留学大衆

（2） 文部科学省・日本ユネスコ委員会（2015）参考5　GCED：Global Citizenship Education（地球市民教育）について　http://www.mext.go.jp/unesco/002/006/002/003/shiryo/attach/1356893.htm（2022年5月31日最終閲覧）

化が進む中で、大学の留学生教育の理念や教育体制を確立する以前に、経営維持のために留学生を受け入れなければならなかった大学では、留学生に関わる問題が山積しているが、留学生は社会とのつながりの中で日本語を伸ばしていきたいと感じている。留学生、日本人学生、教職員など、関係者が留学生問題に自覚的なアクターに変容することで問題解決に取り組めるよう、市民教育が必要であると考える。

　さらに大学は、留学生を受け入れる組織の体制を構築していくと共に、社会と留学生をつなぐ仕組みを作り、地域社会の中での国際化の拠点としての役割が求められているのではないかと考える。

6.4　各国の市民教育の導入例

　鈴木ほか（2005：25）によれば、もともと「市民」と「市民性」という言葉と概念は、紀元前 5 世紀のギリシャに起源をもっている。デモクラシー（democracy）は日本語で民主主義と訳されるが、これはギリシャ語のデモクラチア（demokratia）、すなわち demos（people［人民］）と kratos（rule）［支配］）の合成語で、人民による支配（Rule by the people）という意味となる。デモクラシーは、ある政治的平等を持つ人々によってつくられた集団としてのまとまり（都市国家）とその政治体制（政府）、すなわち人々による支配を実現する執行体勢を指している。このように市民や市民による政治体制の概念は紀元前まで遡ることができるが、体系的な教科教育となったのは、比較的最近のことである。そこで、まず世界各国で市民教育がどのように導入されているか概観し、その後日本の市民教育の現状について述べる。

6.4.1　アメリカ

　山田 (2007) によれば、移民国家アメリカでは「市民」を育てる
教育として、出生時からの米国市民を対象に学校で主に民主主義を
教える「公民科」教育と移民が市民権取得のために学ぶ成人教育の
2種類があり、シティズンシップ教育というと一般的に後者を指
すことが多い。

　出生時からの米国市民を対象に市民性を育む教育は、学校で展開
される civic education である。山田 (2007) によれば、1994年に成立
した教育改革法「ゴール2000：アメリカの教育法」を通じ、連邦政
府が各州に教育内容や学力の基準となる教育スタンダードの作成を
促し、多様な子ども達が市民性教育の活動に参加し、人格や資質を
高め、コンフリクトをうまく解消してリーダーシップを身に付け、
結果として基礎学力も向上する方向性の教育を目指している。1994
年に市民教育のためのセンター (Center for Civic Education: CCE) が連邦
教育省の支援を受けて National Standard for Civics and Government を
作成し、州レベルのカリキュラムや評価作成に影響を与えた。「内
容」、「スキル」、「資質」のカテゴリーで編成され、「内容」はアメリ
カの政治に関する学習、「スキル」は説明、分析といった知的スキル
および政治を監視する等の参加スキル、「資質」には個人の価値や人
としての尊厳を尊ぶ等があげられている (山田 2007：125)。また、全
米社会科協議会 (the National Council for Social Studies: NCSS) も1994年に
スタンダードを作成し、経済、地理と共にシティズンシップ教育も
取り上げられている (山田 2007：126)。

　一方、生涯学習の一環として行われる成人移民対象の教育が
citizenship education を指すことが多い。移民が市民権を取得する
には口頭試験を受けて合格する必要があるが、1問1答方式の口
述試験の内容は、国旗や国家に関するもの、米国史に関わるものに

加え、参政権が与えられるため政治的基礎知識に関わるものが中心
となっている（山田 2007：126）。政治教育のほか、1994年の教育改
革法で「すべての成人は識字能力を持ち、世界経済における競争に
立ち向かい、市民としての権利と責任を行使するのに必要な知識と
技能を身につける」という成人の識字能力に関する目標も含まれ
た。それに伴い、教育省成人職業教育局は成人教育の教育内容を標
準化するマスタープランを開発し、全米各地の識字教室や ESL 教
室に参加している成人学習者に実施されている（福永 2015：203-
204）。

6.4.2　イギリス

イギリスでは2002年から中等教育[3]で Citizenship が必修教科と
して導入された。その背景には、1960年代以降に英連邦からの移
民の増加が政治的・経済的な課題となってきたこと、また青少年の
政治的無関心、心理的・精神的疾患、職能についての問題点、学力
の問題、社会的有用感の欠如、コミュニケーション能力の問題など
が社会的な重要な関心事になったことがあり、それらの問題を解決
するために始められた（長沼 2003、窪田 2007）。1988年の教育改革法
を画期として、教育改革が進められたが、その重要項目としてシ
ティズンシップ教育も位置付けられた。1998年に「学校における
シティズンシップのための教育と民主主義の指導」（通称：クリック
報告、クリック・レポート）が公表され、ここで報告された「社会的・
道徳責任」、「コミュニティ参加」、「政治的リテラシー」がシティズ

（3）　窪田（2007：185）によれば、イギリスの義務教育は 5 歳から満16歳ま
　　でであり、これが 4 段階に教育課程上区切られている。 7 歳までがキース
　　テージ（以下：KS） 1 、11歳までが KS2、14歳までが KS3、そして16歳ま
　　でが KS4と称される。中等教育は、KS3と KS4に相当する。

ンシップのための教育全体を通底する、ナショナル・カリキュラム
の学習プログラムの構成要素となっている（窪田 2007：189-190）。

　実際にイギリスの教育省（Department for Education）[4]で公表してい
る、*Statutory guidance National curriculum in England: citizenship*
*programmes of study for key stages 3 and 4*を見ると、市民教育の目的
は次のように掲げられている。

Purpose of study

A high-quality citizenship education helps to provide pupils with
knowledge, skills and understanding to prepare them to play a full
and active part in society. In particular, citizenship education should
foster pupils' keen awareness and understanding of democracy,
government and how laws are made and upheld. Teaching should
equip pupils with the skills and knowledge to explore political and
social issues critically, to weigh evidence, debate and make reasoned
arguments. It should also prepare pupils to take their place in society
as responsible citizens, manage their money well and make sound
financial decisions.

　要約すると、citizenship education は、活発な社会参加を促進す
るための教育であり、民主主義、政府、司法制度に対する理解を深
めるものである。子ども達の政治的社会的問題を批判的に探究する

（4）　Department for Education（2013）Statutory guidance
　　　National curriculum in England: citizenship programmes of study for key
　　　stages 3 and 4　　https://www.gov.uk/government/publications/national-
　　　curriculum-in-england-citizenship-programmes-of-study/national-curriculum-
　　　in-england-citizenship-programmes-of-study-for-key-stages-3-and-4（2022年
　　　5月31日最終閲覧）

スキルや、物事を比較・検討するスキル、論理的に議論するスキル
を養い、責任ある市民として社会に参加するために金銭の管理や財
政的な判断力が身に付くようにする、というものである。

　具体的な学習目標として、11〜14歳を対象とした KS3 では、以
下のように、イギリスの政治制度、民主主義、王政、議会や選挙制
度、愛国心、司法制度、ボランティアや学校行事を通じた社会貢
献、金銭の管理とリスクに関する知識が掲げられている。

Key stage 3

Pupils should be taught about:

- the development of the political system of democratic government in the United Kingdom, including the roles of citizens, Parliament and the monarch
- the operation of Parliament, including voting and elections, and the role of political parties
- the precious liberties enjoyed by the citizens of the United Kingdom
- the nature of rules and laws and the justice system, including the role of the police and the operation of courts and tribunals
- the roles played by public institutions and voluntary groups in society, and the ways in which citizens work together to improve their communities, including opportunities to participate in school-based activities
- the functions and uses of money, the importance and practice of budgeting, and managing risk

　以上のような民主主義社会の中で生きるためのスキルと、社会の
制度に関する知識・理解をシティズンシップ教育の枠組みとして包

括的に取り入れたイギリスの取り組みは、シティズンシップ教育の
先行事例として日本にも大きな影響を与えた。

6.4.3　日本

　日本の市民教育について長沼（2003：55-57）は、中学・社会科、
高校・公民科（現代社会、倫理、政治・経済）が市民教育に類似するも
のであるが、特に日本の高等学校の「公民科」は、各国の市民教育
の教科の内容に最も近いと述べている。
　長沼（2003：55-57）は、中学校社会科の公民的分野を基礎にして、
国際社会、民主主義、経済活動、政治の仕組み、倫理など、多様な
題材を学習するが、調査とコミュニケーションのスキルの育成、あ
るいは地域社会への参加や関わりなどに関する体験的な学習内容
は、少なくとも学習指導要領を見る限り、あまり見あたらない、と
述べている。しかし、その後、文部科学省は、2008（平成20）年３
月、小・中学校の学習指導要領及び幼稚園教育要領を、2009（平成
21）年３月、高等学校・特別支援学校の学習指導要領を改訂し、
2011（平成23）年に小学校学習指導要領の全面実施、2012（平成24）
年に中学校の新学習指導要領の全面実施を行った。さらに2013（平
成25）年に高等学校等の新学習指導要領の実施等、学習指導要領の改
訂によって、日本の学校教育にも小学校・中学校の社会科、高等学
校の公民の中で政治、経済、社会の仕組みや主権者としての政治参
加のあり方などの学習の中で市民性の育成が意識されるようになっ
ている。また、道徳教育やキャリア教育において、市民性や社会性
を高める取り組みも盛り込まれるようになった[5]。2015（平成27）年

（5）　愛知県教育懇談会資料（2016）「児童生徒の市民性・社会性を高めるシ
　　ティズンシップ教育に関する取組」https://www.pref.aichi.jp/uploaded/life/
　　178899_371274_misc.pdf（2022年５月31日最終閲覧）

6 月に、選挙権年齢を満18歳以上に引き下げる公職選挙法等の一部改正する法律が成立、公布[6]されたことから、新たに有権者となる若者に対する政治的教養を育むため、文部科学省は総務省と連携し、政治や選挙等に関する高校生向け副教材「私たちが開く日本の未来」を作成し、全高校生に配布し、教員用の指導資料も配布している[7]。また、藤原（2008）によれば、2000年以降、市民教育は教科としてお茶の水女子大学付属小学校や東京都品川区の「市民科」などシティズンシップ教育が導入され、その他にも国立大学付属の学校や文部科学省の指定研究開発を受けた学校で実施されている。中央教育審議会において、次期学習指導要領の改訂（平成32年度以降）に向け、高等学校公民科の中に新科目「公共（仮）」の導入も検討されており[8]、日本の学校教育の中でも市民教育の認識と重要性が高まっている。

6.5　質保証の必要性

　以上、留学生の留学に対する意識調査の結果から、市民教育、とりわけ地球市民教育であるグローバルシティズンシップの育成の重要性について述べた。そして、グローバルシティズンシップに基づく人材育成が大衆化型大学の役割ではないかと指摘した。このよう

（6）　総務省「選挙年齢の引き下げについて」http://www.soumu.go.jp/senkyo/ senkyo_s/news/senkyo/senkyo_nenrei/（2022年 5 月31日最終閲覧）
（7）　総務省「高校生向け副教材『私たちが拓く日本の未来』について」http:// www.soumu.go.jp/senkyo/senkyo_s/news/senkyo/senkyo_nenrei/01.html（2022 年 5 月31日最終閲覧）
（8）　文部科学省（2015c）「教育課程企画特別部会　論点整理特別資料」http:// www.mext.go.jp/b_menu/shingi/chukyo/chukyo3/053/sonota/ 1361117.htm （2022年 5 月31日最終閲覧）

なミドルレベルのアクターとしての大学の具体的な教育方針のほか、マクロレベルで留学生教育の質保証をしていく必要もあるであろう。吉川（2011）は、世界的な留学生獲得競争が進む中で重要なことは、留学生の質を見極めて受け入れる方針と入学審査の厳正な遂行であり、そのことが高等教育機関が自ら提供する学生の質を担保する意志を表出することにつながる、と述べている。そして入学許可の際には、自国の学生と留学生の取り扱いに区別をもうけないことである、としている。留学生を「特別枠」にとどめて数を確保するという状況から、日本人学生と平等な学生の一員として迎えるための選抜方法、教育方法を確立し、留学生の質保証を行う体制を作り上げるべきである、と指摘している。

杉本（2011）によれば、留学生の受入れ先進国である豪州では、2000年の豪州大学質保証機構（AUQA）の設置によって、各大学の質保証体制を外部から評価するシステムが導入され、特に2008年からは「国際化」が重要なテーマとして取り上げられ、大学による情報提供やカリキュラムの国際化といった諸課題について点検・評価が進められている。また、「2000年留学生に対する教育サービス法」及び関連規則に基づく法的規制枠組みがもうけられてきたほか、「連邦留学生受け入れ機関登録制度」を整備し、登録機関は登録期間中に遵守すべき基準が設定され、多面的な基準に基づいて留学生に対する教育条件に関する最低基準が担保される仕組みとなっている（杉本 2011）。このように留学生受入れの質保証をマクロレベルで整備することが必要であろう。

日本でも、独立行政法人大学評価・学位授与機構や公益財団法人大学基準協会が設置され、大学の認証評価事業を行っており、その際、大学の国際化や留学生政策も点検項目の1つになっている。しかし、留学生政策についてオーストラリアのような法的な整備までには至っていない。マクロレベルの留学生政策は、ミクロレベル

のアクターの意識にも影響を与えることから、政府によって留学生
教育の質保証への対策を進めていくべきであると考える。

第 7 章

日本語教育におけるグローバルシティズンシップ教育実践の試み

7.1　はじめに

　本章では、NIE 活動（7.2.1参照）を取り入れた日本語教育の授業について分析し、日本語教育から市民教育へと発展させるための可能性について検討する。

　近年、大学生の学力低下が問題となっている。少子化による入学試験の学力選抜機能の低下、インターネットやゲームなどの娯楽の普及による活字離れ、内向きで社会に対する関心の低さなど、様々な要因が指摘されている。経済が発展し、所得水準が上がって生活が豊かになると、生活に不安を感じることなく趣味に支出を費やし、没頭するようになるという傾向は、日本人学生だけでなく、中国を中心に、日本以上のスピードで急激に経済発展を遂げた国からの外国人留学生にも共通するのである[1]。東アジア留学生政策の変化と経済力の向上に伴う大学大衆化により、必ずしも日本の高等教育を受ける学力の準備ができていない学生が増えている。日本人の18歳人口の減少により、大学は、定員数の確保のために、幅広い学力を持つ留学生の受入れを加速しているが、そのような学習環境において、留学生に対する日本語教育の役割は何であろうか。

　日本語能力と意欲が様々である中で、すべての留学生にも共通する課題は、自分の「今」置かれた状況を知ること、そして、そこでいかに生きるかを考えるではないかと考えられる。「今、話題になっているニュースは…」と言うと、どの学生からも大なり小なり関心を引くことができる。また、新聞記事から最新の情報を得ることは、社会科学系の大学において卒論指導を行う専門科目のゼミの

（１）　日本経済新聞（2017）「アニメ・ゲームに若者熱中　中国」2017年8月
　　29日付電子版　https://www.nikkei.com/article/DGKKZO20491110Z20C17
　　A8EAC000/（2022年5月31日最終閲覧）

活動でよく取り上げられる活動であり、また、レポート作成や卒論研究のほか、就職活動対策として企業研究や時事問題を学ぶ上でも欠かせないものである。

　以上のような理由から、筆者は学習者自らが新聞記事から情報を収集してまとめ、さらに自分の意見も発信する、「今」を読み解く力を身に付けさせたいと考えるようになった。その最初の実践は、2011年に遡る。この年の3月11日に東日本大震災が発生し、入学予定の留学生も帰国し、留学生数が激減した年である。3月以降も続く余震や原子力発電の事故による放射能漏れに関する問題もあり、大学に残った留学生が不安を抱える中で、世の中で何が起こっているのかのニュースや新聞から把握したいというニーズも高まった。要約作成によって情報を効率よく正しく整理して、内容理解を深めると共に、文章構造を視覚的に把握しやすいように文章中の話題やキーワードの関係性をまとめた図の作成による、文章構造の理解を図った。そして、読み取った情報に基づき、自分の考えを他の人に発信する、意見文の作成と発信を主な目的として授業を実施してきた。調査対象としたのは、この取り組みをスタートさせて3年目の2013年の授業活動である。その実践を分析対象として、学習効果について検証をする。

7.2　NIE と要約指導に関する先行研究

7.2.1　学校教育と NIE

　日本語教育の授業で新聞を活用することは、比較的広く行われている活動の1つである。公教育の学校などで新聞を教材として活用することは、NIE（Newspaper in Education＝「エヌ・アイ・イー」）と呼

ばれている。日本新聞協会のホームページの「NIEとは」によれ
ば、NIE活動は1930年代にアメリカで始まり、日本では1985年に
静岡で開かれた新聞大会で提唱され、教育界と新聞界が協力し、社
会性豊かな青少年の育成や活字文化と民主主義社会の発展などを目
的に掲げて全国で展開されている[2]。日本新聞協会は全国で500を
超える小中高校をNIE実践指定校に認定し、一定期間、その地域
で配達されるすべての新聞を提供して授業で活用する活動の支援を
行っている、とある[3]。また、日本新聞協会は、NIE実践のための
ガイドブックの刊行や[4]NIE実践活動報告書も作成している[5]。

　学校教育においては、2011年度の小・中・高等学校の「学習指
導要領」の改訂から、それぞれの教育課程において「新聞」が指導
すべき内容として明確に位置付けられ、多くの教科に盛り込まれ
た。新聞の役割や、表現の特徴、新聞を通じた情報収集などを学習
に取り入れることが示されている。高等学校の場合、「国語」「地
理・歴史」「公民」「外国語・英語」「特別活動」「商業」に関連の記
述がある[6]。大学においては、情報収集や批判的能力に育成などを
はじめとしたリテラシー能力の育成、また専門的知識の理解のため
の教材として、新聞が授業で用いられていることが、本論文の第
5章で実施した大学教員に対するインタビュー調査の結果からも

（2）　日本新聞協会「教育に新聞を」「NIEとは」　http://www.NIE.jp/about/
　　　（2022年5月31日最終閲覧）
（3）　日本新聞協会「教育に新聞を」「NIE実践指定校・参加申請」　http://
　　　www.NIE.jp/selected/（2022年5月31日最終閲覧）
（4）　日本新聞協会「教育に新聞を」「NIEに関する出版物」　http://www.NIE.
　　　jp/publish/（2022年5月31日最終閲覧）
（5）　日本新聞協会「教育に新聞を」「NIE実践報告書」　http://www.NIE.jp/
　　　report/pamflet/（2022年5月31日最終閲覧）
（6）　日本新聞協会「教育に新聞を」「学習指導要領とNIE」　http://www.NIE.
　　　jp/study/（2022年5月31日最終閲覧）

うかがわれる。新聞業界においても、バーチャル株式投資の成果を
競う「日経 STOCK リーグ[7]」や、日々のニュースに対する気づき
や感想をまとめる「HAPPY NEWS 大賞[8]」などの大学生を対象
としたコンテストの実施や、就職情報の提供などにより、大学生を
読者に想定した取り組みが多く行われており、新聞は大学教育にも
根付いているといえよう。

7.2.2　日本語教育と NIE

　日本語教育の分野でも、新聞記事は読解教材を中心に広く活用さ
れている。新聞をメディアとして捉え、その伝達方法や表現の特徴
を学ぶ教材として、内田・内田（2008）の『構成・特徴・分野から
学ぶ　新聞の読解』（スリーエーネットワーク）がある。新聞記事の構
成・内容・表現を学ぶことで、新聞記事としての理解を深めようと
するところに特徴がある。新聞を理解するために、分野別に特徴的
な語彙を学ぶ教材として、松本節子ほか（2015）『新聞・テレビ
ニュースの日本語』The Japan Times、一橋大学国際教育センター編
（2015）の『留学生のためのジャーナリズムの日本語─新聞・雑誌で
学ぶ重要語彙と表現─』（スリーエーネットワーク）などもある。これ

（7）　日本経済新聞社・野村ホールディングスが運営する、学校教育の場にお
　　ける投資学習の 1 つのツールとして企画されたコンテスト形式の株式投資
　　学習プログラムのことである。途中経過や最終結果は、日本経済新聞の紙
　　面上に掲載される。https://manabow.com/sl/study/detail.html（2022年 5 月
　　31日最終閲覧）
（8）　日本新聞協会が主催する、「HAPPY NEWS キャンペーン」では、新聞
　　をめくって心が温かく、幸せな気持ちになったり、勇気が湧いてきたり、
　　新しい発見があったりした新聞記事とそのコメントをまとめて応募するコ
　　ンテストのことである。コンテストの告知や結果発表や新聞の紙面上に掲
　　載されたていたが、2017年度をもって終了した。https://newspark.jp/
　　contents/happynews/about/（2022年 2 月10日閲覧）

らは新聞記事の読み方、記事を読むための言語活動が中心である。

　近年、メディアとしての新聞を日本語の授業でも取り入れ、NIEを実施する実践例も増えている。

　新聞のスクラップや新聞記事の作成といった、NIEを取り入れた実践も報告されている。宮（2011）はNIEを授業に取り入れ、その中で、最も積極的に取り組んだ上級学習者1名へのインタビューによって授業の効果を分析したところ、批判的な読みの習得と文章能力の向上という点で効果が見られたことを明らかにしている。

　冨並（2014）は、専門学校でNIEを1年間にわたり、新聞記事の読み方、要約、読解、スクラップ、壁新聞の作成といったカリキュラムを実施し、その成果について学習者に対するインタビューから分析している。その調査で、学習者がNIEの効果として発音能力の向上と仲間と協力することの大切さをあげていたことから、NIEによって受け身の姿勢から自分から日本語を発信できるようになったこと、また、学習者同士の協働学習の効果が見られることを指摘している。

　一方、NIEについては、基本的に活動そのものやその目的・意義について否定的な見解を示した研究例はないものの、野原（2016）は、NIEには隠蔽された問題点があることを指摘している。その1つは、NIEの推進により新聞業界の利潤拡大を図るという意図が隠されている点である。先進国における新聞市場が飽和状態に達しており、さらには若年層の新聞離れが進行していることから、近未来的には新聞に対する需要が減少することが予想され、それを防ぐために幼い頃から新聞に「慣れ親しむ」ように仕向けて、成人後も新聞を購読する可能性を高めることが最大の目的だと指摘している。実践指定校という制度で、教師は新聞社の最大の目的を隠蔽することに荷担し、その結果、児童・生徒は「将来の新聞購読者」として想定され、否応なしに市場のメカニズムに組み込まれているという

のである。さらに、もう 1 つの問題点として「新聞記事＝社会における正確な事実を記述しており、その内容は基本的に信頼できると共に、それを読めば社会の“本当の”姿がわかる」という暗黙の前提があることを指摘している。このような新聞の情報が絶対的に正しいという「神話」を前提に、無批判に教えることは、児童・生徒の批判知を養う機会を奪う反批判知的教育であるというのである。

　野原（2016）の批判は、NIE の根底を揺さぶるような重要な指摘であり、NIE を実践する教師はその隠蔽された意図の存在について十分に認識する必要がある。情報収集にあたり、自ら直接情報源に当たることが最も正確な情報を入手することができるのである。しかしながら、我々がより多くの情報を収集したい場合、個人ですべての情報源に直接接することはほぼ不可能である。新聞のみならず、インターネット、テレビ、書籍、雑誌等の何らかのメディアを通して情報を入手せざるを得ないというのが現状である。

　野原（2016：62）がメディア・リテラシーの中核的能力である「批判的読解力」を教師自身も含めて養っていくことが不可欠だと述べているように、新聞を用いた NIE を無批判に取り入れるのではなく、その可能性と限界を教師自身が自覚し、また学習者と共有した上で、ある事件の真実に近づく上で新聞記事の情報にどのような価値があるのか、という価値判断ができる能力を磨いていく必要性がある。さらに、NIE の目的は、新聞を理解することに留まっていてはいけないと思われる。その最終目的について、本論文では、情報を自らの意志で活用しながら、問題解決や目的に向けての行動ができるような実践力や判断力の育成が必要なのではないかと考えている。

7.2.3　日本語教育における NIE の課題

　新聞を日本語教育の活動に取り入れていくにあたり、いくつかの

課題がある。

　第 1 に、新聞で扱われている語彙、表現の難しさである。新聞記事は、文字言語で、漢語が多い。さらに、政治、経済、社会的な内容の理解には専門語の知識が必要である。そのため、新聞を対象にした教材は中上級、あるいは上級向けのものが多い。日本人学生にとっても語彙面の課題はあるが、留学生にとってはさらにハードルが高いのである。

　第 2 に、記事の理解には社会的な背景の知識が必要なことである。新聞は、歴史的・文化的・社会的な背景を前提に書かれ、説明が省略されていることもあるため、それらを知らなければ理解できないことも多い。また、連載記事やある事件や事象の時間的な経緯を追った記事なども、前後の事実関係を知らなければ理解が難しい。

　第 3 に、新聞記事には多様な種類があり、記事の分野や種類によって記事の読み方が異なることである。内田・内田（2008：22）は、新聞記事の内容や意図によって、「出来事を報じる記事」、「解説記事」、「主張や感想を述べる記事」の 3 種類に分けられている、としている。日本機関紙新聞協会大阪府本部のホームページでは、新聞記事の「切り口（記事の種類）」として、①報道（ニュース）、②論評記事、③解説記事④意見発表、投稿、⑤インタビュー記事、⑥対談・鼎（てい）談・座談会、⑦ルポルタージュ、⑧文芸・娯楽記事の 8 種類をあげている[9]。

　中村ほか編（2011）『日本語文章・文体・表現事典』の中で、「新聞の文体」という項目についての小宮（2011：218）は、新聞の文章を内

（9）　日本機関紙新聞協会大阪府本部「新聞作り入門　Ⅴ　記事の種類とラフスケッチ」　https://www.kikanshi-osaka.com/%E6%96%B0%E8%81%9E%E4%BD%9C%E3%82%8A%E5%85%A5%E9%96%80/%EF%BC%95%E8%A8%98%E4%BA%8B%E3%81%AE%E7%A8%AE%E9%A1%9E%E3%81%A8%EF%BE%97%EF%BE%8C%EF%BD%BD%EF%BD%B9%EF%BD%AF%EF%BE%81/（2022年 2 月10日閲覧）

容面から政治、経済、社会、生活、文化などに分類できるだけでな
く、文章の種類から第一面記事や社会面記事などの報道文、社説や
コラムなどの論説文、用語解説などの説明文などにも分類できると
している。本論文では、小宮（2011：218）に従い、新聞記事の文章を
分類していくことにする。また、小宮（2011：218）は、新聞に掲載さ
れる文章の特徴として、多様な記事の集合であるため、「新聞の文
体」は存在しないが、「◯月◯日付の新聞」というように、同じ 1 つ
の新聞という媒体を構成する文章であることから、以下のような条
件を共有していると述べている。それは、「①国内外の日々のニュー
スの報道を主な役割とする。②文章の種類により程度の差はある
が、執筆時間や紙面に制約がある③読者は一般の不特定多数の人々
である。④読者は記事を選択して読むことが多く、最後まで読まず
に終わる場合もある。」というものである。以上のように、多様な新
聞記事には多様な読み方がある。このような多様な記事の中から何
を選択するべきかについては教員の判断が重要となる。

　第 4 に、新聞記事には新聞社の編集意図が働いている。特に「社
説」は、政治・経済・社会などの問題に対して、新聞社としての意
見を述べるもので、新聞各社の独自性が最もよく表れる記事の 1
つである。新聞記事の選択によって内容も異なり、読み手側の立場
によっても読み方が変わってくるため、教材選択の際には、内容と
筆者の作成意図が学習者と共有できるものかどうか、注意が必要で
ある。新聞社の主張によっては、留学生の文化的背景や信条と対立
が生じる可能性があることにも留意する必要がある。

　第 5 に、近年、若者の活字離れが進んでおり、新聞も学生に
とって親しみのあるメディアとは言い難い。また、新聞を読んでい
たとしても、スポーツや芸能には関心があるが、政治経済には全く
興味がないという学習者も多い。留学生の場合は、自分の母語でも
読む機会の少ない新聞を外国語で読むことは、能力的にも難しく、

また心理的な抵抗が大きい。

　以上のように、日本語教育に NIE を取り入れる際には、学校教育で NIE を取り入れる場合とは異なる難しさがある。しかし、市民性を養う上で、新聞で扱われる政治・経済・社会の情報は不可欠であり、その情報を主体的に読み解くことができる力を養成することが、市民教育につながるものと考える。

7.3　本授業実践の目的と分析方法

　本研究では、大学学部に在籍する中国人日本語学習者を対象に、日本語による新聞記事の要約文と意見文の作成を中心とした NIE 教育を行い、新聞記事の情報を読み取り、要点をまとめて、意見を交換するという活動によって、主体的に日本語を運用する能力を向上させることを目指した。

7.3.1　なぜ要約文の作成なのか

　新聞記事の要約と意見文の作成を取り入れた NIE は、学校教育では小学校から高等学校、また日本語教育においてもよく取り組まれている。大学の社会科学系分野の専門教育やゼミ活動で、時事問題に関する議論や卒業論文のテーマを探す際に新聞記事が多く用いられていることも取り上げた理由の 1 つである。

　要約文と意見文を書く活動は、外国語教育や国語教育の中で広く行われている活動であるが、市民教育とも深くつながっている。バイラム（2015a：187）は、「要約とは相互文化的能力における仲介に関連する事柄を補う重要な能力であり、相互文化的話者／仲介者という概念の中心になるものである」と述べている。新聞記事という

社会的な内容で要約の練習をすることは、市民教育としても意義が
あることだと考えられる。

　しかし、日本語教育の中で扱う上で、以下のことを検討する必要
がある。

①新聞記事の内容や構成は多様であり、日本語学習者にとって記事
　の特徴が学習者の理解に与える影響や困難点は何か。

②新聞記事の読解と要約文作成を通して学習者はどのような意見を
　持ったのか。

③市民教育として、今回の新聞記事の読解と要約文の作成を中心と
　した授業活動にはどのような意義があるのか。

　以上の課題を研究目的に設定して、新聞記事の読解・要約文作成
の授業の分析を行った。

7.3.2　日本語学習者の要約に関する先行研究

　日本語学習者の要約文と原文の文章構造との関係について、日本
人学生との比較を行った研究に、佐久間編著（1994、2010）、古本
（2003）がある。

　佐久間編（1994）は、韓国の大学の日本語学科に在籍する韓国人
日本語学習者66名を対象に、500字程度の「文章型」の異なる6種
の論説文[10]を150字に要約する課題を課して、その問題点を調査し

---

(10)　佐久間編（1994：10）によれば、6種類の原文とその文章型は、次のと
　　おりである。A「日本人はそんなに駄目か」尾括式、B「お茶の水割り」
　　中括式、C「旧暦と漢字」散括式、D「健康管理法」両括式、E「先送り
　　するな」頭括式、F「輝け、老後」隠括式。これらは、佐久間（1999）に
　　おいて、それぞれ「頭括型」、「尾括型」、「両括型」、「中括型」、「分括型」、
　　「潜括型」と名称変更されている。

たものである。この調査に先立ち、佐久間編著（1989b）では、日本人大学生40名を対象に同様の調査を実施しており、その結果と韓国人日本語学習者との比較を行っている。その結果、要約する「原文A」の「尾括型」文章構造を「Ⅰ.開始部」、「Ⅱ.展開部」、「Ⅲ.終了部[11]」の3種の大文段[12]として、日本人大学生と韓国人上級日本語学習者の要約文の構造と対照したところ、①文章構成の3区分の必須成分を十分に残す割合が非常に低く、②文章構成の1区分を欠く類型の中では、「終了部」を欠く割合が高いこと、さらに③文章構成[13]の3区分をすべて欠くものが存在することを指摘している。「主題文」を表す「終了部」が欠ける原因としては、字数や時間の制限内でバランスよく要約文を書くことができず、「終了部」を書かずに終わってしまう可能性があること、また3区分すべてを欠くのは「苦しまぎれに、自分の意見にすり替えてしまったもの」と考えて（佐久間編 1994）、学習者の読解力と表現力の不足が要約文に問題を残すことを分析している。このことは韓国人日本語学習者にとって、元の文章全体の構造を理解した上で要点を見つけ出

---

(11) 佐久間編著（1994）では「結尾部」と表記されていたが、佐久間編著（2010）からは「終了部」と名称変更されたため、本稿では「終了部」という用語で表記を統一する。

(12) 「文段」とは、形式上の改行一字下げの有無にかかわらず、内容上1つの話題のまとまりを表し、他と相対的に区分される意味のつながりとまとまりのある複数の文の集合統一体である（市川 1978：146）。「段」とは、伝達目的や情報内容の違いから生じる、大小さまざまな話題をまとめる「統括機能」を本質とする言語単位である。「段」は、種々の「言語形態的指標」を伴い、その話題の主な内容を端的に表す「中心文」（「統括文」）と、文章・談話の全体を統括する「主題文」の統括機能が及ぶ範囲に含まれる複数の文のまとまりを意味する（佐久間編著 2010：45-46）。複数の段の集合統一体としての「連合段落」を「連段」（または「大段」、1段内部に複数含まれる「部分段落」は「小段」と称される（佐久間 2003：92）。

(13) 佐久間研究代表（1997）以降、現在は「文章構造」と称する。

し、さらに日本語で内容をまとめて表現することは難しいということを実証している。

　朴（2003）は、佐久間編（1994）の「原文Ａ」について2002年に韓国の大学の日本語学科に在籍する韓国人日本語学習者追跡調査を行っている。その結果、韓国人日本語学習者の要約文は、日本人大学生の要約文と比較して要約文の表現類型の種類や出現率が異なっており、それは「原文Ａ」の文の連接関係を正確に捉えられず、文章の全体的構造が十分に理解できていないことが、必須成分を欠く要約文を作成する要因であると述べている。

　原文の文章構造と要約文の作成方法との関係について、日本語学習者と日本人学生を比較した古本（2003）は、作成された要約文の文章構造について、佐久間（1999）で示された「頭括型」、「尾括型」、「両括型」、「中括型」、「分括型」、「潜括型」の６種類のどれに相当するか評定を行った。さらに、邑本（1998）のアイデア・ユニットを用いて、原文と学習者の要約文を分類し、原文と要約文がどの程度一致しているかについて分析している。日本人大学生の要約は調査対象とした「尾括型」と「中括型」の文章について、日本人大学生は要約の仕方に有意な差はないが、留学生は「尾括型」の方が「中括型」に比べ、原文を再生した割合が高いと述べ、原文の構造が日本語学習者の要約作成に影響することを指摘している。

　佐久間編著（1994、2010）や、朴（2003）、古本（2003）の研究から、日本語学習者の要約文作成について、原文の文章の構造を理解することの重要性が示されている。日本語学習者に文章構造類型をどのように注目させるか、さらに、原文の中から要約文に残存する要点をどのように見つけさせるかが日本語学習者に対する要約文作成指導の課題となる。

　田川（2012）は、日本語中級学習者86名を対象に、文章の構造を把握するための構造探索活動と、文章の要点を把握する要点探索活

動の組み合わせが要約文の作成にどのように影響を与えるかについて調査した。その結果、構造を理解してから要点を探す構造要点活動の方が、要点を理解してから構造を理解するよりも効果があると述べている。要点探索活動の後で全体構造を探索することを求められても、全体を再構成する要約文には至らなかったが、構造要点探索活動で文章の全体構造に注意を向けた後、要点を探索したことで要点の整理につながり、要点理解を促したと述べている。

田川（2012）の研究からも、文章構造の理解が日本語学習者の文章の内容理解を促進し、文章における要点の関係も把握しやすくなり、要約文の作成に有用であることが示唆される。

要約文を作成する際に、日本語学習者がどのように原文を引用したり、言い換えたりするかについて、日本語能力との関係について調査した研究に八若（2001）や坂口（2017）がある。八若（2001）は、読解能力が高い上位群の日本語学習者の方が下位群と比較して原文から引用する情報が多いことを指摘している。ただし、上位群も下位群も原文のコピーが多く、原文を独自の説明でまとめたり、言い換えたりすることには課題があると述べている。坂口（2017）は、八若（2001）の研究をもとに、古本（2003）の分析方法を用い、日本語学習者が原文を引用する際の方法と問題点について分析をしている。坂口（2017）は、原文のコピーは下位群により多く見られること、また、下位群にも原文を自分の言葉で言い換えている者がいるものの、誤用が多く、読みにくい要約文になってしまうとして、原文の理解と産出の問題点も指摘している。

以上、先行研究から、日本語学習者の要約文作成の指導に際しては、原文の文章構造の理解、原文の要点の理解、原文の引用方法の理解が重要であり、これらの学習項目を日本語能力に応じて教育する方法を検討していく必要性が示唆される。

7.3.3　要約の指導方法

　先行研究で示されていたように、日本語学習者の要約文の問題点が様々な観点から指摘されているが、本研究の実践では、新聞記事の文章を読み取り、要約する上で重要な文章構造の把握と要約文の指導方法について検討する。

　佐久間（1989a）は、「要約作文」の意義について、「まず、文章の骨格となる表現を見付け、その表現の相互関係を理解した上で、要約文としての文章のまとまりを再構成することにある。」、と述べている。文章全体の主題を捉えて、各文段の中心文を見付け、結論が文章全体のどの位置にあるかに着目して、文章構造の類型を把握する方法で、読解指導を行い、要点と文章構造との関連を理解させることの重要性を指摘している。

　また、朴（2011）は、佐久間編（1989、1994）、佐久間編著（2010）の要約文研究の研究方法を追跡調査することで発展させた。韓国人上級日本語学習者を対象に、論説文や講義の原文と原話の文章・談話構造を「課題－解答」の統括関係として理解させ、作成された要約文例の「文章型」を検討する活動を行った。そして学習者自身が各自の要約文を評価し、要約文の文章構造と表現の誤りを推敲するという要約作文の授業を実践している。「文章型」と「主題文」の理解は、文章の読解と共に、要約の作成にも影響を与えている。また、学習者自身が「課題」と「解答」を考えることは、文章の主旨と文段の役割を学習者自身の言葉で気づかせることができる有効な方法であると思う。

　山田（1996）は、文章構造を視覚的に理解しやすくするために、文章のテーマ、大意、要旨を「Ｔ字型ノート」の手法で整理して要約指導を行う授業の実践報告をしている。段落ごとの情報をＴ字型に整理することにより、全体の要点のつかみ方とそのまとめ方が

わかるようになったという効果を述べている。この指導法の問題点は、「段落」の大意を抽象化してまとめることが困難であること、また、各段落のつなぎ方や文末表現が学習者にとって難しいことを指摘している。

　現在市販されている日本語教科書における要約指導の例を見ると、「中心文がはっきりしている文章はその中心文を使って要約文を作る方法がやりやすいです。①「中心文（重要な文）を探します。②「余分な言葉（具体的な例や必要以上の修飾の言葉）を削ります。」（友松 2008：106）や、「①文章を読む→②中心と思うところに線をひく→③単語・短文にして並べてみる→④いくつかの文をいっしょにして、少し複雑な文を書いてみる。」（村上 2010：9）などのように、「中心文」やキーワードを探し、それらを適切につないで文章や「段落」にまとめるという指導が行われる。元の文章が長くなると、要約にすべての「中心文」の内容を入れるのではなく、より重要で関連性の高い「中心文」を選択し、まとめる必要も出てくる。そのためには、「中心文」という文の単位だけでなく、よりも大きい佐久間編（1989）「文段」の単位で文章構成を大きく捉える練習も重要である。さらに、文章理解に加え、文章の内容を簡潔に言い換えたり、「中心文」と「中心文」、「文段」と「文段」のつながりとまとまりを補ったりするために、学習者自身が文章を表現するための練習も欠かせない。理解した内容を表す言語表現は原文中のものではなく、複数の「文段」間をつなぐ論理関係を示す「接続表現」や、内容を簡潔に表す抽象度の高い語句も学ぶ必要がある。ただし、これらの活動は、学習者が個人的に行うには無理があり、また、1回の授業で身に付けることは難しい。そのため、教員と学習者が協同で、一定の時間をかけて、継続して学習することが望ましいと考えられる。

7.3.4　本研究の指導方法：NIE としての要約活動

　本研究では、新聞の文章を用いて「今」を読み解く力を養成するために、以下のような実践を行った。

　2013年春学期には、5 つの新聞記事の文章を取り上げたが、そのうち、論説文の新聞記事の要約と、その記事に対する意見を書いた文章を分析の対象とする。この要約文と意見文を作成する活動を、本論文では「要約意見文」と呼ぶことにする。

　対象とする教材は、2013年 4 月19日付の日本経済新聞の朝刊に掲載された、コラム「春秋」の夫婦茶碗をテーマの論説文である。これは、夫婦茶碗を例に、男女の社会的地位について論じられており、現代の日本人の生活が反映されていると同時に、日本だけではなく、国際的な課題となっているテーマで、学習者が議論する価値のあるものとして考えた。

　本実践の指導の手順は、以下の通りに行なった。

1．学習者が教材文の「原文」を黙読し、新聞の内容を5W1H（when いつ、where どこで、who だれが、what なにを、why なぜ、how どのように）をキーワードとして整理し、その記事で何を伝えたいのかを考えさせる。
2．「原文」を学習者が交代で音読しながら、語句や表現の意味を確認する。
3．教員の用意した内容理解の質問を解き、答え合わせをする。
4．学習者がペアで内容理解の構成図を作成し、クラスで発表して話し合う。
　　「原文」に対する意見も発表する。
5．「原文」の文章構造を確認した後、要約文と意見文を作成する。
（要約 1 回目）

6．学習者はペアで作成した構成図をOHCで投影しながら、自分
  たちの要約文と意見文を発表し、教員がフィードバックを行う。
7．フィードバックの内容を踏まえて、要約と意見文を作成する。
（要約2回目）

7.3.5　要約文の分析方法

　研究目的①の新聞記事の特徴が学習者の理解に与える影響を分析
するため、本研究では、佐久間編著（2010：206-240）の分析方法を用
いた。佐久間編著（2010）は、講義の談話を対象に、全6種類35種
の「情報伝達単位（CU）」を用いて、談話の構造と表現特性と受講
者の理解について分析した、2001年以降の一連の共同研究をまとめ
たものである。佐久間編著（2010：206-240）では、講義の要約に伴う
理解と表現の実証的な研究を行っている。本研究では、佐久間編著
（2010）の分析方法を用いて、次の手続きにより要約文の「理解類型」
を分析する。「理解類型」は、佐久間編（1994：15）の要約文の「文
章構成類型」を講義の談話の分析に応用したものであるが、「文章
構成類型」は、残存数の多いCU（佐久間編1994：15ではZ単位）の原
文中における文章構造上の機能を考えて、要約文の「文章構成類型
を分類したものである。

〈1〉学習者の要約文に、要約者番号、段落番号と文番号、原文には
　　段落番号と文番号を記す。
〈2〉原文と要約文の「情報伝達単位（CU）」を認定する。原文のCU
　　をX単位、要約文のCUをY単位、要約文に残存すると認められ
　　た原文のCUをZ単位と呼ぶ。
　　佐久間編著（2010：32-33）の情報伝達単位（CU）に従い、CUの
　　分類を認定する。
〈3〉原文をX単位のCU、要約文をY単位のCUに区分した上で、

両者の対応関係に基づくＺ単位を認定する。この過程は「残存認定作業」と呼ばれる。

　要約文のＹ単位に残存する原文のＸ単位が「Ｚ単位」であり、Ｚ単位の種類は、次の５つに区分される。

①ZG－原文の CU（Ｘ単位）と同じ表現を要約文に用いたもの

②ZP－原文の CU（Ｘ単位）の表現を言い換えて要約文に用いたもの

③ZE－原文の CU（Ｘ単位）の表現を誤った形で要約文に用いたもの

④P－原文の CU（Ｘ単位）にはない表現を要約文に用いたもの

⑤E－原文の CU（Ｘ単位）にはない表現を誤って用いたもの

〈4〉全要約文の結果をＺ単位別に集計し、残存数と全要約者に対する「残存率（％)」を求める。

〈5〉原文の「Ⅰ. 開始部」「Ⅱ. 展開部」「Ⅲ. 終了部」の３大文段に残存する「必須単位」の有無の組み合わせにより、学習者の要約文を分類する。

〈6〉学習者の要約文に「必須単位」の CU が残存すれば○、不十分ならば△、残存しなければ×として、３種の組み合わせにより、理解類型を分類する。

（佐久間編著 2010：208, 223を参考に、本実践の内容に合わせて引用[14]）

　この方法により、原文の文章と要約文の相違が明らかになると共に、学習者の作成した要約文の構造についても比較が可能になる。

（14）　佐久間編著（2010：208）は講義を分析の対象としているため「原話」であったが、本実践は要約文を対象としているため「原文」と表記する。

7.3.6 意見文の分析方法

　本研究において、新聞記事の文章を要約した後に、読解した新聞記事に対する学習者の意見を「意見文」、「意見文」を作成する活動を「意見文作成活動」と呼ぶことにする。

　この活動は、新聞記事を通して学習者を取り巻く「今」の状況を読み取り、自分の意見を共に学ぶクラスの学習者に発信することを目的とした。研究目的②の新聞記事の読解・要約文作成を通して、学習者はどのような意見を持っているのかについて、学習者の意見文を分析する。その後、学習者の意見と市民性の関係について、UNESCO（2015）のグローバルシティズンシップ教育の「コア概念」を用いて分析する。

　UNESCO（2015）では、グローバルシティズンシップ教育の「コア概念（Core conceptual dimensions of global citizenship education）」を「認知（Cognitive）」、「共感・連帯（Socio-emotional）」、「行動（Behavioral）」という3つの観点から提案している。学習者の意見文の内容に、どのように3つの観点が反映されているか分析を行う。

7.3.7 学習活動全体の効果の分析方法

　毎回、授業日誌[15]を作成し、授業での気づきを学習者に記録させた。また、学期末には、学習者に授業全体の感想を記述してもらうと同時に、インタビューも行った。学習者の感想とインタビュー、そして、教員の授業記録を合わせて、研究目的③の市民教育としてどのよ

---

(15)　授業日誌は全15回分の授業の日付、出欠状況、授業内容、授業に対する学生の感想、教員のコメントを記録していく用紙のことである。授業の最後に毎回記述することにしていた。学期末に自己評価（点数と評価の理由）を記入する自己評価欄も設けている。

うな意義があるのかという点から、学習活動全体の効果を分析する。

7.3.8　研究対象者

　本研究の対象としたのは、2013年春学期に開講された日本国内のX大学の日本語科目A（必修・外国語科目、週1回90分）を受講していた学習者で、すべて中国語母語話者である。履修登録をしていた7名のうち、今回は本授業を初めて履修する学生で、一定の出席回数、課題提出回数・課題の内容条件を満たした5名を分析の対象とした。いずれも日本語能力試験N1を取得している。

表7-1　研究対象者

番号 学生情報	学習者	性別	学年	日本語能力試験
1	A	男	2年	N1
2	B	女	2年	N1
3	C	女	2年	N1
4	D	女	2年	N1
5	E	男	2年	N1

7.4　授業の分析結果

7.4.1　新聞記事の文章構造

　要約意見文作成の初回の授業の際には、新聞記事の基本的な構造の説明を行なった。図7-1に示すように、新聞記事の文章構造が「見出し」（記事の最初にある大きな活字の表現）・「リード」（見出しと本文の間に書かれている本文の内容を短い文章で表した部分）・「本文」（事件や事実の詳細を述べた文章）からなっていること（池上 2011：73-75）、また、

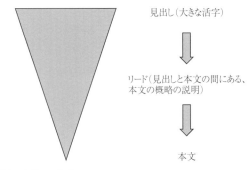

新聞の報道文(ニュース)の文章構成=逆三角形

見出し(大きな活字)

リード(見出しと本文の間にある、
本文の概略の説明)

本文

(池上 2011：73に筆者が加筆して作成)

図7-1　新聞記事の文章構成（報道文）

大事なこと（大きなこと）から始めて、その後に付随的内容（小さいこと）を書く「逆三角形」、ないしは「逆ピラミッド型」の文章構造（池上 2011：73）になっていることを説明した。

　また、過去に筆者が行った要約の授業実践を踏まえて、要約して内容をまとめる際には、リードの内容を活用し、記事の論点（記事の中で何が問題になっているか）を初めに書くこと、本文中にあげられている例を整理する（5W1Hを意識する）こと、本文に述べられている問題の解決方法や今後の展開の予想もうまく取り入れること、などの注意を要約作成時に加えた。具体的な要約文の書き方としては各文段から中心文やキーワード[16]を見つけて文章の構造を書き、キーワードの間に接続詞を加え、キーワード間の関係性を示すこと、書き言葉の文章（だ・である体）としてまとめること、長さは元の文章の1/3〜1/4が目安であること、を毎回確認した。

---

(16)　「キーワード」は、友松（2008：109）を参考に、「文章中に出てくる大
　　　切な言葉」として学習者に説明した。

　本章の「構成図」とは、要約を作成するために、新聞記事の内容を可視化して整理するための図のことを指す。図を用いて文章を可視化する試みは、佐久間編著（1989b、1994）の「文章構造図」、説明文の内容を整理した鈴木明夫（2009）、意見文の機能の図式化を試みた牧野（2010）、鈴木志のぶ（2006）、また論説文を対象に文章の機能と論理構造の図式を試みた脇田（2012）などの先行研究がある。

　佐久間編著（1989、1994）では、要約文における Z 単位（後の CU に発展）を、市川（1978）の 8 種類の「文の連接関係」を記号化し、文章構造を示している。

　鈴木（2009）は、認知心理学の立場から、英語で書かれた説明文を図的要素によって図解し、文字情報と同時に提示した場合と、文字情報のみ提示した場合との理解の比較を行った。図解は理解を促進させるが、不適切な図解によって学習者の理解や対話が阻害される可能性も指摘しており、適切な図解を提示することの重要性を述べている。

　牧野（2010）は、情報コミュニケーションの立場から論理的思考の可視化として「十字モデル」を用いた「論理のしくみ図」を提案している。論理構成の要素として「問題となる背景」「主張」「根拠」「サポート材料」「予想される反論」「論破」「結論」の 7 つの要素を「十字」の形にならべ、学習者がイメージを通して「論理的思考」を視覚的に理解する指導を行っている。

　鈴木（2006）は、「議論学」の立場から、議論には垂直的議論（直接的論地の基づく論拠の提示を伴う）と水平的な議論（論拠の提示を伴わない）があるとして、その議論のユニット間の関係をコード化し、議論の構成要素間の機能的関係を図示する方法を提案している。

　脇田（2012）は、鈴木（2006）の研究に影響を受け、文章の流れを垂直方向（問い（問題提起）と答え（結論）に当たる主要な論理展開要素）と水平方向（補足説明や具体例の提示）の関係で図示した「文章構成

図」と、主要な構成要素（問題提起、結論、意見、根拠）を論理展開の流れを上から下の垂直方向に示したフローチャートの「ロジック・チャート」の2つの作図からの可視化を行っている。

　構成要素の機能や論理構造を用いた図式化は、文章構造を理解する上で有用である。しかし、もとは欧米の談話としての議論の分析を行うことを目的に作成した分析の枠組みであり、主張や根拠が明確な構成の文章の分析には適しているが、幅広いジャンルの文章を対象に分析するには限界があると思われる。大学の学生には機能や論理構造を示す用語自体が難解であるため、先行研究をそのまま援用することが難しい。また、日本語の要約を作成するためには、文章の構成要素を結び付ける接続表現を適切に運用することが必要であるが、先行研究では構成要素の関係性は矢印（→）で示されることが多く、矢印の関係を実際にどのような接続詞を用いて説明するかがX大学の留学生にはイメージしにくいと考えられる。

　本実践では、「論説文」の文章を対象とすること、また留学生の要約文と原文との関係を比較し、留学生の要約文における文章構造上の問題点と文章表現上の問題点を分析するために、佐久間編（1989、1994）、佐久間編著（2010）の分析方法を用いることにする。佐久間編（1989、1994）、佐久間編著（2010）の研究方法は、日本語の文章・談話のジャンルを問わず適用できるほかにも、文章・談話展開的構造を分析する「文段・話段」のみならず、文と文、節と節、CU と CU の統括関係など、文章・談話の大きな単位から小さな単位に至るまで正確に分析することができる。本実践の授業における作図には、佐久間編（1994）、佐久間編著（2010）の「文段」の構造の中に、中心文に含まれるキーワードを中心にまとめて作図して、論点を整理することを目指した。「論説文」の新聞における「文章構造図」と、要約文を作成するために用いた筆者の作成した「構成図」については、授業実践と合わせて詳述する。

7.4.2　教材の概要

「論説文」の読解教材として、2013年4月19日付けの『日本経済新聞』朝刊1面の「春秋」というコラムを用いた。安倍政権は成長戦略の1つとして女性活用政策を掲げているが、中でも「上場企業には少なくとも1人は女性役員とすること」を経済界に申し入れることを話題に取り上げながら、日本社会の男女差についての筆者の主張が展開されている論説文である。日本社会における男女差の問題は新聞でも頻繁に取り上げられる話題であるが、日本での就職を目指す留学生にも考えてもらいたい話題であることから、クラスの中での議論も活発になるのではないかと考えて選択した。

7.4.3　教材の文章構造

佐久間編著（1989b：13）では、文章の全体的構造を表す文章構造類型を「文章型」と称して、論説文を6種の「文章型」、1「頭括型」2「尾括型」3「中括型」4「両括型」5「分括型」6「潜括型」に分類して、すべての文章型の論説文を要約調査により実証している。対象とした論説文の文章構造は、結論が「Ⅲ. 終了部」の文段にある、「尾括型」になっている。

教材とした報道文の文章構造をさらに詳しく分析するため、まず、教材の原文を佐久間編著（2010：32-33）の16種類35種の「情報伝達単位（CU）」の分類基準に従ってCUに分析した。

次に、佐久間編著（2010：46）を基づきに、原文の内容上のまとまりと形態的指標から「文段」を認定した。佐久間編著（2010：45）では、「段」とは、種々の「言語形態的指標」を伴い、その話題の主な内容を端的に表す「中心文（「統括文」）と、文章・談話の全体を統括する「主題文」の統括機能が及ぶ範囲に含まれる複数の文や節の

まとまりを意味すると規定されている。「中心文」とは、英作文の教育用語としての「パラグラフ（paragraph）」の「トピック・センテンス（topic sentence）」に由来する用語とされるが、日本語の文章・談話の話題を表す他の文集合をまとめる「統括機能」を有する「統括文」として、新たに規定された概念である（佐久間編著 2010：47）。

　文段の認定方法は、佐久間編著（2010：46）の「文段」の認定を基に、全体から部分へ、大きな単位から小さな単位へという方向で、「大文段（第1次元）」→「文段（第2次元）」→「小文段（第3次元）」という順に3次元まで認定した。さらに、中心文の中で、要約を行う際に大多数の要約文に有意に多く残存するCUを「必須単位」として認定した。以下、「原文」のCUと文段の構造を表で示す。「必須単位」は、佐久間編著（2010：212）にならい、「要約文の残存率に χ^2 検定を行い、危険率1％水準で優位に多く残存するCUを「必須単位」として認定した。なお、佐久間編著（2010：212）でも述べられているように、要約ではCUを1つの要約文に複数回使用するため、本来は χ^2 検定が適用できないため、あくまでも1つの目安として用いることとする[17]。

　本実践の授業では、本文の内容に関する読解問題を用いて内容を理解した上で、以下のような構成図で構成を整理し（図7-2）、要約文を作成した。

　教材とした論説文の文章構造をさらに詳しく分析するために、まず、教材をCUに分割して、文段を分析した。その後、要約文作成の準備として、小文段の中心文を認定した。さらに、中心文の中で、要約を行う際に必ず必要となるCUを「必須単位」として認定した。以下、原文のCUと文段の構造を表で示す（表7-2）。丸囲みの数字は、黒い丸が中心文、白い丸が副中心文を示す。

---

(17)　また、5人の学習者すべてが各1回使用し、残存率が100％となるCUは結果が期待値と一致するために計算ができないが、すべての学習者が使用しているため、「必須単位」に含めることとする。

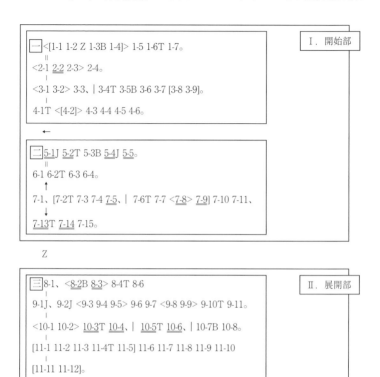

<table>
</table>

	Ⅰ．開始部

```
一 <[1-1 1-2 Z 1-3B 1-4]> 1-5 1-6T 1-7。
  ‖
<2-1 2-2 2-3> 2-4。

<3-1 3-2> 3-3、| 3-4T 3-5B 3-6 3-7 [3-8 3-9]。

4-1T <[4-2]> 4-3 4-4 4-5 4-6。

  ←

二 5-1J 5-2T 5-3B 5-4J 5-5。
  ‖
6-1 6-2T 6-3 6-4。
  ↑
7-1、[7-2T 7-3 7-4 7-5、| 7-6T 7-7 <7-8> 7-9] 7-10 7-11、
  ↓
7-13T 7-14 7-15。
```

```
              Z
```

	Ⅱ．展開部

```
三 8-1、<8-2B 8-3> 8-4T 8-6
9-1J、9-2J <9-3 9-4 9-5> 9-6 9-7 <9-8 9-9> 9-10T 9-11。
  |
<10-1 10-2> 10-3T 10-4、| 10-5T 10-6、| 10-7B 10-8。

[11-1 11-2 11-3 11-4T 11-5] 11-6 11-7 11-8 11-9 11-10

[11-11 11-12]。

12-1D、↓ 12-2 12-3。
```

```
  →
```

	Ⅲ．終了部

```
四 13-1T 13-2。
  +
14-1T 14-2。
  |
15-1 15-2 15-3。
  ←
16-1T 16-2J、[16-3T 16-4B 16-5 16-6 16-7 16-8] 16-9 16-10。
  Z
17-1、17-2J 17-3 17-4 17-5T 17-6 17-7。
  |
[18-1 18-2 18-3]、Z 18-4T [18-5、18-6] ↓ [18-7 18-8] 18-9。
```

図7-2　論説文の「原文」の文章構造図

表7-2 論説文の「原文」の「情報伝達単位（CU）」と文段の構造

1次元	2次元	3次元	文	中心文
Ⅰ．開始部	1.夫婦茶碗と男女差	1.1阿部勤也の夫婦茶碗に関する失敗談の紹介	1	
			2	❷
			3	
			4	
		1.2日本の男女差は世界に理解されない	5	❺
			6	
			7	⑦

必須単位	CU番号	X 単位	CU番号	CU分類番号	残存数	残存率	残存数1以上のみ検定 43単位 危険率	
							1%	5%
	1-1	しまったと	1	4.1	0	0%		
	1-2	思ったが	2	2.2	0	0%		
	1-3	もう	3	7	0	0%		
	1-4	遅かった、という	4	4.3	0	0%		
	1-5	話を	5	3.2	0	0%		
	1-6	西洋学者の阿部勤也が	6	5.3	0	0%		
	1-7	書いていた。	7	1	0	0%		
	2-1	ドイツ人夫妻に	8	7	1	20%	少	少
*	2-2	夫婦茶碗を	9	7	5	100%	多	多
	2-3	贈った	10	3.2	1	20%	少	少
	2-4	思い出である。	11	1	1	20%	少	少
	3-1	大小の茶碗を	12	7	1	20%	少	少
	3-2	前にした	13	3.2	0	0%		
	3-3	夫妻、	14	5.5	0	0%		
	3-4	奥さんが	15	5.3	0	0%		
	3-5	さっと	16	7	0	0%		
	3-6	大きい方を	17	7	0	0%		
	3-7	とって	18	2.2	0	0%		
	3-8	「これ、	19	5.5	0	0%		
	3-9	私の」。	20	4.4	0	0%		
	4-1	旦那は	21	5.1	0	0%		
	4-2	どうして？という	22	3.1	0	0%		
	4-3	顔で	23	2.1	0	0%		
	4-4	小さいほうを	24	7	0	0%		
	4-5	手に	25	7	0	0%		
	4-6	した――。	26	1	0	0%		
*	5-1	日本で	27	6.2	6	120%	多	多
*	5-2	当たり前のことが	28	5.3	2	40%	多	多
	5-3	いかに	29	7	1	20%	少	少
*	5-4	世界では	30	6.2+5.1	3	60%	多	多
*	5-5	理解されないか。	31	1	3	60%	多	多
	6-1	そんな例として	32	2.3	1	20%	少	少
	6-2	彼は	33	5.1	1	20%	少	少
	6-3	この話を	34	7	0	0%		
	6-4	ひいた。	35	1	0	0%		
	7-1	それでも、	36	8	0	0%		
	7-2	男と女は	37	5.1	1	20%	少	少
	7-3	体も	38	5.2	1	20%	少	少
	7-4	手の大きさも	39	5.2	2	40%	少	少
	7-5	違うし、	40	2.2	2	40%	少	少
	7-6	大小は	41	5.1	1	20%	少	少
	7-7	価値の差でなく	42	2.1	1	20%	少	少
*	7-8	細やかな	43	3.2	4	80%	多	多
*	7-9	美意識の反映なのだ、と	44	1+4.1	4	80%	多	多

表7-2 （続き）

1次元	2次元	3次元	文	中心文
Ⅰ．開始部	1.夫婦茶碗と男女差	1.2日本の男女差は世界に理解されない	7	⑦
Ⅱ．展開部	2．高校での差別	2.1説明できない男女差の例	8	❽
			9	
			10	⑩
		2.2筆者の驚きと学校の説明	11	⓫
			12	

206

必須単位	CU番号	X単位	CU番号	CU分類番号	残存数	残存率	残存数1以上のみ検定 43単位 危険率	
							1%	5%
	7-10	理屈を	45	7	1	20%	少	少
	7-11	言えば、	46	2.2	1	20%	少	少
	7-12	茶碗や箸のサイズについては	47	5.1	4	80%	少	少
*	7-13	外国人を	48	7	5	100%	多	多
*	7-14	説得できるかもしれない。	49	1	4	80%	多	多
	8-1	しかし、	50	8	1	20%	少	少
	8-2	どうにも	51	7	2	40%	少	少
*	8-3	説明できぬ	52	3.2	4	80%	少	少
*	8-4	男女の差が	53	5.3	11	220%	多	多
	8-5	ある。	54	1	3	60%	少	少
	9-1	昨年、	55	6.1	0	0%		
*	9-2	ある県立高校で	56	6.2	5	100%		
	9-3	体育館に	57	6.2	1	20%	少	少
	9-4	ペタリ	58	3.2	0	0%		
*	9-5	座る	59	3.2	6	120%	多	多
	9-6	360人の生徒を	60	7	0	0%		
	9-7	前に	61	7	0	0%		
	9-8	話を	62	7	0	0%		
	9-9	する	63	3.2	0	0%		
	9-10	機会が	64	5.3	0	0%		
	9-11	あった。	65	1	0	0%		
	10-1	演壇に	66	6.2	1	20%	少	少
	10-2	近い	67	3.2	1	20%	少	少
*	10-3	前が	68	5.3	3	60%	多	多
*	10-4	男子、	69	2.1+13	4	80%	多	多
*	10-5	後ろは	70	5.1	4	80%	多	多
*	10-6	女子と、	71	2.2	4	80%	多	多
	10-7	くっきり	72	3.2	0	0%		
	10-8	分かれている。	73	1	0	0%		
	11-1	高校生に	74	7	0	0%		
	11-2	なれば	75	2.2	0	0%		
	11-3	男子の方が	76	5.3	0	0%		
	11-4	体が	77	5.3	0	0%		
	11-5	大きいのに、と	78	4.1	0	0%		
	11-6	目を	79	7	0	0%		
	11-7	疑って	80	2.2	0	0%		
	11-8	先生に	81	7	0	0%		
	11-9	理由を	82	7	0	0%		
	11-10	尋ねると	83	2.2	0	0%		
	11-11	「そういうことに	84	7	0	0%		
	11-12	なっているものですから」。	85	2.2+4.4	0	0%		
	12-1	なるほど、	86	7	0	0%		
*	12-2	理屈のつけようは	87	5.1	4	80%	多	多
*	12-3	ないのだろう。	88	1	4	80%	多	多

表7-2　（続き）

1次元	2次元	3次元	文	中心文
Ⅲ．結論部	3．日本社会の矛盾	3.1社会では女性活用が求められている	13	❸
			14	⑭
			15	
		3.2安倍首相の女性活用政策	16	⓰
		3.3教育現場では差別が残っているという矛盾	17	⓱
			18	

必須単位	CU番号	X単位	CU番号	CU分類番号	残存数	残存率	残存数1以上のみ検定 43単位危険率 1%	残存数1以上のみ検定 43単位危険率 5%
	13-1	女性の国会議員が	89	5.3	0	0%		
	13-2	少ない。	90	1	0	0%		
	14-1	企業の管理職が	91	5.3	0	0%		
	14-2	少ない。	92	1	0	0%		
	15-1	そんな話題を	93	7	0	0%		
	15-2	日々	94	6.1	0	0%		
	15-3	聞く。	95	1+4.4	0	0%		
	16-1	安倍首相は	96	5.1	0	0%		
	16-2	きょう、	97	6.1	0	0%		
	16-3	上場企業は	98	5.1	0	0%		
	16-4	少なくとも	99	7	0	0%		
	16-5	1人は	100	5.1	0	0%		
	16-6	女性を	101	7	0	0%		
	16-7	役員に	102	7	0	0%		
	16-8	するよう	103	4.4	0	0%		
	16-9	経済界に	104	7	0	0%		
	16-10	求めるそうだ。	105	1+4.3	0	0%		
	17-1	なのに、	106	8	0	0%		
	17-2	高校で	107	6.2	0	0%		
＊	17-3	理由も	108	7	5	100%		
＊	17-4	ないまま	109	2.2	5	100%		
	17-5	男が	110	5.3	0	0%		
	17-6	女の前に	111	6.2	0	0%		
	17-7	座っている。	112	1	0	0%		
	18-1	簡単に	113	7	0	0%		
	18-2	ただせると	114	4.1	0	0%		
	18-3	思うが、	115	2.2	0	0%		
	18-4	副校長は	116	5.1	0	0%		
	18-5	「なぜか、	117	7	0	0%		
	18-6	そうなっているので」	118	2.2+4.4	1	20%	少	少
	18-7	ことしも	119	6.1	0	0%		
	18-8	変えぬという。	120	1+4.3	0	0%		

≪文章構造図の説明≫

（凡例１）「文の連接関係」（市川孝1978 参照）を示す記号は以下の8 種類である。
１.「主節」、２.「連用（従属節）」は次の８種類の連接関係で示す。
８.「接続表現」は各々の記号の箇所に置き換えて記す。
① ↓／→ 順接型（前の内容から当然予想される結果を後に述べる。）
② Z 逆接型（前の内容から予想されることに反する内容を後に述べる。）
③ ＋ 添加型（前の内容の同類のことや列挙を後に述べる。）
④ ↔ 対比型（前の内容と対照的なことや比較を伸びに述べる。）
⑤ ＝ 同列型（前の内容の反復や言い換えを後に述べる。）
⑥ ↑／← 補足型（前の内容の根拠付けや但し書きを後に述べる。）
⑦ →／↓ 転換型（前の内容から転じた別個の内容を後に述べる。）
⑧ ｜／－ 連鎖型（前の内容を直接説明する内容を後に述べる。）

（凡例２）「文の連接関係」以外の各種符号は次の通りである。

３.連体節＜ ＞	3.3 形式名詞節【 】	４.引用節［ ］
５.提題表現 T	６.状況表現 J	７.文副詞表現 B
９.独立表現 D	10.1 挿入表現 ＊ ＊	10.2 省略表現 ／ ／

10.3 その他の特殊表現＠ 並立関係（小）〔中〕{大}

（凡例３）X － X は、χ^2 の結果、優位に多く存在し、必須成分となる CU を示す。

（凡例４）文章構造の実線で囲んだ枠は「文段」のまとまりを示す。細線より太線のほうが、より規模や統括力の大きい文段を示す。

（凡例５）原則として、構造図の縦軸は論の展開が先へと進む文脈、横軸は論が停滞して、解説が深まる文脈の拡充を、それぞれ意味する。

図7-3　文章構造図の凡例(18)佐久間編（1994：61）より転載(19)

(18)　対比型の記号は、佐久間（2002）において「↔」に変更された。
(19)　佐久間編（1994：29）では、要約文の分析の単位として「残存認定単位（Z 単位）」が設定されている。これは CU の単位であり、厳密には分類方法が異なるが、今回は CU を残存認定単位と見なして作図した。凡例は、本調査に該当する部分を転載した。

　教材の論説文の文章構造は、まず、「Ⅰ.開始部」で夫婦茶碗を例に、日本には外国人には理解されない男女差が存在することが指摘されている。夫婦茶碗の場合はその理屈を説明することができるが、「Ⅱ.展開部」では、理屈を説明することのできない男女差が学校教育の場で行われていることが指摘されている。「Ⅲ.終了部」では、新たに安倍政権のアベノミクスの政策の話題をあげて、女性の社会進出が求められている環境の中で、学校教育の場には男女差が依然として残っていることが述べられている。段落一から四は「原文」の形式段落の番号を示すが、この文章は4つの形式段落が3文段から構成されている。

　表7-2論説文の「原文」の文段の構造、そして図7-2論説文の「原文」の文章構造図を参考に、「原文」の「必須単位」を用いて、授業中に筆者と学習者がともに構成図を作成した（図7-4）。その後学習者は、その文章構成図に基づいて要約文を書いた。学習者は、1回目の要約文を提出した後に、要約文の例を学生に示した。授業用の構成図と要約文の例は、次に示す。構成図には、CU番号も示す。

【要約例】
①日本で当たり前のことが世界で理解されないことがある。②夫婦茶碗や箸などのサイズの違いは、男女の手や体の大きさに対する細やかな美意識の反映といえば、外国人を説得できるだろう。③しかし、説明できない男女差がある。ある高校の体育館での男女の座り方のように、正当な理由がなく男が前、女が後ろであることは、理屈のつけようがない。④日本は女性の国会議員や企業の管理職が少ないため、安部首相は女性を活用するように経済界に要請する。⑤しかし、教育現場では男女の差が残っている。（227字）

テーマ：日本独自の男女差

I．開始部

2 - 2 P　7-11P
① 夫婦茶碗や箸
7 - 8　7 - 9
細やかな 美意識の反映とい
7 - 12 ～ 13
えば、外国人を説得できる
だろう

（しかし）
↔

II．展開部

9-2 p 、5p　すわりかた
② 学校での男女の座り方
10 - 3 ～ 4 p　10-6～8P
男が前、女がうしろ
11-1P～11-12P
正当な理由がない

III．終了部 →

16-1～10P　かつよう　けいざいかい　ようせい
③ 安倍首相は女性を活用するように経済界に要請する。しかし、
17-1P～17-7P　Z
教育現場には男女差が残っている。

文章構成図の凡例
テーマ：文章の内容を短い言葉でまとめた
丸囲み数字①～③は、要約文の数を示す。
図の（　）の中に、接続詞を想定して要約をまとめた。

図7-4　論説文の授業用の文章構成図

7.4.4　論説文の要約の分析

まず、佐久間編著（2010：211）にならい、今回の実践に参加した学習者5名（A、B、C、D、E）の要約文の「原文残存率」を算出した[20]。文の「縮小率」は25.6%、CUの縮小率は27.6%、1要約文の平均字数は31.8%であった。

---

(20)　要約分の残存認定は筆者1名が行なった。要約文における原文の「残存率」は、学習者（5名）に対する各CUの比率を示す。

表7-3　論説文の要約の傾向

要約文の被調査者数	原文	5名平均	A	B	C	D	E
原文の文	18文						
1要約文の平均文数		4.6文	3文	8文	5文	5文	2文
文の縮小率		25.6%	16.7%	44.4%	27.8%	27.8%	11.1%
段落数	4	2	1	2	3	1	1
原文のX単位のCU数	120						
1要約文のY単位数		35	28	47	41	35	24
CUの縮小率		29.2%	23.3%	39.2%	34.2%	29.2%	20.0%
原文の文字数	557						
1要約文の平均文字数		177.2字	151字	218字	194字	184字	139字
文字数の縮小率		31.8%	27.1%	39.1%	34.8%	33.0%	25.0%

　次に、要約文の内容について検討する。学習者が原文中の要点をまとめられているかどうかについて、佐久間編著（2010：225）の要約文の「理解類型」に従い、分析を試みた。学習者の要約文を「Ⅰ．開始部」「Ⅱ．展開部」「Ⅲ．終了部」という3種の大文段に分けて、その中に必須単位がどれぐらい残存しているかについて調べた。必須単位が学習者の要約文に残存すれば○、不十分ならば△、残存しなければ×として、3種の組み合わせにより、学習者の理解類型を分類した。

　論説文の理解類型を表にまとめると、大文段1「夫婦茶碗の男女差」、大文段2「高校での男女差」、大文段3「日本社会の矛盾」という3つの大文段に整理できた（表7-4）。これをもとに、学習者の理解類型を整理すると、「Ⅲ．終了部」が不十分なb型と、「Ⅰ．開始部」・「Ⅱ．展開部」・「Ⅲ．終了部」のすべてが不十分なe型という2つの型に分類できた。

　まず、「Ⅰ．開始部」、「Ⅱ．展開部」、「Ⅲ．終了部」がすべてそろったa型が存在しなかった。これは、教材の文章構造が学習者にとっ

表7-4　論説文の理解類型

大文段（1次元）		I. 開始部		II. 展開部		III. 終了部			要約者番号
		1		2		3			
中文段（2次元）		夫婦茶碗の男女差		高校での男女差		日本社会の矛盾			
小文段（3次元）		1.1	1.2	2.1	2.2	3.1	3.2	3.3	
b	開始部あり 展開部あり 終了部不十分	○		○		△			ABCD
e	開始部不十分 展開部不十分 終了部不十分	△		△		△			E

て理解が難しかったということを示している。学習者5名のうちの4名が作成したb型の要約文は、「I. 開始部」と「II. 展開部」はあるが、「III. 終了部」が不十分なものだった。「I. 開始部」の「夫婦茶碗に関する理屈のつく男女差の問題」と「II. 展開部」の「高校の男女の座り方」という「正当な理由のない男女差」に関する内容は理解しやすい。要約文の問題は、「III. 終了部」のまとめ方である。この文段は、小文段3.1で「日本女性の活躍が少ない」ことを指摘した上で、小文段3.2で「安倍首相が改革案を提案していること」を述べている。しめくくりの小文段3.3にはそのような状況があるにもかかわらず、「高校での男女差は変わらない」、という展開になっている。b型はアベノミクスの改革案を述べる小文段3.2が欠落している。e型は3つの文段の大意は把握しているが、内部の詳細な情報は省いてしまっており、必須単位が満たされておらず情報が不十分であると判断した。

　以下、学習者の具体例を検討する。

　b型の例として、学習者A〜Dの4名の要約文をあげる。「I. 開始部」、「II. 展開部」の必須単位は満たしている。また「III. 終了部」の必須単位である「日本では女性の活用が必要だ」ということは書いてあるが、学習者A・B・Dの要約にはそれに向けて政治的

な改革が行われている、という点が欠落している。「Ⅲ.終了部」の要約部分に下線を引いて示す。

学習者Aの要約文

1．①男女差の例として、夫婦茶碗の大きさが違うが、細やかな美意識の反映といえば、外国人を説得できると思う。②しかし、高校での男女の座り方で、男が前、女が後ろという正当な理由がない例としては、外国人には説明できないだろう。③<u>日本で、女性の活躍が必要だが、教育現場では、理屈のない男女差が残っている。</u>

（ゴチックは学習者の原文を示す。下線は筆者による。行頭の算用数字は段落番号、丸囲みの数字は文番号を示す。）

学習者Bの要約文

1．①世界から理解されない日本の男女差は2つの面から説明された。②1つは、男女によって茶碗の大きさが違うということもある。③それは男と女が体も手も大きさも違うし、大小は価値の差でなく細やかな美意識の反映という理屈がある。④しかし、この日本で当たり前のことは外国人を説得できない場面もある。⑤2つめは、高校で、特に理由もなく男性が演壇に近いところに座る。女性が後ろに座ることだ。

2．⑥<u>グローバル化の中に、日本では女性もっと活躍が必要だ。⑦しかし、教育現場では理屈のない男女差が残っているそうだ。</u>

（ゴチックは学習者の原文を示す。下線は筆者による。行頭の算用数字は段落番号、丸囲みの数字は文番号を示す。）

学習者Dの要約文

1．①この文章は世界から理解されず〈理解されない〉日本の男女差である。②この文章のはひとつの例は〈この文章の例のひとつは〉夫

婦茶碗や箸のようなサイズの差、細やかな美意識の反映といえば、外国人を説得できる。③一方、ふたつ例は高校での男女の座り方男が前女が後ろ正当な理由がないと〈理由がなく〉並べている。④<u>しかしグローバル化の中で、日本で女性のもっと活躍が必要である。</u>⑤<u>だが、教育現場では理屈のない男女差が残っているという現状が存在している。</u>

（ゴチックは学習者の原文を示す。下線は筆者による。〈　〉は学習者の誤用への訂正例を示す。数字は段落番号、丸囲みの数字は文番号を示す。）

　もう1つのb型の学習者Cの要約文は、女性の社会進出のために政治的な改革が行われていることに触れらているが、社会で女性が必要とされていることに関する記述が不足している。また、意見文の結論として、「男女差はこのままでよいのか、日本の大きな課題である。」と述べているが、これは、「原文」の筆者の意見ではなく、学習者C個人の意見である。自分の意見を筆者の意見と混同させてしまっているという問題がある。

学習者Cの要約文

1．①日本で当たり前のことがいかに世界では理解されないか。②そんな例としてまず夫婦茶碗の例をあげた。③夫婦茶碗や箸のようなサイズの差、細やかな美意識の反映といえば、外国人を説得できる。

2．④一方で昨年にある高校での座り方、「男が前、女が後ろ」、正しい理由もなく、「そうなっているので」という話しは、どうにも説明できぬ男女差がある。

3．⑤<u>だが、現在の経済のグローバル化に向けて、改革を進めている時なのに、男女差はこのままでよいのかは、日本の大きな課題である。</u>

（ゴチックは学習者の原文を示す。下線は筆者による。行頭の算用数字は段落番号、丸囲みの数字は文番号を示す。）

「原文」は、「なのに、高校で理由もないまま男が女の前に座っている。簡単にただせると思うが、副校長は「なぜか、そうなっているので」ことしも変えぬという。」という、表現意図が直接表現されない暗示的な文章になっている。筆者の表現意図を明示的に述べようとして、学習者の解釈が加わり、原文とは大幅に異なる表現になってしまったと考えられる。このことは必ずしも悪いことではないと思われるが、筆者の主張が展開されている意見主張型の文において、どこまでの幅を認めるか、検討が必要である。

　Eの要約文（e型）は、他の学習者（b型）と異なり、「Ⅰ.開始部」の小文段1.1の内容を欠落させずに残存しており、この文章のテーマを簡潔にまとめている。しかし、その男女差の具体例の説明は詳しく述べずに、夫婦茶碗については「日本独自の男女差がある」、高校での座り方については「正当な理由がないの男女差もある」という文でまとめている。終了部のまとめ方については、b型と共通の問題があり、論説文の要約の難しさが認められる。

**　学習者Eの要約文**

1.　①この文章はドイツ夫妻に夫婦茶碗を贈った思い出に〈思い出は〉説明できるの〈説明できる〉<u>日本独自の男女差</u>があるが、高校での男女の座り方について正答な理由がないの〈理由がない〉<u>男女差</u>もある。これらの事情によって〈これらの事情はあるが〉グローバル化ので〈グローバル化の時代であるので〉日本で女性のもっと活躍が必要だが、教育現場では理屈のない男女差が残っているという現状があるだった〈現状があるのであった〉。
（ゴチックは学習者の原文を示す。下線は筆者による。〈　〉内は学習者の誤用の訂正例を示す。行頭の算用数字は段落番号、丸囲みの数字は文番号を示す。）

7.4.5　論説文に対する学習者の意見の分析

　日本文化の中に見られる男女差の問題についてクラスで意見交換を行ったところ、非常に活発な議論になった。学生は日本文化の問題に対してどのように捉えたのかについて、UNESCO（2015：15）の枠組みを用いて分析を行う。

　その内容については第3章で詳述したが、ここで再度それぞれのコア概念の定義をまとめると、表7-5のようになる。

　さらに UNESCO（2015）では、それぞれのコア概念の主要な学習成果について、表7-6のようにまとめている。

　学習者の意見の中にグローバルシティズンシップ教育のコア概念

表7-5　Core conceptual dimensions of global citizenship education
（グローバルシティズンシップ教育に関するコア概念）

Cognitive（認知）

To acquire knowledge, understanding and critical thinking about global, regional, national and local issues and the interconnectedness and interdependency of different countries and populations.

（世界と地域、国家と地域社会の問題に関する知識、理解、批判的思考と、様々な国や人々との関係性について学ぶこと）

Socio-emotional（共感・連帯）

To have a sense of belonging to a common humanity, sharing values and responsibilities, empathy, solidarity and respect for differences and diversity.

（多様性について人類としての共感、価値の共有、責任感、連帯と尊重の意識を持つこと）

Behavioural（行動）

To act effectively and responsibly at local, national and global levels for a more peaceful and sustainable world.

（平和で持続的な世界のために、地域、国家、グローバルレベルで効果的で責任ある行動をとること）

（UNESCO（2015：15）より引用。日本語訳は筆者による。）

の意識が、学習成果としてどのように関係しているか、表7-6の「認知」、「共感・連帯」、「行動」の３つの側面から分析し、結果を表7-7にまとめる。

　学習者の意見は、いずれも、男女差という問題を様々な問題と関連付けて考える【認知】領域、男女差から平等や不平等に関する人権意識という【共感・連帯】領域の問題、社会がどのように変わるべきかという【行動】領域の問題が述べられている。男性の立場から、学習者Ａは、「差別」ではなく「区別」が必要ではないかという筆者の主張とは異なる態度を示し、「差別」と「区別」の関連付けという【認知】に関する側面について述べている。その上で、男女差は完全になくすのは難しいが、男性と女性にはそれぞれにしか

表7-6　Key Learning outcomes
（主要な学習成果）

Cognitive（認知）
Learners acquire knowledge and understanding of local, national and global issues and the interconnectedness and interdependency of different countries and populations　（学習者が世界と地域、国家と地域社会の問題に関する知識、理解、批判的思考と、様々な国や人々との関係性について学ぶ）
Learners develop skills for critical thinking and analysis　（学習者が批判的思考や分析力を向上させる）
Socio-Emotional（共感・連帯）
Learners experience a sense of belonging to a common humanity, sharing values and responsibilities, based on human rights　（学習者が人権意識に基づき、人類としての共通性、価値と責任の共有を経験する）
Learners develop attitude of empathy, solidarity and respect for differences and diversity（学習者が多様性について共感、連帯、尊重の態度を育む）
Behavioural（行動）
Learners act effectively and responsibly at local, national and global levels for a more peaceful and sustainable world　（学習者がさらに平和で持続的な世界のために、地域、国家、グローバルレベルで効果的で責任ある行動をとる）
Learners develop motivation and willingness to take necessary actions　（学習者が必要な行動に対して主体的に行動する意欲を育む）

（UNESCO（2015：22）より引用。日本語訳は筆者による。）

表7-7　学習者の意見とグローバルシティズンシップの意識との関係（論説文）

学習者の意見 コア概念	コア概念
学習者A 私は男女差を全部なくすのが難しいと思うが、教育現場で、生徒たちに男女平等の考えを教えながら、差別化ではなく、区別が必要だと皆が納得できるようにしなければならない。必要な文化を保って、理屈のない文化を無くした方がいいと思う。皆お互いに理解ができれば、女性の活躍もしやすくなるし、会社にとって、使える人材も増えるだろう。やはり、男性しかできない仕事や女性しかできない仕事があると思って、女性の役割を最大限に発揮させるのは社会の進歩の中で、欠けてはいけないと思う。	【認知】【共感・連帯】【行動】 男女差を完全になくすのは難しい。差別ではなく、区別が必要だと述べている。
学習者B この文章を読った上で〈読んだうえで〉、私はやっぱり男女差をなくしたほうがいいと思う。なぜなら、現在の社会において、男女はほぼ同じ教育を受け男女は同じ教育を受けているのに、就職の時に、結婚・出産によって男女のている。それで就職の場面だけみると、女性が就職するとき、いつも結婚、妊娠などの原因で会社に拒ることがある〈拒まれることがある〉。女性の採用率が少なくなる。これは女性に対して不公平だと思う。しかも、女性の能力が男性より低いということは限らない。今の日本の女性の活躍が必要だと思う。	【認知】【共感・連帯】【行動】 男女は同じ教育を受けているのに、就職の時に、結婚・出産によって男女の不公平が生じていることを指摘している。能力に差はないので、男女差をなくした方がよいと述べている。
学習者C 確かに世界中では男女差が普遍的に存在すると思うが、日本だけの力は何もかわらない。日本の女性は外国女性の考え方を受けながら、もっと活躍していくほうがいいんじゃないでしょうか。	【認知】【共感・連帯】【行動】 男女差の問題は日本だけではなく世界で普遍的に存在することを述べた上で、日本の女性は日本人だけの考えでなく、外国の女性の考え方からも学んだほうが活躍できるのではないかと述べている。
学習者D それは女に対して、すごく不公平である。たとえば、教育産業や介護業界など女ならほうが仕事しやすいと思う。女の力も利用するべきではないか。	【認知】【共感・連帯】【行動】 日本社会の現状は女性にとって不公平なので、女性の力を生かせる業界で女性を活用するべきだと述べている。
学習者E これらのことについて私は男女差を重視する前に現象に対して正当な理由をちゃんと考えることがいち番重要のことと思います。無理に男生〈男性〉がかならず女生前にすわせないは〈女性の前に座らせないのは〉当然が〈当然であるが〉、アシア〈アジア〉の女性を無理やり欧米のようにおとこらしさにさせる〈男性らしくさせる〉必要もないと思います。	【認知】【共感・連帯】【行動】 男女差を重視する前に、差別という現象が起こっている理由を考えることが重要であると、筆者の主張から距離を置く姿勢をとっている。そして、アジアの女性を無理に欧米の女性のようにする必要はないと述べている。

（学習者の誤用等については、訂正せずに示す。）

できない仕事があるため、差別ではなく区別が必要ではないかと述べている。

　同じく男性の立場から、学習者Eは、差別を重視するのではなく、なぜその現象が起こっているのかの理由を考えることが重要だとしており、筆者の主張から距離を置いた批判的な見解が示されている。また、アジアと欧米の文化の違いを関連付け、無理にアジアの女性を欧米化する必要はないのではないかと述べている。

　学習者Cも、男女差の問題が日本だけではなく、世界中に普遍的に存在する問題であると指摘した上で、日本の女性は外国の女性から学んだ方がさらに活躍できると、日本と世界の関連付けを行っている。

　学習者Bと学習者Dは、男女差と就職の問題について関連付けて論じている。学習者Bは、男女が同じ教育を受けているのに、妊娠・結婚のために、女性が就職の面で不公平であることを述べている。能力は同じであるから、男女の差は無くしていくべきだと考えている。学習者Dも、就職の面で不公平なので、女性は女性の力を生かせる業界で活用するべきであると述べている。

　新聞のコラム欄は、「今」の現状と政策について、筆者の立場が明確に述べられているために、その意見に対して刺激を受けて、学習者も自分たちが今の日本で生きていく上で何が問題になっているのかについて、積極的に意見が交換できたのではないかと思われる。議論を深める上で、こういうコラムのような主張の明確な論説文を取り上げることは有意義であると思われる。その一方で、どこまでが筆者の意見で、どこからが学習者自身の意見なのかの区別に注意する必要がある。新聞記事のコラムを要約することは、その区別を練習する機会になるのではないかと考えられる。

7.5 授業分析のまとめ

　以上、「今」という時代を読み解き、表現する力を育成するために一連の授業活動を行ってきたが、学習者はどのように捉えていたのであろうか。2013年春学期の授業の最終回に、学習者に授業に関する半構造化インタビューを実施した。その結果から、本授業の効果と課題について考察する。

7.5.1 要約への理解

　要約の書き方については、学習者達は学期の最初と最後を比較すると、学習者Dは、「最初は難しかったと思いますが、だんだん慣れてきて、えー、要約の、なんだっけ、要約の、その方法、その方法、もだんだんわかってきて、だんだんやすくなったと思います。」という発言のように、最初は難しかったが、最後には「できる」という実感が持てたようである。

　要約のまとめ方についても、その過程についての意識化ができていた。学習者Eは、「要約の方法で、もう身についたと思います。文章の最初から最後までちゃんと、重要なポイントちゃんと、自分、自分に説明して、ちゃんと答えて、全部もれなくまとめる点は、一番重要なポイントと思います。」と述べ、文章全体から重要な点をもれなくまとめていくという意識は定着していたと考えられる。

　学習者Cは、要約のまとめ方について「まずは新聞全体読んで、とりあえずこの、テーマはなんですか、それと記事のデータとか、いろいろ、探して、その文の何を言いたいのか、ちゃんとまとめて、最後は自分の考えを、んー書くが、その要約がいいと思いま

す。」と述べていた。「最後に自分の意見を書く」という意見文の作成活動との混同が見られるが、要約活動として重要な文章のテーマと文章の情報との関係、そしてその意図を考えるということが意識化されているがわかる。

7.5.2　構成図の効果

次に、構成図の効果を確認するために、学習者に図を用いた文章の整理の方法について感想を尋ねたところ、学習者Aの「それは、やりやすかったです。例えば、この文章の一番言いたいことを中心として、どんどんいろいろ出て、内容はわかりやすくなると思います。」という発言から、要約文を作成する上では、文章構成図で内容を整理することが有効であったことも確認できた。また、学習者Aは図を用いて自分で文章を整理するだけでなく、「（友達と）やはり話すと、印象に残ると思います。」と述べ、クラスメートとの対話を通じて文章の理解が深まると述べていた。

さらに、学習者Bも、「みんなの意見、自分だけで考えると、なんかこのカゴの中に囲まれてるから、みんなの意見を聞くと、なんか色々な発想とか、それ、なんか自分にも勉強になります。あと、それ、マインドマップの使い方によって、文章をわかりやすく理解できると思う。」と述べており、構成図を書くだけでなく話し合う活動を組み合わせることも、話題との関係が理解しやすくなり、文章の理解を深める上で効果的であったことも確認できた。

その他の効果として学習者同士が力を合わせてまとめることへの充実感もあげられる。学習者Cは、「チームワークも、なんかその、力もにてきて、あと何だっけ、みんなの意見もいろいろだけど、そのまとめてから、ひとつの意見をまとめなければならないので、みんながんばって、その共通の意見をまとめて、とてもおもし

ろいと思います。」と述べていたが、文章構成図を作成して内容の
理解を図で視覚的に示すことによって、新聞記事の理解や考え方の
相違も明確になり、クラスで具体的な議論をすることができ、それ
が結果として新聞記事の内容を深く理解することにつながったと考
えられる。構成図を利用した活動は、内容理解と協働性の促進とい
う面で効果的だったことがわかる。

7.5.3 意見文の効果と課題

　要約文作成活動のほか、次の学習者Bのように、新聞記事の内容
によっては意見文を書くのが難しかったという意見もあった。学習
者Bは、「（意見文の書きやすさは）記事によって違うんじゃないです
か。なんか経済的に、なんか自分、あまり共感してないの文章に対
しては、意見あまり出てこないです。もし、自分の興味ある分野に
なると、意見も、なんか、わくわく出てくる。」と述べていた。こ
の発言から、新聞の内容を吟味すると同時に、今回は学習者の主体
性に任せて詳細な指導を行わなかった意見文の書き方についても、
他の形で練習をしていくことを検討する必要があると思われる。ま
た、学習者自身には直接関心や関係のない話題についても、広い視
野から検討し、問題意識が持てるように学習者の意識に働きかけて
いくことが必要だと思われる。

　一方、学習者Cのように今回の活動の中で意見文の発表が役に
立ったという意見もあった。学習者Cが、「みんなの前で、自分の
意見を話すのは、〈中略〉自分の意見、自分で日本語でまとめて、
みんなに聞かせて、それはすばらしいと思います。あまりそんな経
験がないので、とても、なんか、大切な経験だと思います。」と述
べていたように、皆の前で外国語である日本語で自分の意見を発
表するという経験は、学生にとって単に日本語の運用に慣れるとい

うだけでなく、学習者自身の自己形成の中で自信につながったのではないかと考えられる。

7.5.4　本実践の意義

　島（2005：165）は、市民として、アクターとして、社会に関わる上で必須である「自ら考えること」と「自ら行動を起こすこと」について、より実践的な方法を身につけていくことが重要であると述べている。今回の授業活動全体を振り返り、学生にどのような学びがあったかについて、国立教育政策研究所（2016）の学びのサイクルを用いて整理を行い、本実践と資質・能力との関係性を考える。

　授業活動は、新聞の読解を行い、その要約文の文章構成図を作成しながら考えた。そして、文章構成図と自分の意見も交えてクラスで発表し、議論をした後に、「要約意見文」にまとめるという活動であった。これは下書きと清書で同様の内容を 2 回で作成するようにした。

　その結果、資質・能力の面では、文章のジャンルを問わず、基礎力として、日本語の新聞記事の読解と要約、そして意見の作成を通じて日本語の語彙や文法などの運用能力を高めることができたのではないかと考えられる。次に、考える力として、文章を要約する過程で文章の意図や構造を分析する能力、また、授業での発表や意見交換を通じて他者との比較を行うことで、様々な解釈ができるようになるなど、視野の広がりと思考の柔軟性が育まれたのではないかと思われる。実践力としては、社会的な問題に対して自分の意見を他者の前で発表して議論をする力、そして、レポートを執筆する力という実践力を育成すると共に、日本語という留学生にとっては外国語でやり遂げるという経験から自信を得て、自己の成長にもつながることができたのではないかと考えられる。教科内容は、シラバ

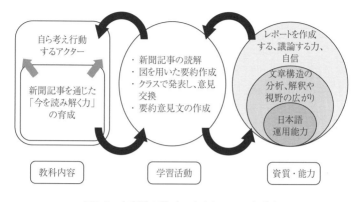

図7-5　本実践の学びのサイクルのつなぎ方

ス上は新聞記事を通して「今」の状況を読み解く力を育成すること
で日本語の運用能力を向上させることであった。しかし、それだけ
でなく、レポートの作成や発表活動の経験を積み重ねたことで日本
語の表現者としての自信の獲得や、他者との交流によるチームワー
クや多角的に物事を考える視野の広がりの重要性を学ぶことができ
たのではないかと考えられる。これらの学びのサイクルによって、
自ら考え、行動するアクターとしての基礎的な能力の育成に貢献で
きたのではないかと思われる。

　また、本実践の活動を UNESCO（2015）の GCED のコア概念か
ら検討する。GCED のコア概念として、地域・国家・世界の諸問
題に対する「Cognitive（認知）」、価値観と責任を分かち合える
「Socio-emotional（社会的共感）」、地域・国家・世界のレベルで効果
的で責任ある「Behavioural（行動）」の３つがあげられている。これ
らのコア概念から実践をまとめると、本実践の活動を通じて、現代
社会の課題とその課題を適切に表現する日本語を「認知」し、他者
と協力しながら議論し、考えるという「共感・連帯」という過程を
経て、現代社会の課題について自分の意見も交えて適切な日本語で

【行動】
現代社会の課題を他者と協力しながら考えることができる
現代社会の課題について、自分の意見も交えて適切な日本語で表現することができる

【共感・連帯】
現代社会の課題には、様々な意見があることに気づく

【認知】
現代社会の課題を知り、多角的に考えることができる
現代社会の課題を表現する、適切な日本語を考えることができる

図7-6　本実践と GCED のコア概念との関係

表現することができるという「行動」する力の育成につながっていたと考えることができる。

7.6　新聞記事を用いた要約教育の検証

7.6.1　研究目的

　前節まで日本語教育の授業実践における 5 名の中国人留学生を対象に新聞記事を用いた「要約意見文」の分析を行ってきた。5 名の分析から、本授業を通じて要約文を作成する力と共に、意見を考える思考力の向上が観察されたが、人数が少ないことから、その効果を検証するには、さらなる調査が必要である。また、市民教育としての有効性を考える際は、外国人留学生だけでなく、同じキャンパスに学ぶ日本人学生にとっても有効であるかについても検討する

必要がある。

　本節では、日本人大学生と外国人留学生を対象として実施した、新聞の文章の要約文調査の結果を比較する。また、同時に実施した要約に対する意識調査の結果についても分析し、大学学部生に対する要約文教育の意義について考察する。

7.6.2　調査方法

　今回の調査では、留学生を対象とした日本語の授業の実践でも使用した2013年４月19日付『日本経済新聞』朝刊「春秋　夫婦茶碗」という論説文の新聞コラムを用いた。このコラムを用いたのは、授業実践において留学生にとっては結論の読み取りが難しかった記事であったが、調査対象者数を増やしても同様の結果となるかどうかの検証の必要を感じたこと、またこの種の論説文は大学入学試験の小論文の課題としてもよく用いられるが、日本人学生がどれぐらい理解できるかを比較したいと考えたためである。佐久間編（1989, 1994）など一連の要約文の先行研究においても論説文が分析の対象となっており、先行研究との比較が可能なことも、その理由の１つである。

　調査は、文章を黙読した後、「文章構成図」を書いて内容を整理した後、「要約意見文」を作成するように指示した。外国人留学生に対しては、語彙リストを配布し、難しい語彙の理解を援助したほか、黙読後に、クラス全体で内容について意味の確認と簡単な解説を行った上で、要約と意見文を書くように指示をした。

　調査対象は、日本人大学生28名と外国人留学生30名の計58名である。外国人留学生の日本語のレベルは中上級レベルである。外国人留学生の母語は、中国語が23名、ベトナム語が４名、韓国語が１名、ウイグル語が１名、シンハラ語が１名の全30名であった。

調査は 2016 年 11 月から 12 月にかけて、Ｘ大学で実施した。

7.6.3　分析方法

　分析方法は、佐久間編著（2010）を参考に、「原文」の文章と調査対象者の要約文について、文章構造を「文段」に区切り、要約文の構造を「情報伝達単位（CU）」に分類して分析した。今回分析した内容は、①要約文の縮小率、②要約文における「原文」の残存率、③ CU の原文残存傾向から要約文の理解についてである。また、要約調査の後で、フェイスシートの作成と今回の要約活動に対する難易度、要約教育の必要性などに関する自由記述の意識調査も併せて行った。要約文の分析後に、学生の要約文に対する意識についても調査した。

7.6.4　要約文の縮小率の調査結果

　調査の結果について、まず今回の調査で使用した文章の要約文の例と、日本人学生と留学生の要約文の例をあげると、以下のようになる。
　今回の調査で使用した文章の要約例は、「7.5　論説文の分析結果」の授業実践であげたものを再掲する。「Ⅰ . 開始部」、「Ⅱ . 展開部」、「Ⅲ . 終了部」の 3 種の大文段から構成されており、「Ⅰ . 開始部」で日本社会に残る男女差があることについて夫婦茶碗を例に説明されている。「Ⅱ . 展開部」では日本に残る男女差の異なる側面について、ある高校の体育館での座り方を例に説明している。「Ⅲ . 終了部」では、政府の取り組みとして女性の活用が行われているものの、日本の学校教育の現場では男女差が残っているという筆者の主張をまとめることができる。

表7-8　要約文の例

Ⅰ．開始部 例1	日本で当たり前のことが世界で理解されないことがある。 夫婦茶碗や箸などのサイズの違いは、男女の手や体の大きさに対する細やかな美意識の反映といえば、外国人を説得できるだろう。
Ⅱ．展開部 例2	しかし、説明できない男女差がある。ある高校の体育館での男女の座り方のように、正当な理由がなく男が前、女が後ろであることは、理屈のつけようがない。
Ⅲ．終了部 主張	日本は女性の国会議員や企業の管理職が少ないため、安倍首相は女性を活用するように経済界に要請する。 しかし、教育現場では男女の差が残っている。

　次に、学生の要約について分析を行う。アルファベットNは日本人学生、Rは留学生であることを示す。日本人大学生の例では、N6の要約文をあげる。「Ⅰ．開始部」で日本には世界で理解されない男女差があることを指摘した上で、「Ⅱ．展開部」で高校の体育館での座り方を例としてあげて、「Ⅲ．終了部」で政府の取り組みを述べている。この内容を表7-16の要約文の例と比較すると、日本の男女差を表す事例が座り方のみになっている点、また政府の努力にもかかわらず学校教育の現場で男女差が残っているという筆者の指摘が不足している点が相違点としてあげられる。

表7-9　日本人大学生の例（N6）

Ⅰ．開始部	日本で当たり前のことが、世界では理解されない。なぜなら説明できぬ男女差があるからだ。
Ⅱ．展開部	昨年、ある高校の体育館で生徒を前に話をする機会があったが、演壇に近い前が男子、後ろが女子になっているそれを副校長は「なぜかそうなっている」と言った。理屈のつけようがないのだ。
Ⅲ．終了部	女性の国会議員が少ない。企業の管理職が少ない。そんな話題を日々聞くが、安倍首相は上場企業は少なくとも1人は女性を役員にするよう求めるそうだ。

　留学生の要約文の例では、R15をあげる。留学生の場合は、「Ⅰ．開始部」の夫婦茶碗の例、「Ⅱ．展開部」の高校の体育館での座り方の例、終了部では社会の中での男女差の例の3つの例が並列に取り上げられている構成となっている。要約例と比較すると、「Ⅰ．開始部」における日本には男女差が残っているという、この文章のテー

マが省かれてしまっており、また「Ⅲ. 終了部」では社会の中での
男女差の例をあげるのみにとどまっており、政府の努力にもかかわ
らず学校教育の現場には男女差が残っているという筆者の主張は、
省かれてしまっている点が異なっている。

表7-10　留学生の例（R15）

Ⅰ. 開始部	ドイツ人夫妻に夫婦茶碗を贈った思い出である。 男と女は体も手の大きさも違うし大小は価値の差でなく細やかな美意識の反映なのだ。
Ⅱ. 展開部	どうにも説明できぬ男女差がある。 昨年、ある高校で体育館にペタリ座る話をする機会があった。 演壇に近い前が男子、後ろは女子、とくっきり分かれている。
Ⅲ. 終了部	社会でも、女性の国会議員が少ない。企業の管理職が少ない。

　このような日本人学生と留学生の要約文の構造の違いについて、
まず要約文の縮小率から考える。佐久間編著（2010）にならい、要
約文の縮小率を算出すると、表7-11のようになった。日本人学生と
外国人学生の要約文を比較すると、1要約文あたりの平均文数、
縮小率、1要約文あたりのCUの数、CUの縮小率、1要約文あた
りの平均文字数、文字数の縮小率という、算出したすべての項目に
おいて留学生の数値の方が低くなっていた。以上のことから、留学
生の要約文の方がより短くまとめられていることがわかる。

表7-11　要約文の縮小率

	日本人学生	外国人留学生
1要約文の平均文数	5.7文	5.1文
文の縮小率	31.5%	28.1%
1要約文のY単位（CU）の数	41.3	36.7
CUの縮小率	27.0%	24.0%
1要約文の平均文字数	189.5字	164.2字
文字数の縮小率	25.8%	22.3%

7.6.5 CU の残存率の調査結果

次に、要約文に残存する原文中の各 CU の「残存数」の被調査者数に対する比率を示す、CU の「原文残存率」を算出した結果について述べる。

日本人大学生28名の要約文における CU 数の合計は954CU、留学生30名の要約文では合計868CU であった。日本人学生の要約文は50％以上の残存率の CU が398CU あり、全体の41.7％を占めている。一方、留学生の要約文は、50％以上の残存率の CU が291CU で全体の33.5％、また30〜49％の残存率の CU が320CU で全体の36.9％を占めるという結果となった。このことから、留学生の要約文の方がより残存率の分布が広いということがわかる。これは、留学生の方が残存する CU にばらつきがある、つまり、要約文で使用する「原文」の CU に個人差が大きいため、残存率の分布が広くなっているということができる。それに対して、日本人大学生の方は残存するCU に共通点が多い、すなわち、要約文に使用する原文の共通性が高いために、分布が狭くなっているということが明らかになった。

表7-12　CU の残存率の比較

CU 残存率	50％以上	30〜49％	10〜29％	1〜9％	0％	合計
日本人大学生	398	174	367	9	6	954
	41.7%	18.2%	38.5%	0.9%	0.6%	100.0%
留学生	291	320	198	49	10	868
	33.5%	36.9%	22.8%	5.6%	1.2%	100.0%

さらに、縮小率46％以上の「高残存率 CU[21]」について日本人大学生の結果と留学生の結果を表に示す（表7-13）。

---

(21)　佐久間編著（2010：212）では、残存率45％以上の CU を聴講残存率 CU としているが、本調査では残存率を計算した結果、この数値に近い46％を「高残存率 CU」とした。

表7-13　日本人大学生と留学生の高残存率 CU の比較

	CU番号	X 単位	日本人残存率		CU番号	X 単位	留学生残存率
開始部	5-1	日本で	75%	開始部	2-2	夫婦茶碗を	63%
	5-2	当たり前のことが	71%		2-3	贈った	47%
	5-3	世界では	71%		5-1	日本で	50%
	5-4	理解されないか。	64%		7-15	説得できるかもしれない。	47%
展開部	8-3	説明できぬ	64%	展開部	8-4	男女の差が	100%
	8-4	男女の差が	86%		8-5	ある。	67%
	8-5	ある。	64%		9-2	ある県立高校で	57%
	9-2	ある県立高校で	46%		9-5	座る	50%
	10-3	前が	50%		10-1	演壇に	57%
	10-4	男子、	61%		10-2	近い	47%
	10-5	後ろは	61%		10-3	前が	67%
	10-6	女子と、	61%		10-4	男子、	73%
	12-2	理屈のつけようは	57%		10-5	後ろは	60%
	12-3	ないのだろう。	57%		10-6	女子と、	67%
終了部	13-1	女性の国会議員が	50%	終了部	13-1	女性の国会議員が	77%
	14-1	企業の管理職が	46%		13-2	少ない。	70%
	14-2	少ない。	50%		14-1	企業の管理職が	57%
	16-1	安倍首相は	50%		14-2	少ない。	57%
	16-3	上場企業は	61%		16-10	求めるそうだ。	47%
	16-4	少なくとも	57%				
	16-5	1 人は	61%				
	16-6	女性を	64%				
	16-7	役員に	68%				
	16-8	するよう	57%				
	16-10	求めるそうだ。	61%				

　日本人学生と留学生を比較すると、「Ⅱ．展開部」は残存している CU に共通点が多く確認できる。8-4 の「男女の差が」、9-2「ある県立高校で」、10-3「前が」、10-4「男子、」、10-5「後ろは」、10-6「女子と、」という CU は残存率が 6 割以上であった。これら

のCUは日本に残る男女差を示す2つ目の具体例で、高校の体育館での座り方の男女差を示す部分であるが、男女差の説明として日本人にも留学生にも理解しやすい場面であったことも残存率の高い要因になっているのではないかと思われる。

　それに対して、「Ⅰ.開始部」と「Ⅲ.終了部」には、日本人大学生と留学生に残存しているCUに違いが見られる。「Ⅰ.開始部」については、日本人大学生は6割以上が5-1から5-5のCUを利用して、この記事のテーマである世界では理解されない日本の男女差をテーマとしてまとめている。ただし、テーマはまとめられているものの、「Ⅰ.開始部」であげられていた身体的な男女差を示す夫婦茶碗の例の残存率が低かった。この例は男女差ではあるものの、説明すれば世界からの理解を得られるものであるという例の1つで、「Ⅱ.展開部」で示される例と対比を示す役割を担うものであるが、それが欠けているため、文章全体の情報量が不足する結果となっている。一方、留学生は、夫婦茶碗を例にあげて男女差について触れてはいるが、夫婦茶碗のような身体的な男女差がこの文章のテーマではないため、「Ⅱ.展開部」で示される座り方に関する男女差へのつながりがあまりよくない結果となっている。これは留学生にとって、「Ⅰ.開始部」と「Ⅱ.展開部」の2つの事例との関係を踏まえながら「Ⅰ.開始部」の内容をまとめることが難しかったためだと考えられる。

　「Ⅲ.終了部」では、日本では女性国会議員や女性管理職が少ないことを示す、13-1、14-1、14-2については日本人学生と留学生の原文残存率が高くなっている。日本人大学生は16-1〜16-10で書かれている政府の対応までが「Ⅲ.終了部」に残存しているが、その後に書かれている筆者の主張については残存率が低かった。一方、留学生は、政府の対応と筆者の主張の2つの部分についてCUの残存率が低い結果となった。日本人学生、留学生ともに、「Ⅲ.終了

部」の具体例から筆者が何を主張したいかという、主題の読み取りには共に問題があると言える。

　CU の残存傾向から、日本人学生と留学生の問題点をまとめると、共に「Ⅰ. 開始部」と「Ⅲ. 終了部」に問題があり、(1)身体的な男女差と教育上の男女差という 2 つの例のまとめ方と関係性の把握が適切ではない、(2)筆者の主張の読み取りが十分ではない、という 2 つの問題点があることが確認された。

7.6.6　要約文の難易度に対する意識調査の結果

　日本人と留学生の比較調査では、要約文の比較のほか、要約文に対する意識の比較も行った。調査の内容は、①今回の文章の要約の難易度とその理由、②要約の必要性とその理由、について尋ねるというものであった。

　この文章の難易度については、「今回の「夫婦茶碗」の要約の難易度はどうでしたか。」という設問で、「とてもやさしい」「まあやさしい」「どちらでもない」「まあむずかしい」「とてもむずかしい」の 5 段階で選択する方式にした。日本人学生の回答では、「まあやさしい」という回答が18％、「まあむずかしい」と「とてもむずかしい」を合わせた回答が50％であった。留学生の回答は、「とてもやさしい」と「まあやさしい」を合わせて24％、「まあむずかしい」が33％という結果となった。両者を比較すると、日本人学生の方が全体的に難しいと感じる傾向が高かった。

　難易度に対する理由については、日本人大学生の回答は①「要約が苦手」、②「内容がわかりにくい」、③「内容がわかりやすい」、の 3 つに分けることができた。①「要約が苦手」であることについては、「日常生活で行わないため」、「要約が初めて」という意見があり、要約に対して不慣れなこと様子がわかる。また、②「内容が

表7-14　要約の難易度に対する意識調査の結果

	日本人大学生（%）		留学生（%）	
とてもやさしい	0	0%	2	7%
まあやさしい	5	18%	5	17%
どちらでもない	8	29%	13	43%
まあむずかしい	13	46%	10	33%
とてもむずかしい	1	4%	0	0%
無回答	1	4%	0	0%
合計	28	100%	30	100%

わかりにくい」という意見については、「何がいいたいのが分かりにくかった」「例えの話が多かった」「説明できぬ男女格差に対して対策が書いていない気がする。」「男女格差の問題なのかが良く分からなかった。」などの意見が見られるように、筆者の意図が読み取りにくいことが述べられていた。

　日本人学生の要約文についても、「Ⅲ. 終了部」の筆者の主張を述べている部分が省かれているという傾向があったが、これはこの文章の意図が読み取りにくかったためであることがこれらのコメントからもわかる。また、「文が長い」という意見もあり、文章読解が不慣れであることも改めて確認された。一方、③「内容がわかりやすい」という意見では、「男女差がわかりやすい。」、「内容がわかりやすい。」「難しい言葉もなく、情報量も少ないと思ったから。」のように、文章のテーマに対する親近感や、文章の読みやすさが指摘されていた。これは、日常生活の中でこのような問題意識や、文章の読解活動にある程度慣れており、要約活動に抵抗があまりないことがうかがわれる。

　留学生の回答から、要約の難易度に対する理由についても、①「要約が難しい」、②「内容がわかりにくい」、③「内容がわかりやすい」、の３つに大別される。①「要約が難しい」に関する意見を

表7-15　日本人大学生の要約の難易度に対する理由

①要約が苦手
要約を日常生活で行わない為。
文を読んで要約するのは初めてだったから。
要約が苦手だから。
要約を日常生活で行わない為。勉強したのはかなり前だし、自分自身も苦手。現在はケータイ等で言葉が出てくるので勉強しなおす事もなくなったから。
国語がそもそも苦手だから。
②内容がわかりにくい
何がいいたいことなのか分かりにくかった。
最初、内容が入ってこなかった。
説明できぬ男女差に対して対策が書いていない気がする。
例えの話が多かった。
なかなか理解出来なかった。
男女格差の問題なのかがよく分からなかった。
もとの文章が長いため、どこをピックアップすればよいか悩んだ。
文章が長かった。
要約の内容が考えづらかった。
内容の解釈がなかなか読解できなかったからです。
③内容がわかりやすい
男女差という問題がうまく伝わったから。
内容をイメージしやすかった。
難しい言葉もなく、情報量も少ないと思ったから。
わかりやすかったから。ぶんしょうが短い。

見ると、「要約は時間がかかる」、「理解できるがもとめて書けにくい。」のように、理解ができるが要約することが難しいということであった。日本人学生と比較すると、「日常生活で行っていない」や、「国語が苦手」のように、要約活動が全く自分と関係ないものと捉えている意見は見られなかった。次に、②「内容がわかりにくい」については、「理解しにくいです。」「文の内容が理解しかねる。」のように、文章の内容のわかりにくさを述べる意見があった。また、「読めないことばがあります。」「はじめて勉強してむずかしい

表7-16　留学生の要約の難易度に対する理由

①要約が難しい
要約よりは絶対時間がかかります。
文章理解図の作りは難しいです。
理解できるが、まとめて書けにくい。
全体的に内容はなんとなく分かりましたが、要約するのは難しかったからです。

②内容がわかりにくい
少し理解できない。
理解しにくいです。
文の内容が理解しかねる。
読めないことばがあります。
はじめて勉強して、ちょっとむずかしいです。
なかなか理解できない。
この文章はキーワードが多いすぎと思います。

③内容がわかりやすい
理解はできる。
意味がだいたいわかる。
文章は理解しやすい。難しいことばないから。
文章はわかりやすい。
筆者は例を通じて話題を引いた。読むとすぐわかる例で、筆者の意見がかなり理解できた。
大きさによって、男女の差別をすぐわかる。
あまり長く文章ではないから、言いたいこともしっかりわかります
今、皆さん2年級生だから、新聞記事がたくさん読んだわけです。だいたい日本に3年すんでるし、もうそんな日本語の水平がなければはずかしいよ。
この記事の中心思想は現代日本社会で関心する話題だから、文章をちゃんと理解できたら、要約はそうなに難しくないと思う

です。」「この文章はキーワードが多すぎと思います。」という意見
もあり、留学生には語彙の理解や内容の理解に時間が不足していた
ことが推測される。留学生にとっては、このような要約や内容の難
しさの指摘がある一方で、③「内容がわかりやすい」、という意見
も多く見られた。「今、皆さん2年級生だから、新聞記事がたくさ
ん読んだわけです。だいたい日本に3年すんでるし、もうそんな

日本語の水平がなければはずかしいよ。」という指摘があったが、文章の読解活動や、テーマの理解については、日本語の授業活動で読解や作文の活動がある留学生の方が慣れているような様子がうかがわれる。

7.6.7　要約の必要性に対する意識調査の結果

要約の必要性について、「あなたにとって、要約の技術は必要ですか。」という質問には「とても必要」「まあ必要」「どちらでもない」「あまり必要ではない」「全く必要ではない」という5段階で選択する形式で回答してもらった。その結果、以下のようになった。

表7-17　要約の必要性に対する意識調査の結果

	日本人大学生（%）		留学生（%）	
とても必要	8	29%	14	47%
まあ必要	13	46%	8	27%
どちらでもない	5	18%	4	13%
あまり必要ではない	1	4%	3	10%
全く必要ではない	0	0%	0	0%
無回答	1	4%	1	3%
合計	28	100%	30	100%

要約の必要性については、日本人学生が75%と留学生が74%と、「とても必要」「まあ必要」と答えており、共に要約の必要性を感じているという結果になった。「あまり必要でない」という意見は日本人学生が4%、留学生が10%であったが、「全く必要ではない」は日本人学生、留学生共になかった。

理由の内訳は、日本人学生は、①「文章の理解に役立つ」、②「コミュニケーション・スキルとして役立つ」、③「将来に役立つ」、④「不要」、の4つに大別される。

表7-18　日本人学生の要約に必要性に対する理由

①文章の理解に役立つ
文章を読むうえで必要だと思う。
文章を理解するためには必須だと思うから。
文章が分かりやすく、短くなるから。
文章を読んだ時にある程度内容を理解するために必要と考えるから。
新聞など、長い文章を読むとき要約できると内容が入ってきやすいから。
②コミュニケーション・スキルとして役立つ
資料や会話などから適格にポイントをしぼるのに必要ではないかと思ったので。
要約が簡単にできるようになると楽。
こまった時になにか使えそう。
使えたら色々なことにやくだつと思うから。
その出来事をあらためて理解することができる。人に見せることができる。
人に何かを伝える時、だいたい要約してると思うから。
相手と話をする上で必要なことだから。
生きていく上で必要だと思う。
仕事などの長文の添削などで必要なスキルや能力であると思ったからです。
とても必要。物事を整理するのに大切な能力だから
要約する事で相手に手短に用件を伝える事ができるし、時間短縮になると思うから。
言葉を理解する上で大切だと思う。
今後文章を読んで簡潔に頭の中で整理することは大切だと思うから。
②将来に役立つ
今後の社会にも必要だと思うから。
将来、役立つかもしれないから。
③不要
特に困らない。
どんな場面で要約するのかわからないから。
興味がないから。
先々使うか分からない。

　①「文章の理解に役立つ」という意見では、今回のような一定の文章を読んでまとめることを想定した意見をまとめた。これについては、「文章を読んだ時にある程度内容を理解するために必要と考えるから。」のように、文章の内容を理解する上で必要になることが述べられていた。

　次に、文章だけでなく、会話や出来事など、広くコミュニケーション上で一定の情報をまとめる活動としての必要性を述べている意見を②「コミュニケーション・スキルとして役立つ」としてまとめた。日本人学生の意見としては、これに関するものが最も多かった。コミュニケーション・スキルとしては、「人に何かを伝える時、だいたい要約してると思うから。」、「相手と話をする上で必要なことだから。」のように、自分だけではなく、相手が理解できるようにという視点が含まれていることに特徴が見られる。また、抽象的ではあるが、「こまった時になにか使えそう。」、「生きていく上で必要だと思う。」という意見もあり、社会生活での必要性が述べられていた。

　これは、島（2005：165）の指摘する市民としてアクターとして、社会に関わる上で必須である「自ら考える」と「自ら行動を起こす」能力に通じるものである。日本人学生は無意識ではあるもの、「市民」として要約の重要性を実感しているということができるのではないかと思われる。③「将来の役に立つ」については、特定の何に役立つのかは不明確ではあるが、広く社会生活での必要性が述べられている。一方、少数ではあるものの、④「不要」という意見もあった。「どんな場面で要約するのかわからないから。」、「先々使うか分からない。」という学生は、②のようなコミュニケーション・スキルとしての要約の活用が想像できなかったものと思われる。文章の要約にとどまらず、日常生活の様々なコミュニケーションと要約の関係性に気づくことができると、学生の捉え方も変わってくるのではないかと思われる。

　留学生のあげた要約が必要だと考えた理由は、以下の表7-28のようになるが、大別すると、①文章の理解に役立つ、②レポート・勉強に役立つ、③コミュニケーション・スキルとして役立つ、④将来に役に立つ、⑤不要、の 5 つにまとめられた。

表7-19　留学生の要約の必要性に対する理由

①文章の理解に役立つ
文章に理解しやすいと思う
文章を理解できるからこそ、要約を正しくまとめることである。
要約の技術はとても必要と思う。文章を読む時早めに文章中心を理解する。
文章の理解が深くなりました。
読解をやるとき、時間を節約するために要約の技術を掌握することが必要だと思う。
中心文を見つけると文章の理解にやすくなれるからです。
文から文中の要約を抽出することによる要約方法が必要と思います。
要約の技術が握把できれば、長い文章にあった骨をキャッチできる。したがって、何とか書いた人の言いたいことの理解ができると思うからだ。
文法とかわからないと意味がわかりにくい。
要約は日本人の考えをよく理解できる前提で書く文章である。
②レポート・勉強に役立つ
日本語を勉強するに役立つだと思います。
以後、輸文とかレポートに必要と思います。
要約は卒論以外には使う場合があまりないと思います。
レポート、授業のときよく使いますから。
日本語を勉強による要約の技術も大切だと思います。
④コミュニケーション・スキルとして役立つ
聞き手に分かりやすいため。
⑤将来に役に立つ
将来の生活中、要約の技術を使用することが必要がないかもしれません。しかし、さまざまな技術は手に入れるほうがいいです。
将来は、要約の技術を使用する。
日本で就職する上では要約のスキルが必要だと思う。
要約の技術が重要だと思う。
⑥不要
ただ文章を読んで理解ができればそれでいいと思います。

　留学生の意見には、①「文章の理解に役立つ」、というものが最も多かった。「中心文を見つけると文章の理解にやすくなれるからです。」のように、要約の方法を具体的に意識し、理解している学生もいた。また、「要約の技術が握把できれば、長い文章にあった

骨をキャッチできる。」という表現のように、留学生は要約の「技術」という言葉を多用していることに特徴があり、要約はある種独立した言語技術として捉えられていることがうかがわれた。文章や筆者の意図を理解するために要約が重要であるという意識は、非常に高いが、「文法とかわからないと意味がわかりにくい。」という意見のように、文章の内容の理解以前に文法や語彙の意味などを把握できるかどうかが別の問題として大きな課題であることも、日本人学生の要約の捉え方と異なる点であると言える。

　②「レポート・勉強に役立つ」、では、文章の理解にとどまらず、「レポート、授業のときよく使いますから。」のように、勉強やレポート作成に有効であるという意見をまとめた。「日本語を勉強するに役立つだと思います。」のように、要約により日本語の運用能力が上がるという意見もあった。その一方で、「要約は卒論以外には使う場合があまりないと思います。」という意見のように、日本人学生と比較すると、留学生は要約について「技術」として強く意識しているものの、文章を理解するための限定したスキルとして考えているようである。同様の傾向を示す事実として、③「コミュニケーション・スキルとして役立つ」についても、「聞き手にわかりやすいため。」という意見があったが、1例のみである。日本人大学生は、要約は「人にわかりやすく伝える表現」という観点から③コミュニケーション・スキルとしての認識を示す意見が多かったが、それと対照的な結果となった。④「将来に役立つ」については、「日本で就職する上では要約のスキルが必要だと思う。」をはじめとして、将来における重要性を指摘する意見があり、これは日本人学生にも指摘が多かった、社会参加をする上で、市民として要約の必要性に通じるものではないかと思われる。一方で、「将来の生活中、要約の技術を使用することが必要がないかもしれません。しかし、さまざまな技術は手に入れるほうがいいです。」のように、

生活の中で直接は必要がないが、技術として学んでおいた方がよいという意見もあり、留学生は要約を技術として捉える意識が非常に根強いことがうかがわれる。なお、留学生の回答では、要約は⑤「不要」という意見も1例あり、「ただ文章を読んで理解ができればそれでいいと思います。」という意見であった。

7.6.8 本調査のまとめ

　以上、日本人大学生と留学生の傾向をまとめると、留学生は要約の必要性を認識しているが、要約は文章理解のための「技術」、あるいは、レポート作成や日本語能力向上のための「技術」という意識が強いことがわかった。日本人学生と比較すると、日本人学生は要約をコミュニケーションの上の「伝達」という面で重視しているのに対し、留学生は「理解」という面で重視しているという異なる特徴が見られた。これを、グローバルシティズンシップ教育の観点から考えると、「理解」はグローバルシティズンシップ教育の「認知」的側面、「伝達」は「行動」的側面にあたるのではないかと思われる。要約という活動は、内容を理解して、整理し、再生産するという過程にある活動ではあるが、この過程はグローバルシティズンシップ教育の概念の「認知」を経て、「共感・連帯」し、「行動」へうつす、という流れとの類似が認められる。要約活動の過程をグローバルシティズンシップ教育の活動と組み合わせることにより、効果的な学習活動が立案し、実践できるのではないかと思われる。今回の意識調査では、日本人学生と留学生は、それぞれ要約の活動の中で重視する過程に違いが見られたが、学習活動を工夫することにより学生たちの視野を広げ、グローバルシティズンシップ教育の中で要約を効果的に活用できるのではないかと考えられる。

第 8 章

教養教育におけるグローバルシティズンシップ
教育実践の試み

8.1　はじめに―大学という多文化社会の課題

　日本の社会・経済のグローバル化が急速に進展する中で、世界から優秀な人材を集め、国際競争力の強化という観点から、2008年には「留学生30万人計画」が策定され、「2020年を目途に30万人とすることを目指す」という計画で、現在積極的な外国人留学生の受入れ推進策が進められている。また、アジア諸国の経済成長に伴い、アジア諸国からアメリカ、オーストラリア、ヨーロッパ、日本などで学ぶ海外留学熱も高まっている。

　外国人留学生が年々増加する大学・大学院では、外国人留学生の大学生活への適応支援と共に、日本人学生の海外留学の奨励や外国人留学生との交流の促進も大きな課題となっている。日本国内で外国人留学生が増加している一方で、日本人の若者の海外への関心が低く、また海外へ行くことに消極的であるという、いわゆる「内向き志向」の傾向があることが指摘されている[1]。政府は、外国人留学生の受入れ数と日本人学生の海外留学者数のアンバランスを解消し、日本国内のグローバル化をさらに促進するために、「日本再興戦略～JAPAN is BACK」（2013年6月14日閣議決定）において、東京オリンピック・パラリンピック競技大会が開催される2020年までに大学生の海外留学12万人（2010年時点で6万人）、高校生の海外留学6万人（2010年時点で3万人）へ倍増を目指している[2]。また、2014年度より新たに「官民協働海外留学支援制度～トビタテ！留学JAPAN 日本代表プログラム～」が創立され[3]、日本の大学、大学

（1）　太田（2014：1）
（2）　首相官邸（2013）「日本再興戦略 JAPAN is BACK」　http://www.kantei.
　　　go.jp/jp/singi/keizaisaisei/pdf/saikou_jpn.pdf（2022年5月31日最終閲覧）
（3）　文部科学省（2016a）「トビタテ！留学JAPAN」　http://www.tobitate.mext.

院、短期大学、高等専門学校、専修学校（専門課程）に在籍する日本人学生等を対象に、留学だけでなく、インターンシップやボランティア、フィールドワークなどの多様な活動を返金の必要のない給付型の奨学金で支援している。しかし、支援予定人数500名に対し、初年度の2015年度第1期には1,700人の応募者があったが、2015年度第2期には784人に激減し⁽⁴⁾、日本人の若者に対する海外体験の支援のあり方についても議論となっている。

　太田（2014）は、日本人学生の内向き志向を調査・分析した結果、その要因について、第1に学生の海外留学を評価しない雇用者の存在、第2に英語圏の有力大学が要求する英語力の高度化、第3に少ない海外留学に対する奨学金、第4にリスク回避と安全志向、第5に日本というコンフォート・ゾーンへの滞留、という5つをあげている。これに対して太田（2014）は、日本人の若者の意識は海外志向が強い層と弱い層に二極化しており、日本を取り巻く社会的・経済的状況が変化し、日本そのものが内向きになっていることが若者の行動志向・選択にも影響を与えているのではないかと述べ、グローバル人材育成に関する問題解決のためには、海外留学によるメリットを若者が実感できるような仕組みを作るべく、政府、実業界、教育界が一丸となって取り組む必要があると述べている。

　外国人留学生が増加する一方で、海外の事情に関心の低い、内向きな日本人学生の増加は、大学内の国際交流にも大きな影響を与えている。第6章でも検討したように、日本人学生の異文化への関

go.jp/（2016年6月16日閲覧、2022年5月31日最終閲覧）
（4）　文部科学省（2016b）「「官民協働海外留学支援制度〜トビタテ！留学JAPAN日本代表プログラム〜」の第2期応募状況及び支援企業・団体について」　http://www.mext.go.jp/a_menu/kokusai/tobitate/1353343.htm（2022年5月31日最終閲覧）

心の低さが外国人留学生と日本人学生の交流が困難な要因の1つとなっている。これに外国人留学生の日本語能力の低下も重なり、双方からコミュニケーションが生まれにくい状況が発生している。日本人学生も外国人留学生も、同様に同じ大学の一員であり、それぞれの存在を認め合い、大学への帰属意識を高めて国際交流を促進するためには、双方の意識を高め、大学さらには日本社会のアクターとしての自覚を育成していくことが重要であると思われる。

8.2 異文化理解教育に関する先行研究

外国人留学生が増加し、大学の国際化が進展するのに伴い、異文化摩擦の問題解決や、学生同士の国際交流を促進するための教育方法が現在、様々な方面で進められている。

加賀美・小松（2013）は、日本の留学生政策が、社会的基盤や理念が不十分なまま量的に増加し、質的向上について改善すべき課題が多いことを指摘している。また、留学生の環境整備と教育支援に関して、国際化拠点整備事業に選出された拠点校に対しては、多額の資金援助が投入されている反面、選出されなかった大学との間には、資金面においても留学生受入れ支援・教育等の整備においても格差が開いているという、大学間格差についても指摘している。加賀美編著（2013）は、このような政策の中で、今後も多くの大学において留学生の量的拡大が予測されるが、留学生の増加と定住化が、日本の大学コミュニティと地域社会におけるグローバル化と多文化共生にもたらす影響について考え、対策を立てていく必要性を論じている。加賀美（2006）、加賀美編著（2013）は、個人と、個人を取り巻く人々や環境的要因への働きかけとして教育的介入の必要性に触れ、教育的介入を、「一時的に不可避な異文化接触を設定す

ることで、組織と個人を刺激し、学生の意識の変容を試みる行為」
と定義している。大学の講義の中に異文化理解のための「シミュ
レーション・ゲーム」などを導入することや、「日本人学生と留学
生の交流授業の中での討論」「協同学習を促進させる参加型体験授
業」がその具体例としてあげられている。そのほか、加賀美・小松
（2013）では、お茶の水女子大学を例に、課外活動として留学生と交
流するサークルの設立や、日本人学生と留学生を含む学生同士が日
常的に支え合うピア・サポート組織の設立などによる、留学生支援
の方法についても述べている。

　日本人学生と留学生の交流は、日本語教員養成課程の授業として
も取り入れられている。石井・藤川・谷（2012）は、日本語教員養
成課程の4年次に在籍する教育実習生が、実習に参加する学習者
と協働を重視するプロジェクトワークを行うことによる意識の変容
を研究し、異なる言語文化を背景とする人々と協働的な活動をする
ことを通じて、多様な価値観や倫理、自己の価値観や枠組みを問い
直すことにつながると述べている。水野・ハリソン・高梨（2012）
は、神戸大学夏期日本語日本文化研修プログラムに参加する外国人
留学生の会話力の向上と生活支援を目的に、学生ボランティアを組
織し、参加した学生の意識の変容を調査している。ボランティア活
動を通じた異文化交流に対する意欲の強化、実体験による言語や文
化に対する知識の深化をあげている。

　川口（2014）は、教員養成課程を持つ大学において、教養科目と
して「国際社会と日本入門」の授業を通して、将来教員となる学生
の「外国人」または「多文化共生」に対する意識の育成を目指した
実践報告である。授業を通じて、外国人や留学生に関する知識を得
たり、ゲームによって実際にマイノリティーとマジョリティーの双
方の立場の体験をしたり、学生自身の中にあるマイノリティーとマ
ジョリティーの意識を自覚するなど、様々な「多文化共生」への

「気づき」につながる実践を分析している。

　北海道大学では、2013年度から「多文化交流科目」として、留学生と日本人学生が共に日本語を学ぶ、問題解決型の授業を体系化して取り組んでいる[5]。留学生は「一般日本語」の超上級科目として、また日本人学生は一般教養科目として、留学生・日本人学生の交流を科目として制度化している。異なる言語・文化・教育的背景を持つ学生同士の交流を通じて、グローバル社会で求められる汎用的能力（異文化への寛容さ、誤解を解決するための配慮や行動力、チームワーク力、コミュニケーション力、プレゼンテーション力等）を養成すると同時に、日本人学生の海外留学の奨励や促進につなげていくことも企図されている。

　留学生と日本人学生の交流を深め、国際交流や多文化共生に対する意識の向上に関する取り組みが行われているが、実践例としては日本語教員養成課程や日本語ボランティアの養成に参加する学生や、国際交流への意欲の高い日本人学生と日本語能力の高い外国人留学生に対する取り組みが多い。潜在能力の高い学生に対する教育のほか、国際交流への意識やコミュニケーション能力、外国語能力の低い日本人学生や、日本語能力の低い学生でも参加できる授業の方法を考えていくことも、大学大衆化・留学大衆化の時代において切実な課題となっている。先行研究の課題を踏まえ、8.3以降は、Ｘ大学の学生を対象にした実践について述べていくことにする。

（5）　北海道大学留学生センター（2014）「留学生と日本人学生がともに日本
　　　語で学ぶ「多文化交流科目」の創設」『北海道大学留学生センター紀要』
　　　第18号［特集］

8.3　本実践の目的と概要

　大衆化型大学でもある X 大学には、多様な学力、目的、心理状態の学生が存在するが、日本人学生と外国人留学生の両方を含め、様々な学生に対する国際交流への意識を高め、大学という多文化が共生するコミュニティでのアクターとしての自覚を促すことを目的に、筆者は一般教養科目において授業の実践を行った。その内容について検討を行う。

　X 大学には、幅広いリベラルアーツを学ぶという理解のもと、3 名の教員が授業を担当するオムニバス制で実施する、「リベラルアーツ入門」という科目が2014年度から必修科目として設置された。

　2015年度は18講座が開設されたが、今回の実践を行ったのはその中の「東アジアと日本」というテーマで開講された講座である。

　「東アジアと日本」という講座は、U 教員、V 教員、筆者の 3 名が担当した。U 教員は「東アジアにおける領土問題」、V 教員は「日本文化の源流」、そして筆者は、「東アジアと日本語」というテーマの下で授業を展開した。そのうち、筆者は「1．東アジアと日本語・日本語教育の歴史」、「2．東アジアの留学生政策と日本語」、「3．東アジアの経済協力関係と日本語」、「4．東アジアの文化交流と日本語」、「5．まとめ、確認テスト」の 5 回の授業を行うことになった。表8-1に、各回授業の主題と学習内容を示す。

　本講義を受講するクラスは、春学期 3 クラス、秋学期 3 クラスの計 6 クラスが設けられ、履修者数は、春学期と秋学期合わせて、のべ161名となった。

表8-1　リベラルアーツ入門「東アジアと日本」授業計画

回	担当	担当回	主題
1	筆者	第1回	〈東アジアと日本語〉 1．東アジアと日本語・日本語教育の歴史
2	筆者	第2回	〈東アジアと日本語〉 2．東アジアの留学生政策と日本語
3	筆者	第3回	〈東アジアと日本語〉 3．東アジアの経済協力関係と日本語
4	筆者	第4回	〈東アジアと日本語〉 4．東アジアの文化交流と日本語
5	筆者	第5回	〈東アジアと日本語〉 5．まとめ、確認テスト
6	V教員	第1回	〈日本文化の源流〉 1．天皇制と中国道教の要素
7	V教員	第2回	〈日本文化の源流〉 2．縄文農耕と水田稲作
8	V教員	第3回	〈日本文化の源流〉 3．法制の輸入過程
9	V教員	第4回	〈日本文化の源流〉 4．年中行事と輸入文化
10	V教員	第5回	〈日本文化の源流〉 5．時空を超えて
11	U教員	第1回	〈東アジアにおける領土問題〉 1．東アジアの地誌と社会経済の連携
12	U教員	第2回	〈東アジアにおける領土問題〉 2．領土・領海・領空をめぐる諸問題
13	U教員	第3回	〈東アジアにおける領土問題〉 3．中国における反日デモの背景
14	U教員	第4回	〈東アジアにおける領土問題〉 4．中国の海洋進出と外交問題
15	U教員	第5回	〈東アジアにおける領土問題〉 5．まとめ

8.4　本実践の指導方法

　加賀美（2006）、加賀美編著（2013）によれば、日本人と留学生の
交流を促進させるための教育的介入には、異文化理解のための「シ
ミュレーション・ゲーム」の導入や、「日本人学生と留学生の交流
授業の中での討論」、「協働学習を促進させる参加型体験授業」など
様々な形態が考えられるが、今回の授業では、講義を通じて「東ア
ジアと日本語」というテーマから国際理解を深め、「授業日誌」と
いう形式の振り返りシートを用いて、授業中に学生の記入した振り
返りシートの内容を紹介するという、緩やかな形で学生間の意見の
共有と内容理解を図った。その理由としては、日本人学生側に今ま
でに外国人と接する経験が全くなかったり、精神的に不安定で神経
質な学生も存在したりすることから、直接の交流ではなく、学生の
意見を一旦教員が回収し、その中から学生にフィードバックすると
いう間接的な交流の形式をとった。

　浅井（2012：118）は、異文化への偏見を低減させるモデルを紹介
しているが、その中の1つに「間接的接触モデル Indirect-contact
hypothesis（拡張接触仮説 Extended contact hypothesis）」がある。これは、
内集団成員に外集団に所属する友人がいると「知ること」、両者が
友好的に接する様子を「見聞きすること」の有効性を指摘したも
のである。「友人の友人」の存在が、相手への偏見低減に影響を与
えるという、この知見は、集団間の直接的な接触が困難な状況に
あっても、集団を超えた良好な関係を形成しうることを示唆してい
るが、X大学のような異文化交流の意義が学生間に意識化されてい
ない段階においては、このような緩やかな交流から開始する方法を
選択した。

　筆者担当の講義のテーマは、日本語をキーワードに、東アジアと

日本の関係について考え、グローバル化が進む中での日本の役割、また学生自身のあり方について考えることを目的に選定した。テーマを日本語にした理由は、第1に、専門の異なる様々な学部の学生が集まる中で共通性のある課題として、日本語はどの学生にとっても日常生活や大学生活を送る上で必要不可欠なものであり、いかに学習意欲のない学生でも何らかの関わりが持てるのではないかと考えたためである。第2に、外国語や海外の事象を直接紹介すると、外国語嫌いな学生や、外国人に対して偏見の強い学生が拒否反応を示す可能性があるが、自分自身に不可欠な日本語を介して関係性を考えることで、新たな視野が獲得できるのではないかと考えた。第3に、日本語の話題についても、日本語の構造や用法といったミクロの問題だけにとどまらず、外国人に対する日本語教育や、留学生政策や、「クールジャパン」戦略などの日本文化普及政策などのマクロな問題も扱うことにより、市民教育としての政治や経済的な問題についても関心が持てるようにした。最後に、マクロの話題の中で、留学、就職、サブカルチャー、ファッションなど、大学生活と深い関係のある話題についても積極的に取り上げ、大学生がアクターとして自分と社会との関係性について考えるきっかけが持てるように配慮した。

　第1回目の授業では、日本国内と海外の日本語学習者数の比較、日本語と東アジア諸言語の比較を行いながら、日本語の特徴について述べた。また、東アジア諸国の日本語教育の歴史を振り返り、東アジアにおける日本語の意味の変遷について考えた。

　第2回目の授業では、グローバル化の進行と共に、世界各国が留学生の獲得を競っているという背景を説明した後、X大学の留学制度と日本人留学生の送り出し、外国人留学生の受入れ、そして、日本全体の日本人留学生の送り出しと外国人留学生の受入れ数の比較をした後、日本の留学生政策について説明した。日本と東アジア

諸国、特に中国の留学生政策を概観した。

　第 3 回目の授業では、日本の在留外国人数と在留資格について説明した後、日本で働く外国人について、外国人ビジネスマン、外国人看護師・介護福祉士、外国人技能実習生を取り上げて雇用の問題と日本語教育の問題について考えた。

　第 4 回目の授業では、言語総生産（GLP）を用いた言語の価値について紹介した後、国際交流基金による日本語・日本文化普及活動、政府の「クールジャパン政策」をはじめとして、日本の情報を海外へ発信する取り組みについて説明した。コンテンツ・ファッション・デザイン・観光サービス・アニメ・漫画などの事例をみながら、文化交流と日本語との関係や日本語・日本文化普及活動の課題について考えた。

　第 5 回目の授業では、4 回の授業の内容を復習した後、「東アジアと日本語」の講義のまとめとして、学生が将来国際交流をする手段には海外留学のほか、青年海外協力隊など国際協力機構（JICA）の活動や、国内外で日本語教員という立場から携わる方法も紹介した。

　その後、残りの時間（45 分）に確認テストを実施した。確認テストでは、1 〜 4 回までの授業内容に関する記号選択式の穴埋めテストと、300 字程度の記述問題を実施した。記述問題のテーマは「あなたが大学を卒業するとき、日本と東アジアの状況はどうなっていると予想しますか。その中で生きていくために、あなたは大学時代に何をしようと思いますか。あなたの考えを 300 字程度で自由に述べなさい。」というものである。記述のテーマは 1 週間前の第 4 回の授業時に予告し、事前に準備して臨めるようにした。確認テストの際は、授業中に配布した資料のほか、通信可能な電子機器（スマートフォン、携帯電話、PC、タブレット等）以外は持ち込み可とした。

各回の講義時間は90分間であるが、講義時間の終わりの15分程度の時間で「授業日誌」を作成させ、提出させた。授業日誌は、毎回の講義の主題に合わせてテーマを決め、学生の意見を記入するというものである。そのほか、授業に関する質問や要望があれば記入してもらった。学生の記録に対して、教員がコメントを記入し、次の講義の冒頭で、主な意見の紹介や補足説明などのフィードバックを行った後、学生に返却し、授業日誌の続きを書くようにした。各回の授業日誌のテーマは、表8-2の通りである。筆者の担当する最終回の授業では、それまでの1～5回までの講義を振り返り、学生自身の中で変わった点と変わらなかった点について記入してもらった。

表8-2　「東アジアと日本日誌のテーマ

回	「授業日誌」のテーマ
第1回	あなたにとって、「日本語」とは？
第2回	日本にもっと留学生が来るには？日本人がもっと留学するには？
第3回	グローバル化が進む中で、日本語を学ぶ・使用する価値は？ アジアの人々とコミュニケーションをするためには、何語がよいのか？
第4回	あなたが海外に発信したい日本語・日本文化は何ですか？その目的は？
第5回	1～5回までの内容を振り返り、変わった点、変わらなかった点を記入してください。

8.5　本実践の分析方法

8.5.1　本実践の分析の目的

　X大学の学生の国際理解を深めることを目的に行った「東アジアと日本語」の授業の効果を考察するために、学生は何を学び、どのような変容があったのかを考察する。また、多文化社会を生きるア

クターとして、どのような自覚が芽生えたのか、分析を行う。

8.5.2 本実践の分析対象

本講義は、春学期 3 クラス、秋学期 3 クラスの計 6 クラス設けられ、履修登録者数は春学期・秋学期合わせて全161名であるが、今回はこのうち 5 クラス[6]、94名[7]（日本人学生81名、留学生13名）を分析の対象とした。

8.5.3 本実践の分析方法

実践の分析は、⑴計量的な分析と、⑵質的な分析の 2 つの段階から実施した。

⑴計量的な分析では、受講生が授業の中で、何を考え、どのような学びがあったかについて、計量テキスト分析のためのフリーソフトウェア、KH Coder を使用して分析を行った。KH Coder については、概略を第 6 章で述べたが、本章の分析においても各回に学生の書いた授業日誌における自由記述の中から、頻出語の抽出と、抽出された語と語の共起ネットワーク分析を行い、その結果から学生の授業に対する意識の傾向について考察した。KH Coder は、第 6 章と同様に、Version2を使用した。分析するテキストは、2015年度（春・秋）に「リベラルアーツ入門」を受講した、日本人学生81名、留学生13名分を対象とした。

次に受講生の学びを詳しく分析するために、⑵質的な分析を行った。2015年度の「リベラルアーツ入門〈東アジアと日本語〉」受講

（ 6 ） 1 クラスは、学内行事による休講が発生し、授業回数が 1 回少なかったため除外した。

（ 7 ） 承諾書で研究用に授業日誌の使用をすることに同意してくれた学生の数

生のうち、秋学期の授業を受講した留学生13名、日本人大学生39名、合計52名を対象に、質的分析を行った。学生の授業最終回（第5回目）の「授業日誌」で、「1〜5回までの内容を振り返り、変わった点と変わらなかった点を記入してください。」というテーマで書かれた自由記述の感想を、内容ごとに区切った。ここからそれぞれの概念を川喜田（1967）のKJ法によって抽出・分類し、図式化を行った。質的分析には様々な研究方法があるが、今回実施した授業日誌における自由記述が5行前後とそれほど長くはないものの、対象とするデータが52名分と量がある程度あったため、短文ではあるが大量にあるデータの分類と傾向を把握する上で、KJ法による分析が適していると判断した。

8.6　結果・考察⑴　計量的にみた、学生の学びの特徴

8.6.1　日本人学生の計量的にみた、学びの特徴

　計量的な分析では、毎回の授業における学生のコメントから、学生の学びの特徴を分析した。学生のコメントは、日本人学生と留学生と分けて分析を行うこととした。まず日本人学生の結果から述べる。

　データは、学生の手書きによる授業日誌の内容を、学生の識別情報と共にMicrosoft社のExcelに入力した。学生の記述内容は、書かれた内容に忠実に入力したが、文末に句点のないものには句点を追加し、1文の区切りを明確にした。また、回答は1文を1行にまとめて表示するようにした。そのほか、明らかな誤字、脱字については訂正を行った。表記についても、漢字で書かれることが一般的な語が平仮名で表記されている場合については、漢字表記に改めた。

続いて、回答内容の部分を、テキストエディタである Microsoft 社のメモ帳にコピーし、KH Coder で読み込めるようにした。

　第 1 回の授業では、日本国内や世界の日本語学習者数、日本語の特徴、日本語教育の歴史を講義によって情報共有したのち、授業のまとめとして授業日誌に「あなたにとって日本語とは」という内容で自分の意見を記入してもらった。その結果を KH Coder で前処理を経て得られたデータ概要は、表8-3のようになった。

表8-3　データファイルの概要①：第 1 回感想「あなたにとって日本語とは」

総抽出語数	4,682
異なり語数	643
文の数	199

　データファイルに含まれる単語とその頻度を求めるため、KH Coder で頻出150語を抽出したところ、表8-4のようになった。

　抽出語彙を見ると、最も多い語は「日本語」（第 1 位）であり、次に「思う」（第 2 位）、「学ぶ」（第 3 位）、「人」（第 4 位）、「学習」（第 5 位）、「多い」（第 6 位）、「言葉」（第 7 位）、「日本」（第 8 位）、「考える」（第 9 位）、「驚く」（第10位）となっていた。「思う」、「考える」、「驚く」という思考や感情を表す動詞が含まれていることが特徴である。

　次に、これらの語彙がどの語彙と共に用いられていたのかという共起関係を可視化するために、阪上（2015）を参考にしながら、KH Coder の「共起ネットワーク」を作成する機能を利用した。共起ネットワークとは、ある単語が同じ文中でどの語彙と共に使用されているか、出現パターンの似通った語を線で結んだ図によって表現したものである。作図方法は、第 6 章と同様に、集計単位を「文」とした。次に、共起ネットワークを作成するための語の取捨選択を語の出現回数によって選択するが、抽出語の出現回数や異なり語数

表8-4　抽出語リスト①：第1回感想「あなたにとって日本語とは」

順位	抽出語	出現回数	順位	抽出語	出現回数	順位	抽出語	出現回数
1	日本語	161	48	重要	4	63	良い	3
2	思う	88	48	少ない	4	63	膠着	3
3	学ぶ	46	48	人数	4	103	アメリカ	2
4	人	35	48	生活	4	103	カタカナ	2
5	学習	28	48	他国	4	103	パラオ	2
6	多い	27	48	大切	4	103	ベトナム	2
7	言葉	24	48	普段	4	103	異なる	2
7	日本	24	48	部分	4	103	違う	2
9	考える	23	48	様々	4	103	印象	2
10	驚く	21	48	理由	4	103	会話	2
11	言語	20	48	歴史	4	103	楽しい	2
11	難しい	20	48	話	4	103	感情	2
11	日本人	20	63	アクセント	3	103	簡単	2
14	知る	19	63	意外	3	103	嬉しい	2
15	自分	16	63	覚える	3	103	気	2
16	外国	15	63	漢字	3	103	共通	2
16	使う	15	63	関係	3	103	教育	2
16	世界	15	63	関心	3	103	苦労	2
19	英語	14	63	教える	3	103	研究	2
20	勉強	13	63	軍事	3	103	古く	2
21	海外	12	63	経済	3	103	孤立	2
21	国	12	63	誇り	3	103	誇れる	2
23	授業	11	63	語	3	103	語尾	2
24	改めて	10	63	語学	3	103	公用	2
24	分かる	10	63	好き	3	103	今	2
26	たくさん	9	63	国外	3	103	今まで	2
26	感じる	9	63	今回	3	103	最初	2
26	話す	9	63	細かい	3	103	自身	2
29	国内	8	63	時代	3	103	手段	2
30	今日	7	63	受ける	3	103	集める	2
30	深い	7	63	小さい	3	103	出る	2
30	発音	7	63	新しい	3	103	初めて	2
30	必要	7	63	身近	3	103	助詞	2
34	アジア	6	63	生まれる	3	103	少し	2
34	一番	6	63	昔	3	103	場合	2
34	持つ	6	63	戦略	3	103	新	2
34	人々	6	63	素敵	3	103	人□	2
34	他	6	63	存在	3	103	正しい	2
34	伝える	6	63	知れる	3	103	素晴らしい	2
34	母国	6	63	特に	3	103	多く	2
41	コミュニケーション	5	63	特徴	3	103	大きい	2
41	意味	5	63	日常	3	103	大事	2
41	教師	5	63	美しい	3	103	沢山	2
41	興味	5	63	標準	3	103	地域	2
41	国語	5	63	普通	3	103	中国	2
41	数	5	63	分類	3	103	注目	2
41	魅力	5	63	聞く	3	103	独特	2
48	韓国	4	63	母	3	103	内容	2
48	言う	4	63	母語	3	103	納得	2
48	思い	4	63	予想	3	103	背景	2

の数が各回の学生の記述内容によって差が見られたため、「最小出現数」は KH Coder の作図機能で自動的に設定された語数を採用した。また、品詞による語の取捨選択は、標準設定のままとした。共起関係を図で示す際の描画数は標準設定の「60」とし、強い共起関係ほど太い線で、また出現数の多い語ほど大きい円で描画するように設定した。円の配置は重ならないように自動で調整するようにした。出現数が多い語ほど大きい円と、フォントで描画されている。

　語と語を結ぶ線が多くなった場合は、より重要な線を残すよう、「最小スパニング・ツリー（minimum spanning tree）」を選んで強調するようにした。また作図の際の色は白黒で表現するグレースケールとした。KH Coder では、ネットワーク構造の中でどの程度中心的な役割を果たしているかを色で示すことができるが（樋口 2014：157）、今回はグレースケールで作図を行ったため、語の中心性が高くなるほど濃い色に（黒っぽく）なっている。このような設定で共起ネットワークを作図すると、図8-1のようになった。

　授業における気づきとしては、「日本語」「思う」という語の出現回数が多く、共起ネットワークにおいても最も大きい円で描かれていることが特徴的である。日本語の特徴を表す語が抽出され、ネットワークにまとめられているが、濃い色の中心性を表す語として「初めて」「文法」「孤立」という語が見られた。「初めて」に関しては、「ベトナム」「中国」「韓国」「留学生」という語とつながっており、日本語を通してアジアの国からの留学生や、アジア諸国との関係について初めて気づいた、ということが特徴的な結果となっている。「文法」については、日本語の文法は、他の国とは孤立した異なるものであり、難しい言語である、と捉えていることが明らかになった。「日本語」という学生自身にとって最も身近で、普段何も考えずに使っている言葉から世界とのつながりを学生が感じたこと

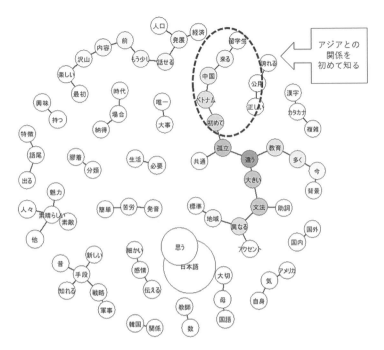

図8-1　共起ネットワーク①：第1回感想「あなたにとって日本語とは」

は、グローバルシティズンシップ教育として有効であったことがうかがわれる。

　第2回の授業では、日本の外国人留学生の受入れと、日本人の海外留学への送り出しに関する留学生政策、中国、韓国などの留学生政策にもふれた。まず、新聞記事をもとに世界各国が競争力を高めるために海外からの優秀な人材の確保に力を入れているということや、日本から海外に留学する留学生と、海外から日本に留学する外国人留学生数の比較を説明し、現状の確認を行った。次に、第二次世界大戦後を中心に日本の留学生政策の変遷をみながら、現在の

留学制度がどのように整えられていったかについて説明をした。また、日本のほか、中国と韓国の留学生政策を概観し、アジアにおいても国家の戦略として留学生政策が位置付けられており、留学生獲得競争が展開されていることについてもふれた。最後に、授業のまとめとして、「海外から留学生を増やすにはどうしたらよいか、また日本人留学生の海外留学を増やすにはどうしたらよいか」というテーマで授業日誌に感想を書かせた。

　第 2 回の感想を KH Coder で前処理を経て得られたデータ概要は、表8-5のようになった。今回の留学に関する授業内容は日本人大学生の関心が高く、 5 回の授業日誌の中で感想の文字数が初回の授業よりも多くなり、総抽出語数は5,547語となった。

表8-5　データファイルの概要②：第 2 回感想「留学生を増やすには」

総抽出語数	5,547
異なり語数	726
文の数	214

　表8-6に第 2 回の抽出語リスト、図8-2に第 2 回の感想の共起ネットワークを示す。今回の頻出語リストにおいても、「思う」（第 1 位）、「日本」（第 2 位）、「留学」（第 3 位）、「留学生」（第 4 位）、「日本人」（第 5 位）という語が上位を占めている。また、リストの上位にあがった動詞には、「来る」（第 6 位）、「増やす」（第10位）、「増える」（第12位）があり、学生が留学生の数については、増加していくイメージを抱いていることが推測される。

　抽出語リストで第 1 位から第 5 位の語彙は、共起ネットワークにおいても大きな円で描かれている。その他、共起ネットワークの特徴として、留学に対するイメージがある中で、中心性の強い「語」として「東京」「視野」という語を中心としたグループと、「言葉」「壁」「普及」という語を中心としたグループが形成された。

表8-6　抽出語リスト②：第2回感想「留学生を増やすには」

順位	抽出語	出現回数	順位	抽出語	出現回数	順位	抽出語	出現回数
1	思う	140	50	ベトナム	5	82	発展	3
2	日本	113	50	援助	5	82	分かる	3
3	留学	104	50	感じる	5	82	壁	3
4	留学生	85	50	関心	5	82	面	3
5	日本人	55	50	行う	5	82	目	3
6	来る	34	50	重要	5	82	力	3
7	海外	30	50	進む	5	107	イメージ	2
8	外国	29	50	政策	5	107	オリンピック	2
9	国	26	50	対策	5	107	グローバル	2
10	増やす	24	50	聞く	5	107	タダ	2
11	人	23	50	様々	5	107	ネット	2
12	多い	22	62	アメリカ	4	107	バイト	2
13	増える	21	62	ドイツ	4	107	マイナス	2
14	必要	19	62	一番	4	107	違う	2
15	考える	18	62	改善	4	107	印象	2
16	行く	17	62	学校	4	107	学習	2
17	興味	16	62	教育	4	107	観光	2
17	魅力	16	62	金銭	4	107	気	2
19	知る	14	62	経済	4	107	起きる	2
20	良い	13	62	言語	4	107	教える	2
21	アピール	12	62	作る	4	107	計画	2
22	お金	11	62	施設	4	107	見る	2
22	安全	11	62	初めて	4	107	呼びかける	2
22	英語	11	62	情報	4	107	語学	2
22	少ない	11	62	人数	4	107	行ける	2
22	文化	11	62	積極	4	107	高度	2
27	自分	10	62	他	4	107	国際	2
27	世界	10	62	入れる	4	107	国民	2
29	今	9	62	不安	4	107	子供	2
29	大事	9	62	無理	4	107	思いのほか	2
31	たくさん	8	62	流通経済大学	4	107	視野	2
31	学費	8	82	もう少し	3	107	自然	2
31	環境	8	82	意	3	107	社会	2
31	驚く	8	82	違い	3	107	授業	2
31	支援	8	82	関係	3	107	充実	2
31	持つ	8	82	共通	3	107	出る	2
31	少し	8	82	現代	3	107	順位	2
31	他国	8	82	言葉	3	107	書く	2
31	勉強	8	82	交流	3	107	小学校	2
40	学ぶ	7	82	向ける	3	107	場合	2
40	学べる	7	82	高める	3	107	触れる	2
40	学生	7	82	実際	3	107	人材	2
40	機会	7	82	取り入れる	3	107	数	2
40	制度	7	82	出す	3	107	生活	2
40	政府	7	82	色々	3	107	先	2
40	大学	7	82	人々	3	107	増加	2
47	受け入れる	6	82	宣伝	3	107	多様	2
47	伝える	6	82	全体	3	107	体験	2
47	問題	6	82	多く	3	107	待遇	2
50	グローバル	5	82	大切	3	107	大丈夫	2

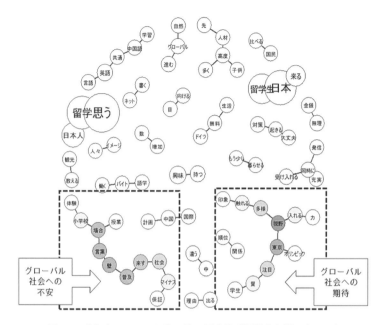

図8-2　共起ネットワーク②：第 2 回感想「留学生を増やすには」

「東京」「視野」という語のグループは、東京オリンピックが注目されることにより、多くの外国人が集まり多様な留学生を受け入れることで視野が広がるという、グローバル社会に対する期待を表現した記述を反映していると思われる。もう一方のグループは、言葉が壁となっており、留学の普及を阻んでいること、また「社会」と「マイナス」という語彙がつながっており、グローバル化が進むと社会にマイナスの影響があるというイメージを示していた。留学生が増えることに対し、プラスとマイナスの両面の捉え方があり、またグローバル化を悲観的に捉え、負の問題への懸念があることも明らかになった。

　第 3 回の授業では、日本の在留外国人数と在留資格について説

明した後、日本で働く外国人について、外国人ビジネスマン、外国人看護・介護福祉士、外国人技能実習生を取り上げて雇用の問題と日本語教育の問題について考えた。そして、グローバル化が進み、多国籍の人々と社会の中で共存をしていく上で、日本語はどれだけ使用する価値があるのか、について、授業日誌で感想を書くようにテーマを設定した。第3回の感想をKH Coderで前処理を経て得られたデータ概要は、表8-7のようになった。今回の授業日誌では、特に介護現場で働く外国人介護福祉士の存在に対する驚きや、日本文化や技術に対する誇りについての記述が多く見られ、学生の感想の総抽出語数は5,403語となった。

表8-7　データファイルの概要③：第3回感想「日本語を学ぶ価値とは」

総抽出語数	5,403
異なり語数	714
文の数	218

　表8-8に第3回の抽出語リスト、図8-3に第3回の感想の共起ネットワークを示す。抽出語リストにおいては、今回も「思う」の出現回数が第1位、第2位が「日本語」であることに変わりないが、第3位は「英語」であり、将来的に英語の必要性が高くなるという意識が表れている。英語に続き、「中国語」が第22位になり、日本人学生の中でも世界の共通語としての関心が高いことがわかる。
　共起ネットワークは、抽出語の結果からKH Coderの自動設定により最小出現語数は3語で作成した。共起ネットワークにおいても、「日本語」「思う」「英語」が大きな円で示されており、使用頻度が高いことがわかる。「日本語」は「日本」「学ぶ」「価値」「使用」とも結び付いており、グローバル化が進む中でも、日本においては使用価値が高いと考えられていることがわかる。一方で、「英語」は「アジア」「コミュニケーション」と結び付いており、アジ

表8-8　抽出語リスト③：第 3 回感想「日本語を学ぶ価値とは」

順位	抽出語	出現回数	順位	抽出語	出現回数	順位	抽出語	出現回数
1	思う	157	48	持つ	5	76	大いに	3
2	日本語	74	48	出る	5	76	大事	3
3	英語	68	48	少子	5	76	能力	3
4	外国	52	48	聞く	5	76	美しい	3
5	学ぶ	48	48	母国	5	76	文化	3
6	日本	48	48	来る	5	76	方々	3
7	アジア	42	48	労働	5	76	様々	3
8	価値	40	48	話せる	5	76	留学	3
9	コミュニケーション	32	59	改めて	4	76	話	3
9	人	32	59	興味	4	110	コミュニケーションツール	2
11	進む	25	59	見る	4	110	スタッフ	2
12	人々	23	59	国々	4	110	ビジネス	2
13	介護	22	59	今回	4	110	移民	2
13	使用	22	59	今日	4	110	違う	2
13	必要	22	59	増える	4	110	一つ	2
16	世界	21	59	他	4	110	過ごす	2
16	日本人	21	59	大変	4	110	覚える	2
18	グローバル化	20	59	賃金	4	110	学科	2
18	使う	20	59	発展	4	110	学校	2
20	言語	19	59	表現	4	110	感じ	2
21	国	18	59	不足	4	110	漢字	2
22	中国語	15	59	勉強	4	110	関係	2
23	知る	14	59	問題	4	110	韓国	2
23	良い	14	59	留学生	4	110	基本	2
25	共通	13	59	話す	4	110	技術	2
26	多い	13	76	お互い	3	110	教える	2
27	自分	12	76	それぞれ	3	110	業界	2
28	環境	10	76	安い	3	110	近い	2
29	考える	9	76	可能	3	110	苦労	2
30	一番	8	76	解決	3	110	研修	2
30	感じる	8	76	観光	3	110	見かける	2
30	経済	8	76	減少	3	110	謙譲	2
30	高齢	8	76	限る	3	110	減る	2
30	働く	8	76	雇用	3	110	現状	2
30	難しい	8	76	考え	3	110	雇う	2
30	福祉	8	76	高い	3	110	語学	2
37	今	7	76	国内	3	110	交流	2
37	在留	7	76	使える	3	110	効果	2
37	社会	7	76	資格	3	110	向ける	2
37	重要	7	76	受ける	3	110	好き	2
37	人□	7	76	授業	3	110	広める	2
42	企業	6	76	出来る	3	110	行く	2
42	驚く	6	76	少ない	3	110	講義	2
42	言葉	6	76	身	3	110	合わせる	2
42	公用	6	76	製品	3	110	最近	2
42	人材	6	76	前	3	110	作る	2
42	大切	6	76	相手	3	110	受け入れる	2
48	たくさん	5	76	増やす	3	110	周り	2
48	海外	5	76	他国	3	110	初めて	2
48	仕事	5	76	多く	3	110	助ける	2

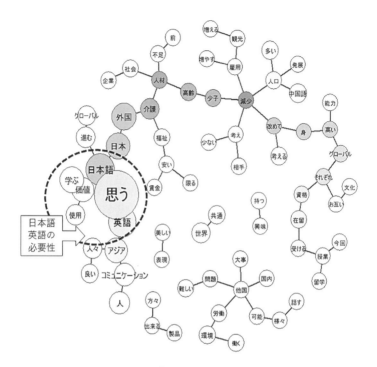

図8-3　共起ネットワーク③：第3回感想「日本語を学ぶ価値とは」

アにおいて広くコミュニケーションをするためには、「英語」が必要であると考えていることがわかる。その他、色の濃い、中心性の高い語のつながりを見ると、「外国」「介護」「人材」「高齢」「少子」「減少」という語の結び付きから、少子高齢化や人口減少が進む中で外国人材の受入れも必要だという認識があることがわかる。

　第4回目の授業では、「言語総生産（GLP）」を用いた言語の価値について紹介した後、国際交流基金による日本語・日本文化普及活動、政府の「クールジャパン政策」をはじめとする、日本の情報を海外へ発信する取り組みについて説明した。そして、授業日誌では

「あなたが海外に発信したい日本語・日本文化は何ですか？その目的は？」というテーマの感想を課題とした。

　第 4 回の感想の KH Coder で前処理を経て得られたデータ概要は、表8-9のようになった。今回の授業日誌では、アニメやマンガ、J-POP、J-ROCK など、学生に親しみやすい話題であり、第 3 回に続いて記述が多く、抽出語数も5,338語となった。また、5 回の授業日誌の中で異なり語数が844語と最も多く、個々の学生の使用語彙が多様であることがわかる。

表8-9　データファイルの概要④：第 4 回感想「発信したい日本文化」

総抽出語数	5,336
異なり語数	843
文の数	224

　表8-10に抽出語リスト、図8-4に第 4 回の感想の共起ネットワークを示す。

　その結果、特に発信したい文化として上位に入っていたものには、「アニメ」（第 7 位）、「マンガ」（第11位）、「おもてなし」「日本食」（第15位）、「日本人」（第21位）、「サブカルチャー」（第27位）、「ゲーム」（第32位）などがあった。上位には現代におけるサブカルチャーに関する語が多かったが、第39位以降は、「マナー」や「平和」、「茶道」といった、日本人の考え方や伝統文化に関する語も見られ、全体的には現代文化から伝統文化まで、学生の視点から様々な語彙があげられていた。

　共起ネットワークでは、最小語は 3 語で作成した。上位の「日本」（第 1 位）、「思う」（第 2 位）、「文化」（第 3 位）、「海外」（第 4 位）、「発信」（第 5 位）が大きい円で示され、その周りに「アニメ」「マンガ」をはじめ、発信したい日本文化が示されている。濃い色で示された中心性が高い語彙を中心に見ると、「感情」「意味」「美しい」

表8-10 抽出語リスト④：第4回感想「発信したい日本文化」

順位	抽出語	出現回数	順位	抽出語	出現回数	順位	抽出語	出現回数
1	日本	118	39	来る	5	75	心	3
2	思う	91	39	和食	5	75	人々	3
3	文化	66	53	たくさん	4	75	人気	3
4	海外	60	53	アピール	4	75	昔	3
5	発信	56	53	音楽	4	75	戦略	3
6	日本語	39	53	可能	4	75	相手	3
7	アニメ	32	53	学ぶ	4	75	着る	3
8	人	31	53	共通	4	75	着物	3
9	世界	26	53	教える	4	75	特に	3
10	知る	25	53	誇れる	4	75	美しい	3
11	マンガ	21	53	交流	4	75	普段	3
12	外国	17	53	好き	4	75	聞く	3
12	言葉	17	53	授業	4	75	方法	3
14	英語	16	53	少し	4	75	有名	3
15	おもてなし	10	53	食	4	75	料理	3
15	広める	10	53	食べ物	4	116	5・7・5	2
15	国	10	53	他	4	116	きゃり・ぱみゅぱみゅ	2
15	持つ	10	53	多く	4	116	この先	2
15	自分	10	53	茶道	4	116	イメージ	2
15	日本食	10	53	独自	4	116	インバウンド	2
21	興味	9	53	売れる	4	116	コスト	2
21	考える	9	53	発展	4	116	システム	2
21	多い	9	53	歴史	4	116	トイレ	2
21	日本人	9	53	話	4	116	ネット	2
21	良い	9	75	J-POP	3	116	バランス	2
26	感じる	8	75	ロックバンド	3	116	ファッション	2
27	サブカルチャー	7	75	安全	3	116	ファン	2
27	見る	7	75	意味	3	116	悪い	2
27	広まる	7	75	価値	3	116	違う	2
27	伝える	7	75	楽しむ	3	116	一つ	2
27	理由	7	75	活躍	3	116	歌舞伎	2
32	ゲーム	6	75	感情	3	116	学習	2
32	言う	6	75	関係	3	116	楽しい	2
32	高い	6	75	嬉しい	3	116	関心	2
32	使う	6	75	京都	3	116	関連	2
32	増える	6	75	敬語	3	116	含める	2
32	表現	6	75	経済	3	116	機会	2
32	目的	6	75	考え方	3	116	気持ち	2
39	KAWAII	5	75	行う	3	116	規制	2
39	クールジャパン	5	75	国内	3	116	起源	2
39	マナー	5	75	今	3	116	強い	2
39	技術	5	75	今回	3	116	驚く	2
39	言語	5	75	使い方	3	116	原語	2
39	今日	5	75	種類	3	116	現代	2
39	体験	5	75	重要	3	116	公用	2
39	大切	5	75	銃	3	116	効果	2
39	伝統	5	75	女性	3	116	広げる	2
39	比べる	5	75	少ない	3	116	合う	2
39	平和	5	75	色々	3	116	合わせる	2
39	勉強	5	75	食べる	3	116	今後	2

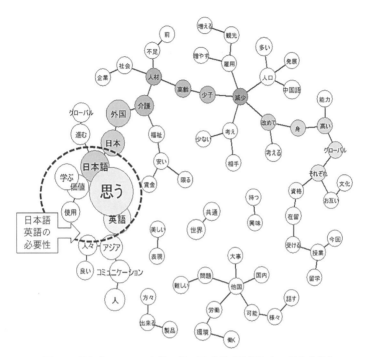

図8-4　共起ネットワーク④：第 4 回感想「発信したい日本文化」

など、日本語や日本文化、日本人の精神性の表現方法に関するものがつながっている。そのほかを見ると、「音楽」「J-POP」など若者の文化や、「クールジャパン」戦略に関するもの、「敬語」「料理」など普段の生活に関するもののほか、「平和」「考え方」「安全」という意識も、精神的な文化も海外に発信できる誇れる文化として意識されていることがわかった。

　第 5 回の授業では、4 回の授業の内容を復習したのち、「東アジアと日本語」の講義のまとめとして、学生が将来国際交流をする手段には、海外留学のほか、青年海外協力隊など JICA の活動や、国

内外で日本語教員という立場から携わる方法もあることを紹介した。その後、授業日誌の感想では 1 ～ 5 回までの内容を振り返り、学生自身が授業を通して変わった点、変わらなかった点を記入するように求めた。第 5 回の感想の KH Coder で前処理を経て得られたデータ概要は、表8-11のようになった。

表8-11　データファイルの概要⑤：第 5 回感想「1 ～ 5 回までの変化」

総抽出語数	5,216
異なり語数	676
文の数	235

　表8-12に抽出語リスト、図8-5に第 5 回の感想の共起ネットワークを示す。

　抽出語リストを見ると、「日本」（第 1 位）、「思う」（第 2 位）が上位であることは前回と変わらないが、続いて「授業」（第 4 位）、「知る」（第 5 位）が上位にあがっており、学生は授業から新しい情報を知った、と捉えていることがわかる。その内容としては、「外国」（第 5 位）、「海外」（第 6 位）、「日本語」（第 8 位）という海外の情報と日本語に関連する語があげられている。動詞を見ると、「知る」のほか、「学ぶ」（第 9 位）、「考える」（第 9 位）、「分かる」（第22位）という思考や学習に関する語彙があげられているのは、第 1 回目の授業の感想と共通点していた。

　共起ネットワークは、KH Coder の自動設定により、最小出現語数 5 語で作成した。その結果、出現回数の多い「日本」「思う」「授業」が大きな円で示されている。「日本」を中心に濃い色で描かれた中心性の高い語彙として「世界」「見る」「アジア」という語が結び付き、さらに、「持つ」「自分」「感じる」という語が続いており、学習内容と学生自身のつながりを示している。また、「日本」と「外国」、「知る」と「東アジア」「関係」「分かる」などとの語彙

表8-12　抽出語リスト⑤：第5回感想「1～5回までの変化」

順位	抽出語	出現回数	順位	抽出語	出現回数	順位	抽出語	出現回数
1	日本	90	50	感じる	5	99	お互い	2
2	思う	82	50	今後	5	99	お世話	2
3	授業	74	50	住む	5	99	すべて	2
4	知る	36	50	政策	5	99	イメージ	2
5	外国	29	50	生活	5	99	エリート	2
6	海外	27	50	内容	5	99	オリンピック	2
7	今	25	50	日本人	5	99	グローバル化	2
8	日本語	24	50	必要	5	99	リベラル	2
9	学ぶ	22	50	聞く	5	99	位置	2
9	考える	22	50	話	5	99	意味	2
9	自分	22	61	プリント	4	99	違う	2
9	文化	22	61	韓国	4	99	印象	2
13	世界	19	61	教える	4	99	永岡	2
14	興味	18	61	言う	4	99	価値	2
14	東アジア	18	61	交流	4	99	関	2
14	留学	18	61	好き	4	99	関わり	2
17	人	17	61	最後	4	99	関わる	2
17	留学生	17	61	使う	4	99	嬉しい	2
19	先生	16	61	視点	4	99	興味深い	2
20	勉強	14	61	出る	4	99	驚く	2
20	良い	14	61	深い	4	99	経済	2
22	分かる	13	61	積極	4	99	結構	2
23	テスト	12	61	難しい	4	99	見方	2
24	学べる	11	61	発信	4	99	現状	2
24	見る	11	61	普段	4	99	言葉	2
24	言語	11	76	グローバル	3	99	語学	2
24	受ける	11	76	悪い	3	99	行動	2
24	短い	11	76	以前	3	99	講義	2
29	関係	10	76	影響	3	99	国々	2
30	知れる	9	76	頑張る	3	99	国際観光学科	2
30	変わる	9	76	向ける	3	99	国民	2
32	楽しい	8	76	今回	3	99	最初	2
32	関心	8	76	今日	3	99	思える	2
32	行く	8	76	持てる	3	99	思わす	2
32	国	8	76	出来る	3	99	耳	2
32	持つ	8	76	詳しい	3	99	社会	2
32	少し	8	76	状況	3	99	手	2
38	改めて	7	76	色々	3	99	受け入れる	2
38	事	7	76	人々	3	99	初めて	2
38	増える	7	76	数	3	99	諸国	2
41	たくさん	6	76	多く	3	99	将来	2
41	アジア	6	76	大切	3	99	少ない	2
41	リベラルアーツ	6	76	入る	3	99	職業	2
41	一番	6	76	毎回	3	99	触れる	2
41	学習	6	76	目	3	99	人材	2
41	機会	6	76	来る	3	99	制度	2
41	考え	6	76	理解	3	99	生かす	2
41	多い	6	76	話す	3	99	前	2
41	様々	6	99	いつか	2	99	全体	2
50	英語	5	99	いろいろ	2	99	全部	2

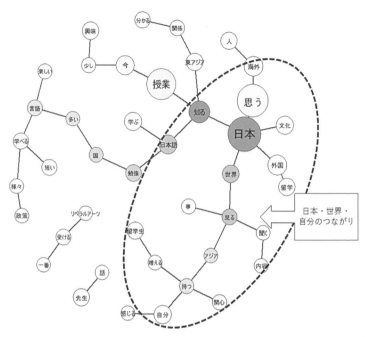

図8-5　共起ネットワーク⑤：第5回感想「1〜5回までの変化」

のつながりから、「日本」を知ることで「世界」や「東アジア」を
知る、という学生の視野の広がりを示していると考えられる。以上
のように、「日本」と「知る」、「日本語」と「知る」、さらにそれを
きっかけにしながら「世界」や「アジア」について発展して「自
分」という語と結び付いていることから、日本や日本語を通じて自
分を見つめ直すという本授業の目的が学生の間でも一定の理解を得
たのではないかと思われる。

8.6.2　留学生の計量的にみた、学びの特徴

　次に、同様の手順で、留学生の「授業日誌」を分析した結果についてまとめた。2015年度の「東アジアと日本」というリベラルアーツ入門の授業においては、留学生の履修が春・秋を通じて13名であり、日本人学生の約 8 分の 1 であった。そのため、日本人学生の結果と比べると、共起ネットワークの図の密度や、抽出語の語彙数がかなり少ない結果となった。

　第 1 回目の授業では、留学生にも日本人学生と同様に、日本国内や世界の日本語学習者数や日本語教育の現状と歴史、日本語の特徴について講義をした上で、授業日誌に「あなたにとって日本語とは？」という内容で自分の意見を記入してもらった。留学生の感想の第 1 回目の記述について、KH Coder で前処理を経て得られたデータ概要は、表8-13のようになった。

表8-13　データファイルの概要⑥：留学生第 1 回感想「あなたにとって日本語とは」

総抽出語数	406
異なり語数	139
文の数	30

　留学生のデータは、人数も少ない上に、記述量も少なかったため、総抽出語数は406語で日本人学生の約10分の 1 、異なり語数は139語で約 5 分の 1 、文の数も約 5 分 1 という結果なった。

　表8-14に第 1 回の抽出語リスト、図8-6に第 1 回の感想の共起ネットワークを示す。抽出語リストにおいては、最頻出語は「日本語」（第 1 位）、であり、次が「学ぶ」（第 2 位）、そして「思う」（第 3 位）という順にあり、日本人学生の結果と上位の語彙には共通性が見られた。

　共起ネットワークは、最小出現回数 2 語の設定で作成した。そ

表8-14 抽出語リスト⑥：留学生第1回感想「あなたにとって日本語とは」

順位	抽出語	出現回数	順位	抽出語	出現回数	順位	抽出語	出現回数
1	日本語	26	21	一部分	1	21	身	1
2	学ぶ	8	21	影響	1	21	人口	1
3	思う	7	21	音声	1	21	人数	1
4	学習	6	21	外国	1	21	数値	1
4	歴史	6	21	各国	1	21	生活	1
6	人	5	21	学校	1	21	台湾	1
6	多い	5	21	活	1	21	大国	1
6	日本	5	21	漢字	1	21	大変	1
9	勉強	4	21	関係	1	21	知る	1
10	教育	3	21	韓国	1	21	地域	1
10	今	3	21	芸術	1	21	中国人	1
10	世界	3	21	見る	1	21	東アジア	1
10	難しい	3	21	言語	1	21	道具	1
14	一つ	2	21	今日	1	21	特に	1
14	国	2	21	最初	1	21	特徴	1
14	世界中	2	21	使える	1	21	非常	1
14	中国	2	21	似る	1	21	微妙	1
14	発音	2	21	手段	1	21	美しい	1
14	分かる	2	21	授業	1	21	分割	1
14	分かる	2	21	初めて	1	21	分布	1
14	文法	2	21	書く	1	21	母語	1
21	たくさん	1	21	将来	1	21	来る	1
21	びっくり	1	21	少数	1	21	理解	1
21	レポート	1	21	上手	1	21	了解	1
21	一部	1	21	情況	1	21	練習	1

の結果、「日本語」が大きい円で描かれ、そこから「学ぶ」とつながり、さらに「学ぶ」から「世界」、「人」、「教育」、「歴史」と講義の内容を表す語彙とつながっていた。日本語を媒介として日本語や日本語教育に関連する事項や、世界との関係を学習する、という授業の内容が反映された形になっていると言える。また、「世界」という語が、「国」や留学生の母国である「中国」と結び付いていた。これは、授業で学んだ日本語教育の状況を中国の状況と比較しながら理解をしていることも示している。

　第2回目の授業では、日本とアジアの留学生政策について学習し、授業日誌では今後来る留学生を増やすにはどうすればよいか、また海外に留学する日本人学生を増やすにはどうすればよいかについて感想を書くようにした。留学生の感想の第2回目の記述につ

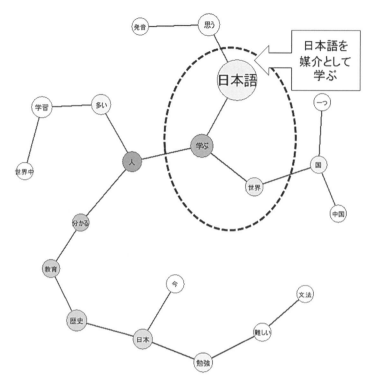

図8-6　共起ネットワーク⑥：留学生第 1 回感想「あなたにとって日本語とは」

いて、KH Coder で前処理を経て得られたデータ概要は、表8-15の
ようになった。

表8-15　データファイルの概要⑦：留学生第 2 回感想「留学生を増やすには」

総抽出語数	437
異なり語数	154
文の数	25

　表8-16に第 2 回の抽出語リスト、図8-7に第 2 回の感想の共起

表8-16　抽出語リスト⑦：留学生第2回感想「留学生を増やすには」

順位	抽出語	出現回数
1	日本	14
1	留学生	14
3	思う	12
4	来る	5
4	留学	5
6	支援	3
6	政策	3
6	文化	3
6	勉強	3
10	グローバル	2
10	違う	2
10	海外	2
10	行く	2
10	少ない	2
10	状況	2
10	世界	2
10	生活	2
10	増える	2
10	多い	2
10	知る	2
10	日本人	2
22	それぞれ	1
22	アメリカ	1
22	カネ	1
22	バイト	1

順位	抽出語	出現回数
22	ビザ	1
22	モノ	1
22	悪い	1
22	異なる	1
22	一番	1
22	外国	1
22	学習	1
22	学生	1
22	学費	1
22	活発	1
22	感じる	1
22	韓国	1
22	機会	1
22	居る	1
22	経済	1
22	計画	1
22	言葉	1
22	更新	1
22	高い	1
22	国	1
22	今	1
22	最初	1
22	残念	1
22	自分	1
22	就職	1

順位	抽出語	出現回数
21	身	1
22	習慣	1
22	出入り	1
22	情報	1
22	進む	1
22	人	1
22	人数	1
22	全然	1
22	体験	1
22	大切	1
22	中国	1
22	中国人	1
22	伝統	1
22	頭	1
22	二つ	1
22	背景	1
22	発展	1
22	伴う	1
22	判断	1
22	必要	1
22	万	1
22	目的	1
22	良い	1
22	話す	1

ネットワークを示す。

　抽出語リストを見ると、「日本」（第1位）、「留学生」（第1位）、「思う」（第3位）、「来る」（第4位）が上位にきており、日本人学生とほぼ同様の結果となった。

　共起ネットワークを最小選択語2語の設定で作成すると、図8-7ようになった。その結果、最頻出語の「日本」「思う」「留学生」が「来る」「グローバル」とつながっていた。さらに、「来る」は「支援」につながり、「支援」の先には「政策」と「生活」の2つの方向に語彙の広がりが見られた。これらのことから、留学生が来るためには政策的な「支援」と、日本の「グローバル化」の必要性を示していると考えられる。さらに、「生活」は「違う」「世界」「海外」「文化」とつながっており、日本と海外との文化的な違いを示して

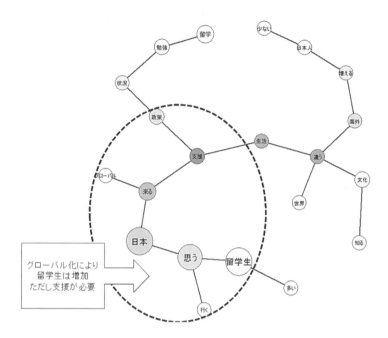

図8-7　共起ネットワーク⑦：留学生第 2 回感想「留学生を増やすには」

いる。留学生の感想においても、「外国人としてはもっと日本の伝統文化を知りたいです。ですから、留学のきっかけ、日本の文化をしっかり勉強したいと思います。」という意見と、「グローバル化とともに日本にもっと留学生が来ると思う。」という意見が見られた。日本文化の独自性の維持とグローバル化の推進という 2 つの要素は、相反する面がありつつも、留学生の意識に大きな影響を与える要素であり、「グローバル化」と「文化」のバランスをどのように保っていくかが、今後の留学生政策にも影響する大きな課題になってくると思われる。一方、日本人学生の留学については、「少ない」「日本人」「増える」「海外」という語とつながりが見られた。留学

生の日本人学生に関する記述は、日本人学生の留学の少なさに驚く
が、今後はグローバル化の進行に伴って増えるという意識が見られ
た。

　第3回では、日本で働く外国人について、外国人ビジネスマ
ン、外国人看護・介護福祉士、外国人技能実習生を例に雇用の問題
と日本語教育の問題について取り上げた。そして、授業日誌には
「グローバル化が進む中で、日本語を学ぶ・使用する価値とは」ど
の程度あるかについてテーマとして取り上げ、感想を求めた。留学
生の感想の第3回目の記述について、KH Coderで前処理を経て得
られたデータ概要は、表8-17のようになった。

表8-17　データファイルの概要⑧：留学生第3回感想「日本語を学ぶ価値とは」

総抽出語数	500
異なり語数	179
文の数	30

　留学生の授業日誌の中では、第3回の授業日誌の記述量が最も
多く、総抽出語数が500語となった。異なり語数も179語と最も多
くなった。

　表8-18に第3回の抽出語リスト、図8-8に第3回の感想の共起
ネットワークを示す。

　抽出語リストでは、留学生の意識では、特に「日本」（第1位）、
「経済」（第2位）、「アジア」（第5位）、「外国」（第3位）、「高齢」（第
3位）、「介護」（第7位）と言う語彙の頻出度が高く、少子高齢化と
介護の問題が強く意識されたことがわかる。

　共起ネットワークは、最小選択語数を2語として作成した。「日
本」「高齢」「経済」などの上位の頻出語が大きな円で作成されてい
る。次に、濃い色の円で作成された中心性の高い語彙を見ると、
「日本」と「高齢化」が結び付き、「高齢」から左側に「増える」「介

表8-18　抽出語リスト⑧：留学生第3回感想「日本語を学ぶ価値とは」

順位	抽出語	出現回数	順位	抽出語	出現回数	順位	抽出語	出現回数
1	日本	11	34	違う	1	34	乗る	1
2	経済	6	34	永住	1	34	深刻	1
3	アジア	5	34	介護スタッフ	1	34	人材	1
3	外国	5	34	回復	1	34	推測	1
3	高齢	5	34	開発	1	34	成立	1
3	思う	5	34	各種	1	34	政策	1
7	介護	4	34	学ぶ	1	34	政府	1
7	在留	4	34	韓国	1	34	生じる	1
7	多い	4	34	奇跡	1	34	生活	1
10	国際	3	34	激	1	34	争奪	1
10	資格	3	34	結果	1	34	多国	1
10	進める	3	34	建設	1	34	打ち出す	1
10	世界	3	34	言語	1	34	大戦	1
10	増える	3	34	国家	1	34	中心	1
10	非常	3	34	国民	1	34	中長期	1
16	グローバル化	2	34	今日	1	34	超える	1
16	一つ	2	34	困る	1	34	投資	1
16	英語	2	34	産業	1	34	東南アジア	1
16	確か	2	34	仕事	1	34	東北	1
16	協力	2	34	事実	1	34	働く	1
16	国	2	34	持つ	1	34	同時に	1
16	重要	2	34	自由	1	34	年々	1
16	少子	2	34	実務	1	34	発展	1
16	進む	2	34	主	1	34	伴う	1
16	人	2	34	主要	1	34	必要	1
16	成功	2	34	取る	1	34	福祉	1
16	成長	2	34	種類	1	34	壁	1
16	相互	2	34	受け入れる	1	34	勉強	1
16	中国	2	34	授業	1	34	貿易	1
16	日本語	2	34	需要	1	34	役に立つ	1
16	不足	2	34	就職	1	34	様々	1
16	理解	2	34	住む	1	34	用いる	1
16	留学生	2	34	諸国	1	34	養成	1
34	びっくり	1	34	将来	1	34	略称	1
34	レベル	1	34	少子化	1	34	力不足	1
34	移動	1	34	乗り出す	1	34	労働	1
34	維持	1						

護」「アジア」「経済」、右側に「少子」「進む」「グローバル化」と
伸びており、少子高齢化と介護の問題とグローバル化の進行が結び
付いて理解されていることがわかる。「経済」に対する関心も高
く、相互の経済成長には国際協力や国際理解が重要であるとの指摘
もあり、「成長」「理解」「協力」「相互」「国際」という語彙の結び
付きにも反映されていた。また、授業で在留資格に関する話題を取
り上げたが、「外国」「多い」「留学生」というつながりが見られる

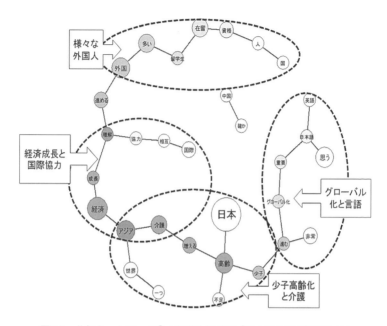

図8-8　共起ネットワーク⑧：留学生第3回「日本語を学ぶ価値とは」

ように、留学生以外にも様々な資格で日本に外国人が滞在している
ことに関する気づきも見られた。言語の問題については、「日本で
すんでと〈日本で住んでいると〉[8]、働くには日本語がもっとも重
要だなと思います。」のように、日本における日本語の重要性を指
摘する一方で、「将来日本で就職するつもりだ。グローバル化が進
む中で、日本語や英語を学ぶことが非常に必要だと思う。実務レベ
ルで仕事で英語を用いたほうがいい〈実務レベルの仕事では英語を用
いたほうがいい〉。」のように、日本においても言語の多様性が必要

（8）　〈　〉内は、留学生の発話で、そのままでは発話意図が理解しにくい部
　　　分を筆者が書き直したものである。

であるとの両方の指摘が見られた。また、「世界が一つになってて
〈なっていて〉、一つの言語だったらいいなと思いました。」という
意見もあった。日本では日本語、というこだわりは日本人学生より
は強くないものの、国際社会の問題を幅広く考えられたのではない
かと思われる。

　第4回の授業では、海外に発信したい日本語や日本文化につい
て考えた。政府の「クールジャパン」政策をはじめとする日本文化
を海外へ発信する取り組みとその問題点について考えた後、授業日
誌で「あなたが発信したい日本文化は何ですか？その目的は？」と
いうテーマで感想を書くようにした。留学生の感想の第4回目の
記述について、KH Coderで前処理を経て得られたデータ概要は、
表8-19のようになった。

表8-19　データファイルの概要⑨：留学生第4回感想「発信したい日本文化」

総抽出語数	431
異なり語数	154
文の数	28

　表8-20に第4回の抽出語リスト、図8-9に第4回の感想の共起
ネットワークを示す。

　抽出語リストを見ると、「日本」（第1位）、「文化」（第2位）、「思
う」（第3位）、「日本語」（第3位）、「アニメ」（第5位）の順となり、
日本人学生の順位とほぼ同じであった。具体的に発信したい文化と
しては、同様に「アニメ」の出現回数が高かった。「日本のアニメ
やマンガは世界中でとても有名で、海外からさまざまな人が日本に
来ました。」のように、アニメやマンガに対する親近感を示す意見
が多く見られた。

　共起ネットワークは、最小選択語数を2語として作成した。「日
本」と「文化」が大きな円で描かれ、「好き」とつながっており、

表8-20　抽出語リスト⑨：留学生第4回感想「発信したい日本文化」

順位	抽出語	出現回数	順位	抽出語	出現回数	順位	抽出語	出現回数
1	日本	24	24	ビジネス	1	24	世界中	1
2	文化	14	24	マナー	1	24	政治	1
3	思う	7	24	挨拶	1	24	生活	1
3	日本語	7	24	悪い	1	24	素晴らしい	1
5	アニメ	4	24	改めて	1	24	増える	1
5	海外	4	24	外国	1	24	多角	1
5	好き	4	24	獲得	1	24	多様	1
5	来る	4	24	学ぶ	1	24	投資	1
5	理解	4	24	学習	1	24	頭	1
10	国	3	24	活躍	1	24	難しい	1
10	世界	3	24	感情	1	24	日本食	1
12	クールジャパン	2	24	関係	1	24	認める	1
12	ファッション	2	24	関心	1	24	発信	1
12	マンガ	2	24	機関	1	24	反日	1
12	影響	2	24	交通	1	24	表現	1
12	歌舞伎	2	24	祭り	1	24	舞台	1
12	人	2	24	事業	1	24	分野	1
12	戦略	2	24	時間	1	24	法律	1
12	相撲	2	24	実施	1	24	豊か	1
12	知る	2	24	受ける	1	24	摩擦	1
12	伝統	2	24	需要	1	24	魅力	1
12	普及	2	24	詳しい	1	24	有名	1
12	勉強	2	24	新しい	1	24	様々	1
24	さまざま	1	24	真当	1	24	留学	1
24	アジア	1	24	進める	1	24	礼儀	1
24	グローバル	1	24	人々	1	24	話す	1
24	グローバル	1	24	推薦	1			

　留学生は日本文化を好意的に捉えていることがわかる。アニメとマンガ以外の、その他の発信したい文化としては、「ファッション」や「日本語」が「世界」という語と結び付いており、高い関心が見られた。「日本語」については、「日本語から日本文化への関心と理解になって日本は世界への舞台に活躍していく。」という意見のように、「日本語」と「日本文化」の密接なつながりを指摘する記述が見られた。現代の文化だけでなく、「歌舞伎」や「相撲」など「伝統」のある文化を重視する意見もあった。以上のように、概ね留学生は日本文化を好意的に捉えられているが、「アニメとマンガのために日本に来て人〈来た人〉、頭が悪いと思う。」のように、サブカルチャーに対する批判的な捉え方や、「反日感情・異文化摩擦

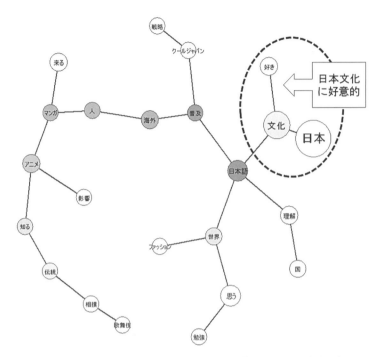

図8-9　共起ネットワーク⑨：留学生第 4 回「発信したい日本文化」

はまだあると思う。」という意見が示すように、日本文化のすべて
が無条件に受け入れられているわけではないこともわかった。これ
は、明らかに日本人学生とは異なる反応であるが、市民教育を通し
てこのような意見を共有し、建設的な議論を経て多様性への理解に
発展させていくことが極めて重要であると思われる。
　第 5 回の授業日誌では、 1 ～ 5 回までの内容を振り返り、変わっ
た点、変わらなかった点を記入してもらった。留学生の感想の第 5
回目の記述について、KH Coder で前処理を経て得られたデータ概
要は、表8-21のようになった。

表8-21　データファイルの概要⑩：留学生第５回感想「１〜５回までの変化」

総抽出語数	459
異なり語数	178
文の数	30

　今回のデータでは、総抽出語数は459語と、第４回に続いて２番目に多い語数となった。抽出語リストを見ると、「授業」（第１位）、「日本語」（第１位）、「日本」（第３位）、「知る」（第４位）、「勉強」（第４位）という語の出現回数が多くなった。この結果は、日本人学生の第５回の感想の抽出語リストの結果と類似した結果となった。

　表8-22に第５回の抽出語リスト、図8-10に第５回の感想の共起ネットワークを示す。

　共起ネットワークは、最小選択語２語で作成した。結果を見ると、「日本語」「知る」「勉強」「日本」という語が、大きな円で描かれ、また濃い色で表示されていることから、中心性が高いことを示している。まず、「勉強」「日本」「文化」という語のつながりから、この授業から「日本」や「日本文化」を学べたことがわかる。さらに、日本のことだけでなく、「努力」「政府」「影響」「世界」という語のつながりが見られたが、「この授業を受けて日本語が世界にあたえる影響、語学がGDPへの影響、国の経済状況によって留学生に対する対応や受入れの姿勢は大きく変わると私は思う。」という学生の記述のように、「日本語」と世界のつながりについての意識の広がったこともわかる。また、「日本語」と「授業」、そして「多く」「知る」「留学生」という語が結び付いており、授業から多くのことを学んだことが示唆されるが、「今後、日本語や日本文化がもっと多くの人が知られる、留学生の人数も増えると考えられます。」のように、日本語と日本文化のつながりや、それらと留学生とのつながりを再確認することになったようである。そのほか、「留学生の私が留学について勉強することによって、自分がしりそ

表8-22　抽出語リスト⑩：留学生第5回感想「1〜5回までの変化」

順位	抽出語	出現回数	順位	抽出語	出現回数	順位	抽出語	出現回数
1	授業	7	24	楽しみ	1	24	情報	1
1	日本語	7	24	頑張る	1	24	状況	1
3	日本	6	24	機会	1	24	人数	1
4	知る	5	24	機関	1	24	生活	1
4	勉強	5	24	気づく	1	24	設備	1
6	文化	4	24	挙げる	1	24	増える	1
6	留学生	4	24	許す	1	24	体験	1
8	いろいろ	3	24	教育	1	24	対応	1
8	思う	3	24	教材	1	24	大きい	1
10	いま	2	24	経済	1	24	知識	1
10	違う	2	24	原因	1	24	中国	1
10	影響	2	24	言葉	1	24	転がる	1
10	教える	2	24	語学	1	24	東アジア	1
10	教師	2	24	交流	1	24	熱心	1
10	今後	2	24	好き	1	24	抜ける	1
10	今日	2	24	考える	1	24	悲しい	1
10	人	2	24	考え方	1	24	飛び込む	1
10	世界	2	24	国	1	24	不十分	1
10	政府	2	24	国際	1	24	不足	1
10	先生	2	24	今	1	24	分かる	1
10	多く	2	24	最も	1	24	聞く	1
10	努力	2	24	最後	1	24	変わる	1
10	留学	2	24	姿勢	1	24	本当に	1
24	悪い	1	24	施設	1	24	面白い	1
24	永岡	1	24	資格	1	24	戻る	1
24	課題	1	24	自分	1	24	問題	1
24	海外	1	24	取る	1	24	来る	1
24	学ぶ	1	24	受ける	1	24	理解	1
24	学習	1	24	受け入れ	1	24	理屈	1
24	学生	1	24	習慣	1	24	話す	1
24	楽しい	1						

うだけど、知らないところを知ることができてよかった。」のように、留学そのものについても見直す機会になったのではないかと思われる。日本語から日本と世界のつながりを考え、また自分自身の振り返りにもつながったということで、留学生においても本授業の目的が学生の間でも一定の理解を得ることができたと思われる。

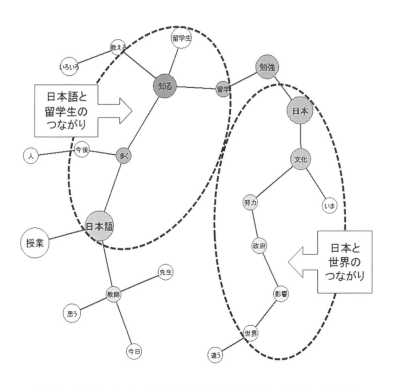

図8-10　共起ネットワーク⑩：留学生第5回感想「1〜5回までの変化」

8.7　結果・考察⑵　日本人学生の質的にみた、学びの特徴

　前節では、授業ごとにどのような学びがあったかについて、計量的に分析した。分析の結果から日本人学生と留学生は、5回の授業を通じて日本語を手がかりに日本と世界のつながりを考え、自分自身の見つめ直しにもつながる内省が得られたことがわかった。ただし計量的な分析では、抽出した語が文脈から切り離されて処理されることから、実際に学生が記述した語と語のつながりや、その語が使用された背景については記述の詳細がわかりにくい面がある。そこで、学習者の学びをより詳しく分析するために、授業最終回である第5回目の授業日誌を対象に、質的な分析を行った。対象としたのは2015年度「リベラルアーツ入門〈東アジアと日本語〉」受講生のうち、秋学期の授業を受講した日本人大学生が39名、留学生は春学期と秋学期の受講生を合わせた13名、合計52名である。主に秋学期の受講生を対象としたのは、基本的な講義内容は変わらないものの、担当者である筆者が春学期に比べ秋学期の方が講義に慣れ、指導方法も整ってきたため、総括として分析するのにより適していると判断したためである。学生の最終回（第5回目）の授業の「授業日誌」で、「1～5回までの内容を振り返り、変わった点と変わらなかった点を記入してください。」というテーマで書かれた自由記述の感想を、内容ごとに区切り、内容を川喜田（1967）のKJ法によって概念を抽出・分類し、図式化を行った。そして、本実践が市民教育、とりわけ世界との関わりを考える「グローバルシティズンシップ教育（Global Citizenship Education）」としてどのような成果があったのか、UNESCO（2015：22）の「Cognitive（認知）」、「Socio-Emotional（社会的共感）」、「Behavioural（行動）」というグローバルシティズンシップに関するコア概念から考える。本節では、ま

ず日本人学生の分析結果について述べ、次に留学生の分析について述べていく。

8.7.1　日本人学生の概念図

　日本人学生の学びに対する意識は、【日本・日本語を知る】【外国・外国人・外国語について知る】【日本と外国の関係について知る】に大きく3つに分類できた。具体的には、【日本・日本語を知る】は、〈外から見た日本〉〈日本の留学生政策〉〈日本の外交政策〉〈日本語教育の重要性〉〈これからの日本〉に分類できた。【日本と外国の関係について知る】には、〈東アジアと日本の関係〉〈国際交流の重要性〉があげられる。【外国・外国人・外国語について知る】については、〈外国の魅力〉〈東アジアのこと〉〈外国人留学生の存在〉〈外国人の存在〉〈日本語学習者の存在〉〈アジアと言語〉〈日本や海外の経済状況〉という項目があった。

　図8-11に、「東アジアと日本語」学びの概念図を示す。その後、学生の授業日誌の具体例をあげて分析する。

8.7.2　日本を知る

　学生の「授業日誌」の例を示しながら、学生の学びを分析する。学生のコメントに付した下線のうち、波線「＿＿」は学生の変化を、傍線「＿＿」は学びを、二重線「＿＿」は抱負を示している。学習者の後ろに付した番号と（　）内の番号は、学習者と学習者記述内容の整理番号を示す。

　この授業の目的の1つに、普段当たり前で考えもしない日本語について改めて見直すことで、日本や、日本と諸外国との関係、外国人の存在について学生に気づいてもらいたいという意図があっ

【日本・日本語を知る】	【外国・外国人・ 外国語について知る】	【日本と外国の 関係について知る】
〈外から見た日本〉 〈日本の留学生政策〉 〈日本の外交政策〉 〈日本語教育の重要性〉 〈これからの日本〉	〈外国の魅力〉 〈東アジアのこと〉 〈外国人留学生の存在〉 〈外国人の存在〉 〈日本語学習者の存在〉 〈アジアと言語〉 〈日本や海外の経済状況〉	〈東アジアと日本の関係〉 〈国際交流の重要性〉

変化

〈初めて知った〉
〈今まで考えたことがないことを考えた〉
〈意識が変わった〉
〈授業を受けても意識が変わらなかったこと〉

抱負

〈海外へ行きたい〉〈留学したい〉〈言語を学びたい〉
〈未来の自分を考える〉
〈留学生受け入れの手助けをしたい〉
〈異文化理解に努めたい〉
〈世界から情報収集をする〉

図8-11　「東アジアと日本語」日本人学生の学びの概念図

た。国内外の日本語学習者数や日本語学習者の誤用、日本語教育の
歴史など日本語教育の内容を日本人学生に伝えることは、日本人学
生の意識を変えるきっかけになったと考えられる。

　学習者73-5は、「今まで日本語について触れる機会がなかったこ
ともあり、正直まったく関心がありませんでした。しかしこの授業

を通してアジアをはじめとした海外諸国から見た日本や日本語について聞き、改めて日本と日本語の良いところや悪いところについて知ることで関心を持て、もっと詳しくしりたいと思いました。(73-5)」と述べ、学生は日本語に対して全く関心のない状態から、「海外諸国から見た日本語」を知ることで関心が深まったと述べている。

また、学習者73-10も、「日本に対する他国からの関心（日本語を勉強する人の多い国など）を知って、日本の立ち位置やそれに対する日本の意識について印象が変わった。自分も含め、日本人はもっと外への関心を持って文化や慣習の理解に努める必要があると感じた。(73-10)」と述べており、この学生も、日本語教育を通して、海外から日本に対する関心を知ることにより、日本についての意識が変わったことがうかがわれる。そして、この経験から異文化理解への必要性について考えを発展させている。

そのほか、学習者73-2は、日本語教師という存在も初めて知ったという学生の例である。学生は「日本語教師という職業をこの授業で初めて知った。外国人留学生を増やすため、安心して暮らす為に、この職業はとても大事だと思うし、国ももっと力を入れていくべきだし、そういう授業も大学などでやっていくべきだと思う。(73-2)」と述べ、留学生にとっての重要性に気づくと共に、国や大学といった政策決定にも言及するなど、社会構造の中で日本語教育を捉え直すという大きな社会の認識に対する変化が見られる。

「東アジアと日本語」の講義の中では、第2回目の授業で留学生政策について取り上げたが、留学生という同じ大学生という存在を通して、日本やアジアに対して興味を持ったり、深く考えたりするきっかけになったと考えられる。

学習者74-6は、「5回と短かったけど諸外国と関わりを持つための受け入れ制度や政策が様々あることを知れてよかったと思う。自分は留学するつもりはないが、受け入れる立場として何か手助けが

できないかと考えるようになり、新しいことを知ると今まで考えなかったことも考えるようになっていくので、少しでも興味や疑問に思ったことも調べて新たな考えを自分の中にたくわえていきたいと思った。(74-6)」と述べている。この学習者は、学習者自身の理解が深まっているのと同時に、「受け入れる立場として何か手助けができないかと考えるようになり」、と述べ、意識の段階から行動の段階へ思考が拡張していることも観察することができ、学生自身が多文化社会の中で役割参加をするアクターとしての自覚の芽生えが感じられる。

　また、留学生の存在を意識することで、自分の将来についても改めて考える機会になった学生も見られた。学習者74-12は、「普段の授業ではなかなか学ぶことのできないことを学びました。それと同時に、就職活動に対しても海外の人たちと戦う必要があると知り、もっとしっかり取り組もうと思いました。(74-12)」と述べ、グローバル化により、優秀な留学生を増やすだけでなく、大学卒業後に企業で働いてもらえるように留学生への就職活動支援が盛んになっているということに言及していると思われる。社会の中での留学生の存在と自分との関係に気づくことにより、さらに意欲的に勉強する必要性を感じたと考えられる。この学習者74-12についても、日本国内が今後多文化社会へと変化し、様々な社会的背景の人たちと共存していく上で、就職をして社会的生活を営むためには自らが自覚的に動いていかなければならないというアクターとしての意識が見られる。

8.7.3　外国・外国人・外国語を知る

　日本語と比較しながら他の言語との関係を考えることは、学生のこれからの大学生活の過ごし方や将来の進路についても考えるきっ

かけになったようである。学習者73-4は、「この授業は他の授業では学ぶことのできない、言語を通じての経済関係や教育について学べました。このような授業を受けたのは初めてで、とても興味をもて、楽しく学べる時間でした。これから社会へ出てから、色々な言語が必要だと改めて思ったので、言語学習をしっかりしていこうと思います。(73-4)」、学習者74-1は「今日までの5回の授業で今まではあまり考えたことのなかった外国人についてを学ぶことができました。日本人だけでなく外国人にとっても興味深い内容でした。そのうち、日本にももっと多くの外国人であふれるのではと考えると、英語だけでもある程度話せるようになりたいと思いました。(74-1)」と述べ、これからの国際化社会に向けて、日本語以外の言語学習の重要性に改めて気づき、学習に取り組みたいという意欲を述べている学生も見られた。

留学生の存在や意見を通じて海外の言語や文化を知ることで、自分も留学に行きたいと考える学生も見られた。学習者74-18は、「5回分の授業ありがとうございました。この授業を通して、海外に興味を持つことができました。私は今語学で韓国語を勉強し韓国という国も好きなので、いつか韓国に留学できたらいいなと考えています。2020年には東京オリンピックも開催するので、日本のよい文化を世界に発信できたらいいなと思います。(74-18)」と述べ、韓国留学という目標を持つと共に、日本の文化を発信したいという意欲も見られる。

8.7.4　日本と外国の関係について知る

　日本と外国の関係について知る、という点ではとくに東アジアと日本の関係を知ることにより、学習者自身を取り巻く環境を深く理解することにつながったようである。学習者73-19は、「この授業で

は自分の知りえなかった東アジアの様々なことについて知ることができたのでとても自分にプラスになってよかったです。（73-19）」と述べ、学んだことが自分のプラスになったと述べている。

　学習者74-14は、「5回の授業を通じて、東アジアと日本の関係について知ることができて良かったです。私の中で海外に対する考えが変わりました。私は海外に行ったことがなく、パスポートも持っていません。しかし、大学生の間に海外に行きたいと思いました。（74-14）」と述べ、海外への意識の変化が、今までの自分の行動様式にも変化をもたらしている様子が見られる。

　また、意識の変化は、個人の行動様式の変化だけでなく、他者とのコミュニケーション様式の変化にも発展させている例もある。学習者74-8は、「この授業で日本と海外の関わり合いや関係などを深く学ぶことができた。自分が海外の人と話すような機会があれば、より深くお互いのことを理解しあえると思う。」と述べ、日本と外国の関係を知ることにより、相互の理解が深まると述べている。自分だけでなく、相互の立場や利害を考えていくことは多文化共生社会を維持・発展させていく上で、基礎的であるが重要な概念であると思われる。

　以上のように、【日本・日本語を知る】【外国・外国人・外国語について知る】【日本と外国の関係について知る】という「学び」をグローバルシティズンシップの観点から考えると、新しい話題を知り、それについて批判的に考えられることは「認知」の領域への働きかけとして位置付けることができる。加賀美・守谷・村越・岡村・黄・冨田（2012）（以後、加賀美ほか（2012））においても、大学における偏見低減のための教育的介入の1つとして、差別に関する関連情報への接触が好意的態度に積極的効果があると述べているが、自己と対峙する周辺の社会や文化、そして制度についての理解を深めることが、異文化理解への最初のきっかけになると考えられ

る。未知の情報や、既存の認識を捉え直す情報によって個人の意識に働きかけることは、多文化社会を生きるアクターの育成にとって有意義であると考えられる。

8.7.5　変化

　新たな知識を得ることにより、学生自身に起こった変化について整理すると、〈初めて知った〉、〈今まで考えたことがないことを考えた〉、〈意識が変わった〉、〈授業を受けても意識が変わらなかったこと〉の４つに分けることができた。

　〈初めて知った〉ことについては、日本語や日本語教育、東アジアや海外の事情に関することがあげられていた。学習者74-9「今日まで授業を受けて、知らなかった日本のコトを知ることができました。(74-9)」や、学習者73-2「日本語教師という職業をこの授業で初めて知った。」など、新しい事実や情報を得たことについて述べられていた。このように、新しい話題を知り、それについて批判的に考えられることは「認知」の領域に位置付けられる。

　〈今まで考えたことがないことを考えた〉については、政策や外国人に関する問題があげられていた。学習者73-14が「このリベラルアーツを受けて海外の文化や逆に日本の文化の発信などこういう機会でないと考えることがあまりなかったのでとても貴重な体験だなと思いました。」と述べているように、日本文化を知っていてもその発信の方法という、日本文化を普及する政策に関する情報については、接したり、考えたりする機会がなかったものと思われる。

　また、学習者74-1は「５回の授業で今まではあまり考えたことのなかった外国人についてを学ぶことができました。(74-1)」と述べ、外国人について初めて考えたということである。これらのコメ

ントから、学生にとって政策も外国人も、今までは自分とは関係の
ないことと認知され、全く無関心だった事柄が、授業を通じて身近
な問題として位置付けられたことがわかる。これらは、物事を見た
り考えたりする基準や価値の変化であり、グローバルシティズン
シップでは「認知」的な枠組みの変化と、社会的な「共感・連帯」
の芽生えであると考えられる。

　〈意識が変わった〉というコメントについても、同様に価値判断
的方向づけの変化である。これに関する内容としては、学習者
74-10の「アジアに対して見る視点が変わった気がします。」や、学
習者73-10の「日本の立ち位置やそれに対する日本の意識について
印象が変わった。」のように、アジアや日本に対する見方や考え方
が変化したということがわかる。

　また、留学生に対する意識も、学習者73-18「変わったことは留
学生はエリートだと感じました。他に日本で働く外国人の方はもっ
とエリートだと感じました。(73-18)」のように、留学生に対する印
象の変化も見られた。さらに、学習者74-18が「この授業を通し
て、海外に興味を持つことができました。」のように、積極的な態
度への変化も見られる。

　その一方で、〈授業を受けても意識が変わらなかったこと〉につ
いては、学習者73-3が「この授業を通じて変わったことは、日本と
海外について考えることが増えたことです。今まであたり前だと
思って考えもしなかったこともあらためて考えるようになったり、
それぞれの国の魅力をよりたくさん知るきっかけにもなりました。
変わらなかったことはやっぱり言葉は難しいなという思いでした。」
のように、考え方や価値観が変化しても、言語学習の難しさが直接
的に軽減されるわけではない。ここに「認知」的な働きかけを現実
的な「行動」に結び付ける上で、一種の壁が存在すると考えられ
る。特に、知識量や言語能力、コミュニケーション能力の低い大衆

化型大学の学生にとっては、現実社会に出たときにこの壁は厚く、高く感じられると思われる。この壁を克服する手段が、「問題解決能力」の育成であると考えられる。今回の講義形式の授業の中では、直接的に「問題解決能力」を育成する活動を実践的に取り入れる機会を設けることができなかったが、別の回の授業の授業日誌の中に、これについて言及している学生のコメントがあった。第2回の授業で留学生政策を取り上げ、「日本へ来る外国人留学生を増やすには、また海外留学へ行く日本人学生を増やすにはどうしたらよいか」という課題を出した際、1ヶ月間の短期留学を体験したことがあるという学習者74-2は、「現代ではSNSも発展し、そういったこともより簡単になりつつあるのでそういう機会をぜひ増やし、国境を越えて助け合えたらよいと思います。(74-2)」と述べ、スマートフォンなどのテクノロジーを利用することによって、言語の壁を越えたコミュニケーションが可能になることを指摘していた。この学生が実際に留学中にどのように行動していたのかについては追跡調査をしていないので不明であるが、自分自身の何らかの経験に基づきながら考えたことが予想される。X大学のような大衆化型大学の学生でも、実際に行動する中で、彼ら自身の力でスマートフォンの活用のほか、問題解決する方法を発見し、駆使することができるのではないかと考えられる。今回の授業では達成することができなかったが、学生のアクターとして実際の行動力の可能性を示唆するものであり、本格的な養成方法について今後の課題として検討していきたいと考えている。

8.7.6 抱負

今回の授業で得た知識や考え方をもとに、学生達は様々な抱負を抱くようになった。大別すると、〈世界から情報収集をする〉、〈海

外へ行きたい〉、〈留学したい〉、〈言語を学びたい〉、〈未来の自分を考える〉、〈留学生受け入れの手助けをしたい〉、〈異文化理解に努めたい〉という7つに大別できた。

　今回の授業をきっかけに海外に対する興味が深まり、実際に〈海外へ行きたい〉、〈留学したい〉、〈言語を学びたい〉という意見も多く見られた。学習者74-9が「私は1度も留学を考えたことがありません。でも、<u>1度行って語学力をつけるのも悪くないかなぁと考えるようになりました！！</u>（74-9）」と述べるように留学して語学を身に付けたいという意見や、学習者73-20「今までよりももっと海外の文化などに興味がでてきたので、<u>留学などもしてみたいと思うようになりました。</u>（73-20）」のように、今までの興味を更に発展させ、実際に留学してみたいという意見も見られた。

　〈未来の自分を考える〉としては、グローバル化が進み、外国人との多文化共生を生きる時代において、自分の進路について考えたり、これからの生き方について述べたりしているものが見られた。学習者73-17は、「日本と東アジアの関係が、今よりも密接になると思うので、<u>そこの間に立って仕事ができる人材</u>になりたいです。」と述べ、友人から聞いた知識をもとに「具体的には中古車販売の仕事がしたい」と確認テストの記述問題にも書いていた。知識のある学生は、この授業が自分の将来について具体的なイメージを深めるきっかけになったと思われる。

　また、8.7.5変化の部分でもコメントを引用した短期留学の経験がある学習者74-2は、「言語、留学、グローバル化など、自分に興味のある内容が多くとても楽しい授業でした。私は周りの人と同じになることが理想の人生ではなく、それでもこのままで良いのかと不安になることもありますが、これからの時代は平均的な人ではいけないとこの授業で確信することができ、励みになりました。第1回目の授業は欠席してしまいましたが、<u>将来の自分を考える参</u>

考になりました。」のように、授業の内容が将来の自分を考える参考になったと述べている。

　異文化に接する態度としては、学習者74-6「自分は留学するつもりはないが、受け入れる立場として何か手助けができないかと考えるようになり、(74-6)」のように〈留学生受け入れの手助けをしたい〉という意見や、〈異文化理解に努めたい〉の中の意見の1つとして、学習者73-1「自分も含め、日本人はもっと外への関心を持って文化や慣習の理解に努める必要があると感じた。」のように、自分だけでなく、日本人全体がもっと異文化理解に努力するべきだという、社会全体に働きかける必要性に言及する意見も見られた。

　〈世界から情報収集をする〉については、学習者73-1は「グローバル化が進む中、世界に向けてアンテナを張り、情報を手に入れ、活用することが一番大切だなとわかりました。(73-1)」と述べ、情報収集の重要性について述べている。また、学習者74-6の「新しいことを知ると今まで考えなかったことも考えるようになっていくので、少しでも興味や疑問に思ったことも調べて新たな考えを自分の中にたくわえていきたいと思った。(74-6)」のように、今回の授業での経験をもとに、もっと知りたい、調べていきたいという意欲も見られた。

　以上、「抱負」の中に見られた学生の意見を分析してきたが、これらの意見をグローバルシティズンシップのコア概念に位置付けると、グローバルな問題を「認知」し、問題について「共感・連帯」を経て、〈留学生受け入れの手助けをしたい〉、〈異文化理解に努めたい〉、〈世界から情報収集をする〉というような「行動」に関する抱負が芽生えてきたのだと考えられる。

8.8　結果・考察(3)　留学生の質的にみた、学びの特徴

8.8.1　留学生の概念図

　次に、同様の授業を受けた留学生は、どのような意識をもったのかを分析する。分析の対象としたのは、2015年春学期に「東アジアと日本」を受講した留学生12名と、2015年秋学期に同科目を受講した1名の、合計13名である。学期は異なるが、授業内容は同一であるため、同じ留学生群として扱う。学生は、すべて中国人留学生である。留学生の意識についても、授業全体の振り返りのコメントを書いた、第5回目の授業日誌の内容について、川喜田(1967) の KJ 法によって分析をした。留学生の人数が日本人学生の約4分の1であること、さらに留学生の書いた文章の量は日本人学生と比較して少ないが、概念図を作成すると図8-12のようになった。

　留学生の概念図も、日本人学生と同じく、「学び」から「留学生生活を見つめ直す」ことにより、「将来への抱負」に至る、3段階の構成になっている。留学生が授業から得た学びは、〈留学生政策を学ぶ〉と〈日本語・日本文化を学ぶ〉であり、留学生政策と日本語・日本文化は経済の力の影響が働いていると捉えていた。そして、日本語・日本文化が普及すれば留学生政策も促進されると考えていた。そして、今回の授業での学びは、留学生自身の留学生生活を見つめ直すきっかけとなり、自分を見つめ直すことが将来の抱負にもつながっているという関係が見られた。

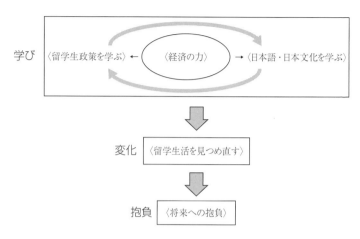

図8-12 「東アジアと日本語」留学生の学びの概念図

8.8.2 留学生の学び

　5回にわたる「東アジアと日本語」の授業の中で、様々な内容が話題になったが、留学生のコメントでは、〈留学政策を学ぶ〉と〈日本語・日本文化を学ぶ〉の2点にほぼ集約されていた。なお、以下に紹介する学習者の記述は原文の通りである。

　〈日本語・日本文化を学ぶ〉については、学習者61-1「東アジアと日本語のことについてすこしでも理解した。(61-1)」、学習者61-3「勉強するほど日本の文化についてたのしみになってきました。」、学習者61-11「五週間授業で日本にいる留学のいろんな情報勉強しました。(61-11)」などのコメントのように、留学生にとって日本語・日本文化について学ぶことが講義の中で最も関心の高いことだったのだと考えられる。あるいは、他の内容が難しく、理解できなかったという可能性、あるいは留学生の視点からはあまり面白くなかったという可能性も考えられるが、留学生の関心は日本人学

生と比較して集中していることがわかった。

　日本語に関する内容については、日本語教育に関する事柄もあった。学習者61-6は「日本語教育上の問題点として最も多くの機関が挙げたのは教材不足や、学習者不熱心や、施設・設備不十分など、今後の課題も解道に〈わかるようになった〉。(61-6)」と述べ、海外の日本語教育の問題点をまとめていた。

　学習者61-5は、「日本語の教師としては、何かの資格を取らなければならないと思いましたが、今日の授業で、それほどむずかしくないと気づきました。(61-5)」と述べ、日本語教師という職業が自分自身にとって身近な職業であることへの気づきを述べている。

　また、日本文化の普及について学習者61-11が「また、国際文化交流に日本政府が努力することがわかりました。(61-11)」と述べるように、日本文化の普及には政府の政策が関係していることに対する気づきも見られた。さらに学習者61-11は、「今後、日本語や日本文化がもっと多くの人が知られる、留学生の人数も増えると考えられます。」と述べ、日本語や日本文化の普及が日本へ留学する外国人の増加につながると考えている。

　〈留学生政策を学ぶ〉については、学習者61-9「留学生の私が留学について勉強することによって、自分がしりそうだけど、知らないところを知ることができてよかった。(61-9)」や、学習者61-4「留学生の私もしらないことが教えてくれた。(61-4)」のように、留学という制度や、留学生の位置付け、留学の意義などについて、自分自身のことでありながら、普段の生活ではあまり意識しないことについて再確認をしたことがわかる。

　さらに、学習者61-7「国の経済状況によって留学生に対する対応や受け入れの姿勢は大きく変わると私は思う。」、学習者74-11「この授業を受けて日本語が世界にあたる影響、語学が GDP への影響、そして政府がどんな努力をしているかについて学びました。」

のように、留学生政策、そして日本語の普及には経済の力が大きな影響を与えるという認識があることがわかる。

　以上の留学生の「学び」も、留学生生活や日本語・日本文化などの社会に対する認識を深める、「認知」領域への働きかけということができる。ただし、日本人学生の「学び」と比較すると、日本人学生が海外の留学生政策をはじめとする日本以外の情報へも関心が広がっていたのに対して、留学生の「学び」の対象は、日本に限定されていて、他の海外の国への認識の広がりが乏しいという傾向がある。現在留学している日本に対する認識の高さなのか、あるいは、他の国への関心が薄いから日本に注目しているのか、どちらかの判定はつきにくい。多文化との共生を考える上では、留学生の関心をさらに広げることが必要であると思われる。

8.8.3　留学生活を見つめ直す

　留学生活を見つめ直す意見としては、大きく2つの傾向が見られた。1つは異文化での体験を肯定的に捉える見方がある。学習者61-8は「海外で学生生活をするというのは理屈抜きに面白いからです。話す言葉も違う、習慣も違うなんていう世界に飛び込んで色んなことを体験できる機会なんて、そうそう転がっていません。」と述べ、異文化の中で新しい価値観と出会うことに意義を感じている。

　もう1つの留学に対する見方は、学習者61-6のように「いろいろな原因がきっかけで、日本に来た。」というものである。詳しい事情は書かれていないが、日本留学が本人の自発的な意志による積極的な選択肢ではなかったことが推測される。人生の中での様々な事情や選択肢の中から日本留学を選ばざるを得なかったという背景があったのではないかと思われる。この意見は、現代中国の留学大衆

化という現象の一端を表しており、学習者61-6はこのような時代の中の自分の存在を客観的に捉え直し、自己のアイデンティティーの確認をしているものと思われる。

　この2つの留学に対す考え方は大きく異なっているが、社会の中での自己の捉え直しという点で、「共感・連帯」の1つであると考えられる。

8.8.4　将来への抱負

　将来の抱負に関する言及は日本人学生よりも数が少なかった。学習者61-5は「中国に戻ったら、先生のような日本語教師になりたいと思う。」と述べていた。学習者61-5の所属は社会学部国際観光学科であり、X大学には日本語教師養成課程などは設けられていないが、専門とは異なる日本語教育という分野にも興味が広がってきたのだと思われる。これは学習者61-5にとって将来に対する価値判断の変化にあたり「共感・連帯」の1つであると考えられる。

　このほか、学習者61-3の「これからも頑張ります。」という今後への心構えや、学習者61-2の「楽しかった。」、学習者61-9の「リベラルアーツの授業、悪くないすね！〈悪くないですね〉」という授業に対する肯定的な評価はあるものの、具体的な将来への抱負に関する言及は見られなかった。留学が未経験の日本人にとっては留学が今後の抱負になるが、現在既に日本に留学している留学生にとっては、留学が目標になりにくいのも言及が少ない理由の1つであると思われる。

　また、授業の中で日本国内の外国人問題として、高度人材としての技能や資格を持つ外国人に対する在留資格の優遇措置の話題や、外国人介護福祉士・看護師、外国人技能実習生の問題を取り上げたが、X大学に在籍する留学生とはやや遠い高度人材の活躍する分野

の話題や、国家試験の壁や過酷な労働環境の実態に関する情報は、学生自身が考える将来の自分が日本で働く姿とは結び付かなかった可能性がある。さらに、日本学生支援機構が発表した2014年度の外国人留学生の進路状況[9]では、2014年度（2014年4月1日から2015年3月31日まで）に卒業（修了）した外国人留学生で、大学の学部卒業者の日本国内での就職率は34.5％、出身国での就職は8.4％となっており、将来の進路が十分に開けているとはいえない状況があるのも、留学生は理解していると思われる。出身国に帰国する場合でも、出身国の就職状況はその時の景気動向や社会状況によって変動が大きく、安定したものであるとはいえない。卒業後の進路が日本人学生と比較してより複雑で広範囲なものとなる留学生にとって、将来の進路を描くということは難しい。その中でアクターとしての自覚と行動力を育成するには、さらに今回の授業とは別の角度からの情報提供の方法や、教育方法を検討していく必要があると思われる。

8.8.5 総合考察

以上、日本人学生・外国人留学生を対象とした教養科目における日本語・日本文化を媒介とした市民教育の実践について検討した。その結果、日本人学生も外国人留学生も、日本語・日本文化を媒介としながら社会の動きを学ぶことにより、意識に変化が生じ、今後の将来への抱負や目標を考えるという、「学び」→「変化」→「抱負」という3つの段階に展開する様子がわかった。

このような変化は、加賀美ほか（2012）が大学の学部生を対象と

（9）　日本学生支援機構（2016a）「平成26年外国人留学生進路状況・学位授与状況調査結果」　https://www.studyinjapan.go.jp/ja/_mt/2020/08/date2014sg.pdf（2022年5月31日最終閲覧）

した、異文化への偏見を低減させる「多文化交流論」での学びの結果である、《知識の獲得》、《社会的現状の認識と自己内省》、《学びの活用意識》という段階性と類似している。加賀美ほか（2012）は、差別や偏見に対する理論や知識を獲得した上で（《知識の獲得》）、社会的な現状を認識することで自分自身の姿勢を省みることにより（《社会的現状の認識と自己内省》）、今後どのような姿勢でどのように行動していくべきかという段階まで考えを発展させることができたと述べている。加賀美ほか（2012：147）は、差別に関する関連情報への接触が好意的態度に積極的効果があると述べているが、今回の授業でも東アジアと日本語・日本文化、留学生政策や文化交流政策といった情報の提供は、日本人学生・外国人留学生を問わず、効果があったと考えられる。

　日本人学生と外国人留学生を比較すると、人数的な差もあるが、日本人学生の方が幅広い内容に関心を持ち、変化や抱負の内容も豊富であった。それに対し、外国人留学生は、興味の対象が日本語・日本文化と留学生政策に集中していた。今回の学習内容は、日本人学生にとって初めての情報が多く、新鮮なものとして捉えられたのだと考えられる。一方、外国人留学生とっては、外国人問題は日常的な問題であるため、新奇性が低かったかもしれない。今後は、日本人学生・留学生ともに関心の高い日本語・日本文化に関する内容を更に深めるか、または別の方面からの話題の提供を行うか、改善が必要であると思われる。

　以上を国立教育政策研究所（2016）の学びのサイクルで考えると、図8-13のようになる。日本語と世界のつながりから自分たちを取り巻く世界の事実を「基礎力」として身に付けた上で、日本と世界の比較や関係性を考える「思考力」、そして今後グローバル化社会とどう向き合うべきかという「実践力」の芽を育てることができたと考える。日本語というローカルな問題から、自分と世界のつな

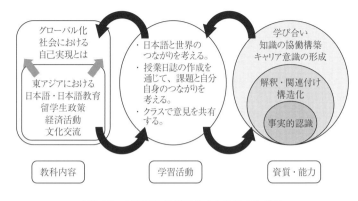

図8-13　本実践と学びのサイクルのつなぎ方

がりを考えることは、グローバルシティズンシップ教育として一定の効果があったと思われる。

　UNESCO（2015）は、グローバルシティズンシップのコア概念として、地域・国家・世界の諸問題に対する「Cognitive（認知）」、価値観と責任を分かち合える「Socio-emotional（社会的共感）」、地域・国家・世界のレベルで効果的で責任ある「Behavioural（行動）」の3つをあげている。

　これらのコア概念から本実践をまとめると、普段当たり前で考えもしないが、自分自身から切り離すことができない「日本語」という側面から世界を「認知」し、日本と世界の関係を考えて「社会的共感」を育むことは、学生の視野を広げ、多文化社会の中で主体的に「行動」する力の育成につながっていたと考えられる。

【行動】
世界の状況に関心を持ち、多文化社会の中で主体的に行動する力をもった学生の教育に
つながる

【共感】
「日本語」という側面から外国との関係を考えることが効果的／視野を広げ、将来について
抱負を抱く契機に

【認知】
当たり前で普段考えもしない、しかし自分自身から決して切り離すことができない「日本語」

図8-14　本実践と GCED のコア概念との関係

第 9 章

本研究の結論と今後の課題

本章では、本研究の全体を振り返る。その上で、本研究の結論と
意義を示し、今後の課題を提示する。

9.1　本研究の目的と課題

　日本社会も高等教育の大衆化が進み、大学進学率が50％を超え
る「ユニバーサル段階」へ入った。進学率が上昇した要因には、少
子化による18歳人口の減少で大学入学試験の選抜機能が低下し、
大学への進学が容易になっていることがあげられる。その結果、多
様な学生、特に基礎学力や学習習慣、学習への動機づけが欠如した
学習面での課題を抱える学生が増加している。さらに、定員割れが
進む大学では、日本人学生で入学定員が満たせない分が留学生で補
充されている。急増した留学生の中には、日本語能力や大学で学ぶ
ための基礎学力が不足している学生も多い。それらの留学生を受け
入れる体制が十分とはいえない学内環境の中で、いかに日本語教育
を実施していくべきか、また日本人学生に対する問題を多く抱える
大衆化型大学において留学生教育の位置付けはどうあるべきかが大
きな課題となっている。そこで本研究では、(1)大学・留学大衆化時
代における留学生政策の問題点を指摘すること、次に、(2)大衆化型
大学で求められる日本語教育の可能性について提案することを研究
目的とした。
　問題の背景には、日本の少子化による高等教育の大衆化とアジア
を中心とした留学大衆化が、同時に、しかも、急激に進行している
にもかかわらず、大学の教育環境や教育内容が、留学大衆化時代に
即した受入れ態勢になっていないことがある。留学生教育は留学生
別科や留学生センターといった学部教育とは別の組織で議論・運営
されていることが多い。高等教育の国際化が論じられながらも、高

等教育政策の先行研究の中で留学生政策及び日本語教育が触れられることは少なく、別々に議論されてきた。しかし、教育現場の問題点を解決するためには、高等教育政策と留学生政策、日本語教育を俯瞰し、大学教育における留学生政策、日本語教育の位置付けを再構築する必要があるのではないかと考える。本研究ではこのような現状を踏まえ、具体的に以下の3点の課題を設定した。

> 課題1　日本の大学大衆化と留学大衆化はどのように進行してきたのか。
> 課題2　大学大衆化と留学大衆化が進行する中で、どのような教育が必要か。
> 課題3　大衆化型大学における日本語教育の役割とは何か。

　「課題1　日本の大学大衆化と留学大衆化はどのように進行してきたのか。」については、本研究では日本の大学教育における、日本語教育を含む留学生教育に関わる人々を行為主体＝「アクター」として捉え、アクターの留学生教育に対する意識を分析することで、留学大衆化時代を迎えた大学の留学生政策の問題点を明らかにしていった。大衆化型大学における留学生政策について、マクロレベル（教育政策決定者）・ミドルレベル（大学運営責任者）・ミクロレベル（教育実施者・学習者）の3つレベルからそれぞれのアクター（行為主体）の動向に注目して明らかにし、相互の影響について考察した。本研究では、この「マクロ－ミドル－ミクロ」という政策決定・実施の段階を「横」の関係として呼ぶことにする。さらに、日本人学生・留学生のすべての学生を含んだ大学教育全体の問題と、留学生を中心とした留学大衆化の問題点との関係性について検討するため、大学教育（大学大衆化）と留学生教育（留学大衆化）の関係性を「縦」の関係と呼ぶことにする。各レベルのアクターに与える影響についても分析するため、マクロ・ミドル・ミクロという「横」の

関係、そして大学教育（大学大衆化）と留学生教育（留学大衆化）という「縦」の関係から留学生政策について評価し、検証を行った。

「課題2　大学大衆化と留学大衆化が進行する中で、どのような教育が必要か。」では、「大学大衆化」という概念の定義を行い、大学大衆化によってもたらされた学力低下について、大学の教育現場での現状を指摘した。そして、このような現状の中で、日本の大学教育で求められている資質・能力観について考察した。少子高齢化の進行で大学大衆化時代を迎える一方、グローバル化の拡大で国際競争が激化する中で、大学や学位の水準維持のため、「学士力」についての指針（中央教育審議会 2008）、「第 2 期教育振興基本計画 」（閣議決定 2013）がまとめられている。これらでは大学教育の中心となる専門性に加えて、社会に出て生き抜く力、「絆」など個人の能力を越えた社会的な能力が重視されている。その中でも、ヒト、モノ、カネが従来の国家の枠組を超えて活発に移動する複雑化した社会において、グローバルな認識を持った「地球市民」としての意識、すなわち「Global Citizenship グローバルシティズンシップ」と呼ばれる資質が不可欠であると言われている（鈴木ほか 2005：19）。グローバルシティズンシップを育成する教育は、「グローバルシティズンシップ教育、Global Citizenship Education（GCED）」と呼ばれているが、これを本研究で対象としている大衆化型大学生においてどのように教育していくかが課題となっている。本研究では、大学大衆化と留学大衆化の経緯と問題点を検証した上で、大衆化型大学で必要とされる教育について考察した。

「課題3　大衆化型大学における日本語教育の役割は何か。」については、様々な学力や背景を持った学生が集まる大衆化型大学において、日本人学生と留学生が相互に存在を認め合い、学び合う大学の真の国際化を進めるためには、グローバルシティズンシップ教育が重要であり、その具体的な方法として日本語教育の知見を活用し

た実践を行い、その効果について検証を行った。留学生対象の日本語教育の実践と、留学生と日本人学生を含めた大学の全学生を対象とした教養教育の実践を事例として取り上げ、検討を行った。

　留学生に対する日本語教育の実践では、新聞記事の要約と意見文の作成を通じて、「今」という時代を読み解く力を育成し、市民としてアクターとして社会に関わる上での能力を向上させることを試みた。この授業活動がグローバルシティズンシップ教育としてどのような意義があるのかについて、授業分析から検証した。また、留学生だけでなく、日本人学生も含めた教養教育としての可能性について検討するために、留学生と日本人学生を対象とした新聞記事の要約と意見文作成活動に関する比較調査を実施し、分析を行った。

　留学生と日本人学生を含めた大学の全学生を対象とした教養教育の実践としては、日本語をテーマとし、日本語教育や留学生教育の知見を活かしながら、東アジアと日本の関係を考える活動を行った。そして市民教育の立場から学生の国際化に対する意識を高めることを目的とした。日本人学生と留学生の学びを通じた意識の変化を量的、質的に分析し、学生の意識とグローバルシティズンシップとの関係について分析を行った。

9.2　本研究の結論

　以上、本研究では、「課題 1　日本の大学大衆化と留学大衆化はどのように進行してきたのか。」、「課題 2　大学大衆化と留学大衆化が進行する中で、どのような教育が必要か。」、「課題 3　大衆化型大学における日本語教育の役割とは何か。」という 3 つの課題について考察を行ってきた。以下、その結論について述べる。

結論1　明治維新以降、近代化により社会が発達し、一般大衆の経済力が向上するのに伴い、大衆の大学進学意欲が高まった。その傾向は第二次世界大戦後、一層顕著になり、教育の「質」を国立大学で担保し、この大衆の進学意欲を吸収し、教育機会の「量」を私立大学で担保する政策を政府が実施してきたことにより、大学大衆化が進んできた。日本の大学大衆化は私立大学を中心に進行してきた。留学大衆化は、1983年以降、「留学生10万人計画」達成のために、当初は政府が留学生の受入れ人数に応じて各大学に補助金を出すなど、各大学に委託する形で政策が進められていたが、とりわけ私立大学が政府の政策を受け入れて留学生を増やし、大学の量的拡大の根拠にしてきた。

　このような大衆化型大学における留学生教育の問題点は、留学生を大学定員確保の「調整」と捉え、その留学生政策で「量」の確保が優先され、具体的な教育方針や「質」を保証する対策が不足していることである。2000年代の小泉政権下において、大都市部における大学新増設を許可するなど設置認可の「自由化」政策により1990年に507だった大学数が2010年には778に急増した。この「自由化」による定員割れの大学の増加と、中国を中心とする留学大衆化が重なり、留学生を定員補充の「調整」として受け入れる大学が急増し、大学大衆化と留学大衆化が加速したと考えられる。短期間の急激な変化に教育環境の整備や、教職員の意識の変化も追いつかず、留学生教育の理念や政策がないまま、教育現場の混乱が生じている。大学側には、大学教育における留学生教育の理念と位置付けを明確化すると共に、それを実施していく上での体制づくりが求められる。

結論2　近年の大学の学士課程の教育政策の中で、グローバルシティズンシップ教育が重視されてきているが、留学生教育はその点

と非常に関連の深い分野である。グローバルシティズンシップ教育を推進することで、大学全体の国際化への意識を高めると共に、国全体としても留学生教育の質保証について取り組んでいくことが必要であると考える。

　大学大衆化・留学大衆化が進む中で、現代社会における大衆化型大学の役割は、留学生を受け入れる組織の体制を構築していくと共に、社会と留学生をつなぐ仕組みを作り、地域社会の中での国際化の拠点としての役割が求められているのではないかと考える。大衆化大学で学ぶ留学生の多くは私費留学生であり、アルバイトをしながら生活を支えている。日本語が十分でない状態から日本社会に飛び込まざるを得ない状況にある。このような環境の中で、留学生は社会とのつながりの中で日本語を伸ばしていきたいと感じている。多様な文化的背景を持つ留学生が集まる大学は、グローバルシティズンシップ教育が求められる重要な教育現場の 1 つであると捉え、留学生、日本人学生、教職員など、関係者が留学生問題に自覚的なアクターに変容することで問題解決に取り組めるよう努めることが重要である。

結論 3　大衆化型大学における日本語教育の役割は、グローバルシティズンシップ教育に貢献することである。

　グローバル化が進む中で、日本の教育においても諸外国の教育においても、多様性への理解や他者との協調や社会で生き抜く力を目差した市民教育の重要性が指摘されている。大衆化大学においても、リメディアル教育として市民教育が取り入れられているが、ローカルな範囲での職業訓練の範囲にとどまり、グローバルな関心へ広がりにくい傾向がある。そのような中で、学生達が最もローカルな「日本語」をグローバルな問題に関連付けて学べるようにすることで、意識の変化を促進できると考える。その際に、外国人や外

国語との接点から発展した日本語教育の知見が大いに貢献できるのではないかと考える。

　第7章で取り上げた要約教育は、従来から国語教育、日本語教育で行われている教育方法であるが、単なる言語表現技術の獲得としての活動にとどまらず、要約過程上の協働作業や発表活動など教授法を工夫することで自覚的に行動するアクターとしての意識を育成することができる。また要約はバイラム（2015a）が指摘するように、異なる世界をつなぐ仲介に関連する重要な能力であり、異文化間でのコミュニケーションをはじめ、社会の中で役割参加する上で欠かせない能力である。本論文の実践では新聞記事から世界について考える活動であったが、実際の社会活動と言語教育活動を結び付けることで、その重要性を認識しながら、実践的な教育が展開できると考える。

　第8章では、日本語教育や留学生教育の知見を活かしながら、東アジアと日本の関係を学ぶことで、市民教育の立場から学生の国際化への意識を高めることを意図した実践を行った。当たり前で普段考えもしない、しかし自分自身から決して切り離すことができない「日本語」という側面から東アジアをはじめとする外国との関係を考えることは、学生の視野を広げ、将来について考えたり、留学生政策や外交政策を考えたりするきっかけになっていた。「内向き」志向が強い日本人学生の視野を世界に向ける方法として、また留学大衆化の中で、留学の意義を見失いがちな留学生が自分自身を見つめ直す方法として、日本語の意義をグローバルな視点から捉え直すことは有意義であると考える。

9.3　本研究の意義と今後の課題

9.3.1　本研究の意義

　本研究の意義は、(1)先行研究では個別に論じられることが多い高等教育政策、留学生政策、日本語教育の三領域を俯瞰し、相互の影響を分析したこと、(2)高等教育政策、留学生政策、日本語教育のアクターをマクロ・ミドル・ミクロレベルの 3 段階から分析することで、政府によって決定された教育政策が、大学の学長による教育方針と経営判断によりどのように個別の大学で実現されていくのか、また大学の教育方針・経営判断が個々の教育現場で指導にあたる教員や学生に与える影響について明らかにしたこと(3)大衆化の進んだ中規模私立大学における留学生教育・日本語教育の問題点を明らかにした上で、市民教育という視点から具体的な教育方法を提案することである。

　(1)先行研究では個別に論じられることが多い高等教育政策、留学生
　　政策、日本語教育の三領域を俯瞰し、相互の影響を分析したこと
　日本における大学大衆化と留学大衆化は、日本語教育とも密接な関係にある。まず留学大衆化により、多くの留学生にとって日本語教育が必要になり、特に大学で学ぶための日本語はアカデミックジャパニーズとして教育と研究が行われるようになった。その成果は、大学大衆化によって学力が低下した日本人学生の初年次教育にも応用されるようになった。しかし、大学大衆化・留学大衆化が進んだ大学では、日本人学生と留学生が同じ教室で学ぶ場合、学力の差や文化的背景の差などから多くの問題が存在するが、留学生が日本人学生と共に大学の一員として学ぶために、日本人学生をはじ

め、学内全体の意識を改革する必要があることが明らかになった。

(2)高等教育政策、留学生政策、日本語教育のアクターをマクロ・ミ
　ドル・ミクロレベルの3段階から分析することで、政府によって
　決定された教育政策が、大学の学長による教育方針と経営判断に
　よりどのように個別の大学で実現されていくのか、また大学の教
　育方針・経営判断が個々の教育現場で指導にあたる教員や学生に
　与える影響について明らかにしたこと

　日本の大学大衆化はマクロレベルの政府と、ミドルレベルの私立
大学の駆け引きによって進められてきたが、大学ではミドルレベル
のアクターである学長の権限が非常に強いことがあきらかになっ
た。教員はミクロレベルのアクターとして活発に活動しているが、
学内の留学生政策の不足がミクロレベルの教員間の連携不足に大き
く影響していることが明らかになった。また、マクロレベルの「留
学生は特別枠」という定員管理の政策もミクロレベルの教員の学生
管理に影響をもたらしていることがわかった。マクロレベルにおい
ても、ミクロレベルにおいても、大学教育の中で留学生をどのよう
に位置付けるかという問題が、ミクロレベルの教育現場にも影響を
与えていることを認識する必要があることを指摘した。

(3)大衆化の進んだ中規模私立大学における留学生教育・日本語教育
　の問題点を明らかにした上で、グローバルシティズンシップ教育
　という視点から具体的な教育方法を提案すること

　本研究では、大学大衆化と留学大衆化が進み、教育現場の多様性
が広がる中で、日本人学生と留学生の両方にとって意味のある教育
を展開する1つの方向性として、グローバルシティズンシップ教
育の必要性について述べ、その具体的な教育方法を示すことができ
た。大学大衆化と留学大衆化が進行する中で、多様な学力を持つ学

生を多く抱え、学生数における留学生比率が高い大衆化型大学で
は、留学生政策や日本語教育の課題はもはや日本語クラス内や、日
本語教育担当者の間だけの問題ではなく、大学内の環境作りや、授
業方法の問題、さらには学生生活上の問題を解決するためには学内
全体の協力体制を作ることが必要である。しかし、従来の外国語教
育としての「日本語教育」や、外国人留学生を受け入れるための
「留学生教育」という枠組みでは、留学生と日本人学生がと隔離さ
れ、別枠になりやすく、学内全体の問題という意識を抱きにくいと
いう問題点がある。それを、多文化共生のためのグローバルシティ
ズンシップ教育ということで捉え直し、日本人学生と留学生、さら
に学内の教職員も含めた学内全体の共通の課題とすることで、学内
の連携と教育の改善が可能になるのではないかと考えた。

9.3.2　今後の教育的課題

　次に、本論文で得られた結論が、今後の教育的課題とどのように
関係するか、考えたい。

　日本社会の少子化が進み、2018年からは日本の18歳人口が大幅
に減少していくという、いわゆる「2018年問題」に直面していく。
18歳人口は、1992年度の約205万人から2009年度には約121万人ま
で減少して横ばいに推移していたが、2018年以降は再び下降し始
め、2024年には約106万人まで減少するという予測されている。ま
た、大学進学者数は18年の65万人から31年には48万人にまで落ち
込むと見られている[1]。18歳人口の減少は大学経営にとって大きな
打撃であり、現在約４割が定員割れをしている私立大学を中心

（1）　朝日新聞出版　知恵蔵 mini「2018年問題」https://kotobank.jp/word/2018年
　　問題-192510（2022年５月31日最終閲覧）

に、大学の淘汰が一層進むと予想されている⁽²⁾。

　人口減少が大学経営に与える影響を見据え、現在、様々な教育改革が行われている。日本社会と大学の構造的な変革が進む中で、大衆化型大学における留学生教育の課題として、マクロレベル、ミドルレベル、ミクロレベルの課題に分けて指摘したい。

(1)マクロレベルの課題

　マクロレベルの課題では、文部科学省による大学入試改革と、法務省による入国管理法の改正が外国人留学生にも大きな影響があると考えらえる。

　中央教育審議会による高等教育の将来像において、今後拡大が予想される学習者として社会人と外国人があげられ、成人教育と留学生教育の増加により、学習者の高齢化と多様化が見込まれている。社会人と外国人留学生は以前から18歳人口の減少を補完する対象者とされてきたが、「高大接続改革」による入試改革に伴い、どのように受験生のレディネスを測定し、選抜するかということが大きな課題になることが考えられる。特に外国人留学生の入学試験について考えると、現状では日本留学試験を中心に、受験生の日本語能力と中等教育レベルの学力を測定することにより、選抜が行われている。今後はこれらの要素だけでなく、『学力の3要素』（1.知識・技能、2.思考力・判断力・表現力、3.主体性を持って多様な人々と協働して学ぶ態度）の測定を加味することが必要となるのではないかと思われる。また、従来からの日本語学能力についても、英語の選抜でコミュニケーション能力が重視されるのに伴い、読み書きだけでなく、口頭表現能力を中心したコミュニケーション能力の比重も高く

（2）　小川洋（2017b）「2018年の大問題　「中小限界大学消滅」は回避可能か」
　　　http://gendai.ismedia.jp/articles/-/53631（2022年5月31日最終閲覧）

なることが予想される。これらをどのように判定するかという試験
の形式と共に、判定を下す教員の能力の育成も課題となってくる。
さらに、新しい選抜方法の伝達や教育内容の連携を図るために高等
学校や日本語学校との関係の構築も必要であり、それを担う担当部
署としてアドミッション・オフィスの機能と役割の見直しの必要性
も指摘されている[3]。入試改革に伴い、学生だけでなく大学教員や
職員にも能力の転換の必要性が迫られていると言える。

　このような背景の中で、大衆化型大学の今後の選抜方法の提案と
して、可能であれば就職活動のインターンシップのように、一定期
間大学生活を行い、その適応性を見る方法もあっても良いのではな
いかと思われる。これまで大衆化型大学は、実際の教育現場では多
様性が進んでいるものの、その多様性に対する適応性について入学
試験の場では問われることはなかった。そのため、いったん入学し
ても、学習、交友関係、制度に対する不適応で退学する、中退率も
高いという事実がある。入試改革に伴い、現実の学習環境に対する
適応性を見ることで、受験生の総合力が筆記試験以上に判断でき、
大学と受験生のミスマッチが減少するのではないだろうか。現在、
オープンキャンパスで授業体験などが行われているが、そのような
お客様扱いではなく、入学前に実際の生活を体験させることが重要
ではないかと考える。大学側としても、事前に学生の動向を実際に
見ることにより、入学後に起こり得る対策をある程度事前に検討す
ることができるというメリットが考えられる。受験者数が多い場合
の対応が難しいことも予想されるが、多様性を受け入れるにあた
り、入試選抜方法の概念を変えていくことが必要ではないかと思わ
れる。

（3）　林篤裕（2018）「アドミッション・オフィスの機能と役割」『名古屋高等教
　　育研究』18号 pp.39-53

このほか外国人留学生の受入れをめぐっては、大学入試選抜以前に、日本留学の動機と経緯に問題がある場合も多い。西日本新聞社編[4](2017) が指摘するように、勉強より就労が目的とも言える「出稼ぎ留学生」が増加し、就労時間が「留学」ビザで認められている週28時間を超過しているため、ビザの更新ができず、帰国を余儀なくされる留学生も多い。この背景には、留学生全体の数の増加があるが、さらにその受け皿となっている日本語学校の増加や、「日本に行けば楽に稼げる」と留学を斡旋するエージェントの増加も影響していると言われている（西日本新聞社編 2017：4）。

　日本の労働人口の不足や、18歳人口の不足に伴う高等教育機関の定員補充として外国人留学生の必要性が問われているが、本来の仕事や学業に必要な資質や能力、また外国人が仕事や学業を遂行するための基本的な知識や心理的、経済的な条件について、十分な議論や制度がないまま、「外国人留学生」と「外国人労働者」の線引きを曖昧にしたまま、場当たり的に外国人留学生を受け入れているだけでは問題は解決しないであろう。必要性に迫られて理念や制度がないまま受け入れるのではなく、それぞれの制度を現状に合わせて整えていくべきであると考える。2018年12月に国会において「出入国管理及び難民認定法及び法務省設置法の一部を改正する法律」が成立し、同月14日に公布され、単純労働者を含む外国人労働者の受入れを拡大する入国管理法などを改正し、人手不足に対応し、一定の技能を条件に就労を認める「特定技能１号」と、熟練した技能を持つ人に与える「特定技能２号」の２つの新たな在留資格を創設した[5]。「特定技能１号」は最長５年の技能実習を修了するか、技能と日本語能力の試験に合格すれば資格を得られる。在留期

（４）　西日本新聞社編（2017）『新　移民時代』明石書店
（５）　出入国在留管理庁「特定技能制度」https://www.moj.go.jp/isa/policies/ssw/nyuukokukanri01_00127.html（2022年２月12日閲覧）

間は最長 5 年で、家族の帯同は認められない。また、より高度な
試験に合格した「特定技能 2 号」の労働者は配偶者や子どもなど家
族を帯同でき、在留期間はまず最長 5 年とし、定期的な審査を条
件に回数に制限なく更新を可能にする、としている[6]。マクロレベ
ルの新たな在留資格の創設が実際にどのように運用されるのか、
「出稼ぎ留学生」を抑止できるのか、また一定の日本語能力を習得
するための名目で、ミドルレベルで適正でない日本語学校が乱立し
ないか、現状の問題点と関連付けた課題の解決が望まれる。

　(2)ミドルレベルの課題

　次に、大学の教育現場の取り組みとして、多様な学生をどのよう
に教育していくか、その教育方法や支援体制について考えたい。本
論文の第 5 章において、ミクロレベルのアクターである教職員、
そして日本人学生、留学生の意識改革が必要であり、支援体制を構
築するためには教員の連携の重要性を指摘した。さらに、ミドルレ
ベルのアクターであり、大学の教育の責任者である学長が、大学に
おける留学生政策を明確にすることの必要性も指摘した。

　留学生の支援体制として各大学がどのような制度を用意している
かについて、学内のグローバル化についてすぐれた取り組みを行っ
ているとされている、スーパーグローバル大学創成支援事業に採択
されている大学[7]の留学生支援制度について、各大学の HP 上の情
報を調査すると、日本語教育、キャリア支援、寮の提供、生活支
援、奨学金の支給、授業料の減免などがあげられている。大学が留

---

(6)　出入国在留管理庁「新たな外国人材の受入れ及び共生社会実現に向けた
　　取組」（令和 3 年12月更新）https://www.moj.go.jp/isa/content/001335263.pdf
　　（2022年 2 月12日閲覧）

（7）　文部科学省「スーパーグローバル大学創成支援事業」http://www.mext.go.jp/
　　a_menu/koutou/kaikaku/sekaitenkai/1360288.htm（2022年 5 月31日最終閲覧）

学生の学業や生活を個別に支援する制度が中心的であり、個々の学生の授業に対する理解の支援方策としては、チューター制度の設置、ライティングセンターの設置など、やはり大学の授業への学生の適応を支援する方策が中心と言える。学習能力が高い学生が中心である場合には、個々の学生の自助努力によって授業への適応を指導することが可能であろう。しかし、短期的な支援で授業への理解が進まないような適応性が低い学生に対しては、授業を受ける仕組みを整備することで組織的な支援体制を設ける方法も検討してもよいのではないだろうか。

　学生の授業の理解を促す支援体制の構築としては、障害のある学生に対する大学の受入れ状況、発達障害を中心とした大学の対応などがすでに始まっており、その方法がいわゆる障害を持つ学生以外にも広く応用できる可能性があると思われる。2016年４月から「障害者差別解消法」が施行され、障害のある学生に対する支援や合理的配慮が、国公立大学には義務付けられ、私立大学にも努力義務として課せられるようになった。日本学生支援機構は2015年に「障害のある学生への支援・配慮事例」を公表している[8]。例えば非漢字圏の学生に対するルビ付き教材の提供や、資料の前渡しなど、留学生の支援にも合理的配慮の視点から支援を行うことができるのではないだろうか。これらの合理的な配慮は、漢字の理解の低い日本人学生の学習支援にもつなげることができる。多様性の対応という視点から、教員の教育能力を上げることは、大学全体の教育の質の向上につながるのではないだろうか。

　学生の支援については、個々の教員の問題意識を高め教育能力を上げて対応することが求められる一方で、個々の教員の能力の限界

（８）　日本学生支援機構（2015）「障害のある学生への支援・配慮事例」https://www.jasso.go.jp/statistics/gakusei_shogai_hairyo_jirei/__icsFiles/afieldfile/2021/03/18/2014jirei_pless.pdf（2022年２月12日閲覧）

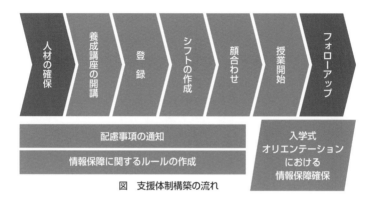

図　支援体制構築の流れ

（日本聴覚障害学生高等教育支援ネットワーク「はじめての聴覚障害学生支援講座」「聴覚障害学生支援の流れ　２．聴覚障害学生支援の流れ」より転載）

図9-1　聴覚障害学生に対する支援体制構築の流れ

を補い、支援する組織的な体制の構築の必要性についても指摘されている。日本聴覚障害学生高等教育支援ネットワークでは、全国の大学・機関の協力により、高等教育支援に必要な機器や設備の開発や講義保障者の養成プログラム開発、シンポジウムの開催などを通して、聴覚障害学生支援体制の確立および全国的な支援を行っている。また、ホームページで支援に関する情報を発信し、社会的な啓蒙活動も行っている。

　ホームページに掲載されている、「はじめての聴覚障害学生支援講座[9]」では具体的な支援の流れは、入学前の受験準備の頃から始まっており、情報保障に必要な人材の確保、人材の育成、支援者の

（9）　日本聴覚障害学生高等教育支援ネットワーク「はじめての聴覚障害学生支援講座」「聴覚障害学生支援の流れ　２．支援のための準備」https://www.pepnet-j.org/support_contents/beginners/support_seminar/support_seminar03_02（2022年2月12日閲覧）

登録や謝金をはじめとするルールの作成、教員への配慮依頼やオリエンテーションでの情報保障など、入学前に支援体制を構築することの重要性を指摘している。

　組織的な支援体制としては、学生課・教務課を中心とした担当部署[10]が中心となり、障害のある学生本人と授業担当教員、そして支援学生といったミクロレベルの支援者との連携をとりつつ、障害学生支援委員会というミドルレベルの組織とも連携を図ることで、大学の教育体系の中に位置付けて、情報の共有と支援を図る体制を一例としてあげている。学生・職員・教員という大学運営のアクターを、ミクロとミドルレベルでつないでいる点が非常に重要であると思われる。

　先天的な問題を抱える学生と、外国語能力による問題を抱える学生と、問題の質は同質ではなく、また全学生に占める学生の比率や、学生の支援に支出できる補助金の金額など経費の面も異なるため、まったく同じ支援ができる可能性は低い。しかし、授業の内容を学生に合わせて提供する仕組みを教職員や学生参加による協力によって構築する方法を検討していくことは、情報保障という観点からも重要ではないかと考える。

---

(10)　その他の部署の例として、ボランティアセンター、学生生活支援センター、障害学生支援センター等の組織があげられている。

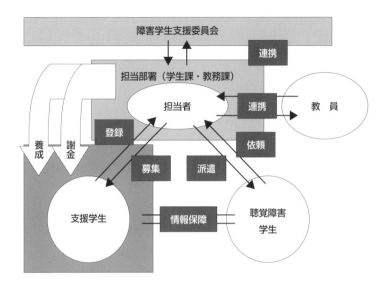

（日本聴覚障害学生高等教育支援ネットワーク「はじめての聴覚障害学生支援講座」「聴覚障害学生支援の流れ　4．支援体制の構築(11)」より転載）

図9-2　聴覚障害学生に対する学内支援体制の例

(3)ミクロレベルの課題

　ミドルレベルの大学の授業運営や、学生間や組織間の交流を進めていくためには、一人一人の学生や教職員の意識改革が不可欠であり、日本人学生も留学生もともに大学組織の一員であり、互いに支え合い、協力していくという雰囲気を醸成していくことが重要であると思われる。そのためには、様々な社会的背景を持つ人々の共存共生の意識を育てるグローバルシティズンシップ教育が不可欠であ

(11)　日本聴覚障害学生高等教育支援ネットワーク「はじめての聴覚障害学生支援講座」「聴覚障害学生支援の流れ　4．支援体制の構築　https://www.pepnet-j.org/support_contents/beginners/support_seminar/support_seminar03_04（2022年2月12日閲覧）

ると考える。グローバルシティズンシップ教育は、国籍を問わず、子どもから大人まであらゆる人々が必要な教育項目ではあるが、学生の学歴や国籍、生活環境によってニーズが異なると考えられる。永岡・鄭（2018）では、スーパーグローバル大学創成事業に採択された大学、いわゆるエリート型大学に在籍する留学生と、本研究の第6〜8章で対象とした、ノンエリート型の中規模私立大学の留学生を対象に異文化理解に対する意識の比較調査を実施した。その結果、すべての留学生が日本語学習の必要性を感じていたが、エリート型大学の留学生は、授業や研究、そしてそれらを指導する教員との関係性を重視し、学習を進めるリソースやネットワークを既に個人的に獲得している傾向が見られたのに対し、ノンエリート型大学の留学生はアルバイトでの人間関係を重視し、仕事を進める上での協調性や社会的なルールを重視しているが、学習を進める手段としては「日本語能力試験の勉強をする」といった限定的な方法に頼っており、自ら学習方法や手段を探索する意識が希薄である傾向が見られた。永岡・鄭（2018）のデータをさらに留学生の国籍別に分析すると、全体的に「文化」や「経験」「友人」といった社会的な関係性を重視する傾向が見られたが、特に中国人留学生に「イベント」「サークル」「ボランティア」「スポーツ」といった授業外の課外活動に対する関心や、「聴解」「ニュース」「ツール」といった学習リソースやストラテジーへの関心が高い傾向が見いだされた。このように、社会全体に必要とされるグローバルシティズンシップ教育であるが、学生のレディネスやニーズによって異なる学習内容が予想される。そのため、今後さらに学生のグローバルシティズンシップに対する意識やニーズを調査することによって、グローバルシティズンシップ教育を進めていくカリキュラム作成のための調査や研究が必要になってくるのではないかと思われる。

⑷今後の留学生支援に向けて

以上のようなマクロ、ミドル、ミクロの課題を克服し、持続可能な留学生支援体制を構築していくことが重要である。大学での学業を継続できるような留学生の支援体制について、どのような体制が考えられるだろうか。

支援体制の１つのモデルとして、図9-3を提案したい。支援体制に関わるアクターを四角で囲み、矢印はアクター間の関係性を示している。

まず支援体制を構築する上で必要なことは、学長を中心に大学の留学生政策を定め、教育方針を明確にすることだと思われる。そして、留学生政策が教育方針に沿って進んでいっているかどうか、PDCA サイクル（PDCA cycle、plan-do-check-action cycle）で検証することが必要である[12]。PDCA サイクルは、３つのレベルで必要になると思われる。１つ目は大学の留学生政策が文部科学省や法務省などの日本政府の政策や、国際情勢の中で適切であるか判断するマクロレベルでの検証、２つ目は大学組織間での運用が適切であるかを見直すミドルレベルでの検証、そして３つ目は支援を行う教員や学生といった個人の活動を見直すミクロレベルの検証である。

大学全体の留学生政策に基づき、大学教育における具体的な目標や運用、実行については、学部や科目担当者、また事務組織の中で分担しながら進めていくべきものであるが、それぞれの組織の長を中心に、問題点の共有化を図ることが重要であると考えられる。

（12）　堤（2012：321）は、「PDCA サイクルは、特に品質管理や生産管理の分野で企業が目的を達成する為の計画を策定し、計画通り実行できたかを評価し、次期への行動計画へと結びつける、一連の管理システムの１つである。計画（plan）、実行（do）、評価（check）、改善（act）を順に実施し、改善を次の PDCA サイクルに繋げ、螺旋を描くように継続的に業務改善を行う手法である。」と説明している。

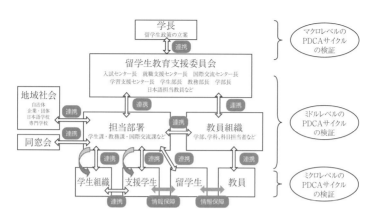

図9-3　大学における留学生支援体制のモデル（筆者作成）

　留学生に直接教育や支援を行うのは、個々の教員や支援の学生である。留学生は日本語能力に問題があることが多く、本来ならば自助努力によって日本語能力を高めて対応するべきであるが、大衆化大学における現状を踏まえて、教員も学生に対して情報保障の観点から責任を担う必要があるのではないだろうか。さらに、情報保障は授業だけでなく、大学の手続きに関する情報など幅広く行う必要があるが、すべてを教職員が担えるわけではないため、日本人学生や日本語能力の高い留学生を中心に、情報保障を支援する学生の存在も望まれる。支援学生は、すぐに自発的に動ける学生もいれば、そうでない学生もいるであろう。大学の手続きやルールに沿った支援ができるよう、事前に留意点を説明し、適切に行動できるような養成期間も必要だと思われる。支援学生は個人だけでなく、学生組織にも参加を呼びかけ、大学キャンパス内の意識を広く高めていくことも考えられる。

　さらに留学生の支援には、大学キャンパス内だけでなく、留学生が生活する地域社会との連携も必要であろう。生活面での支援では

地方自治体、就職やインターンシップ、そして奨学金などの支援では企業や関係団体、さらに大学入学前に大学生活に対する適切な情報提供や入学準備をする上では、日本語学校や専門学校との連携も必要になってくるであろう。

　大学の留学生に対する支援は、大学に在籍している期間がその中心になるが、留学生にとって留学という体験は、留学生の一生を左右する大きな体験であり、進路やその後の生活にも影響を与えるものである。また、将来再び大学で学び直す機会を求める学生も出てくる可能性も考える。留学生は卒業後帰国して大学から離れてしまうのではなく、ライフサイクルに合わせて大学での学びや支援が継続できるよう、同窓会なども含めた連携も重要であると考えられる。

　2018年12月8日には、改正入国管理法が可決され、日本の少子高齢化を補う人材として、今後さらに外国人労働者の受入れが進むことになった[13]。これに伴い、日本での就職を目的に大学入学を目指す留学生や、労働者として来日後、大学へ入学を希望する者、さらに外国人労働者の子弟など、大学で学ぶ学生の国籍はますます多様になることが予想される。多様な人材が共生し、充実した高等教育を受ける体制を築くために、アクター間の連携の努力と検証は不可欠であると考える。

9.3.3　今後の研究上の課題

　以上、本研究のまとめを行い、本研究の意義を示した。しかし、課題も残されている。

---

(13)　日本経済新聞（2018）「外国人受け入れ5年で最大34万人　改正入管法が成立」　2018年12月8日付電子版　https://www.nikkei.com/article/DGXMZO 38705720Y8A201C1000000/（2022年4月1日閲覧）

まず、分析対象についての課題が残されている。大学教育と留学生教育のアクターの抽出が限定的であることである。マクロレベルでは政府のほかに経済団体や国会議員など、またミドルレベルでは大学の学長のほかに理事長や、組織の部局の長を務める教職員、そしてミクロレベルでは日本人学生と留学生の保護者、日本語学校関係者など、関係するアクターが多く存在する中で、今回は特定のアクターに限定されることになってしまった。大学教育・留学生教育の全体を明らかにするためには、さらに対象とするアクターを拡大して研究する必要がある。

　次に、分析方法である。マクロレベルのアクターについては、文献研究によるイシュー・アプローチ、ミドルとミクロレベルのアクターにはインタビューによるサーベイ・アプローチを選択したが、マクロレベルのアクターについてもインタビューなどのサーベイ・アプローチを実施することによって、分析の観点が広がる可能性がある。それぞれのアクターの調査に適した手法をさらに検討していく必要がある。

　最後に、大学大衆化と留学大衆化が進んだ、大衆化型大学のアクターへの働きかけであるが、今回はミクロレベルのアクターの中でも、学生を対象とする授業実践の事例にとどまった。実際に大学を改革するためには、ミクロレベルの教員同士で連携する必要性があるほか、大学の政策を決定権者であるミドルレベルの学長への働きかけも必要である。さらに、根本的な留学生政策を変えるためには、マクロレベルの政府にも働きかける必要もある。各レベルのアクターへの効果的な働きかけの方法については、さらに調査研究を通じてデータを蓄積すると共に、各レベルのアクターとの連携方法を探索していくことが重要であると考える。

　今後も大学大衆化・留学大衆化の流れは止まらず、大学大衆化・留学大衆化時代の中で生き残りを図るために、大学間の競争は一層

激しくなることが予想される。大衆化型大学は、それぞれの大学の方針を定め、ミクロレベルの学生を一市民として社会で自立できるよう教育することが社会的役割であると考える。大学教育をめぐるアクターは多岐にわたり、また学問の自由が前提とされるため、マクロ・ミドル・ミクロのそれぞれのレベルにおいてアクターに働きかけることは決して容易ではない。大衆化型大学が他大学の教育改善に資するべく、上記課題を踏まえて調査・研究を継続していきたい。

あとがき

　本書は、2019年2月に早稲田大学日本語教育研究科に提出した博士論文「大学大衆化時代における日本語教育の役割と可能性─グローバルシティズンシップの育成をめざした研究と実践の試み─」をもとにまとめたものである。博士論文を提出した2019年末から拡大し始めた新型コロナウィルスの影響で、世界の留学生教育は大きな変化にさらされている。2020年春から日本における外国人の入国は段階的に制限され、2021年1月からは全世界のすべての国・地域に対して新規入国及び査証発給が停止された。アメリカやヨーロッパ、そしてアジアの一部の国々がワクチンの接種証明の取得を条件に2021年末から徐々に水際対策を緩和し、留学生をはじめとする海外からの渡航者の入国を容認する方針が広がっている中で、日本は2022年2月まで原則として新規の入国を停止する状態が続いていた[(1)]。2022年1月29日付の日本経済新聞によると、海外で待機中の日本への留学生は2021年10月時点で14万人を超え、日本政府に対して入国を再開するよう抗議運動も起きていると言われていた。2022年3月からは日本政府の水際対策が緩和され、留学生が優先的に海外から入国できるようになってきたが、中国を中心と

（1）　日本経済新聞（2022）「コロナ水際規制、世界で進む「開国」　日本のみ厳しく新型コロナ」2022年1月29日電子版　https://www.nikkei.com/article/DGXZQOGR2802Z0Y2A120C2000000/?type=my#AwAUAgAAMTI0NTQ1（2022年1月30日閲覧）

した感染の再拡大の影響もあり、日本への留学が以前の状況に戻るためにはまだ時間がかかることが予想される。2020年度の留学生数は279,579人と前年比で約10％減となり、特に日本語教育機関で学ぶ留学生数が27.4％減となり、減少が著しくなっている[2]。高度人材の育成を目指して2008年から進められてきた「留学生30万人計画」の見直しが迫られている。

しかしながら、高等教育が普及し、大学大衆化が進む中で、日本の大学でいかに留学生を受け入れ、育成していくか、という留学生教育政策の明確なビジョンを作成し、マクロ・ミドル・ミクロのアクターの連携によって留学生教育を支援していくことの重要性という問題の本質は変わらない。本書での研究や実践内容は、全世界で展開されている留学生教育のほんのわずかな活動にすぎないが、マクロ・ミドル・ミクロにおよぶ政策と実践を俯瞰的に捉え、ポストコロナの留学生政策を検討していく上での一助となれば幸いである。

筆者と本テーマとの出会いは、主指導である宮崎里司先生のご示唆によるものである。社会の変化を予測する先見性と、その影響を様々な観点から分析する洞察力、そして課題解決に向けた実行力に深い感銘を受けた。長年にわたるご理解とご指導に、心から感謝している。

その他、早稲田大学大学院の諸先生方には、文学研究科修士課程入学以来、日本語研究教育センター助手、客員講師の時代を含め、筆者が日本語教育に携わっていく中で、折に触れ温かいご指導とご鞭撻をいただいた。この場をお借りして、厚く御礼を申し上げたい。

研究と論文執筆の期間には、多くの方のお世話になった。直接お

（2）　日本学生支援機構（JASSO）（2021）「2020（令和2）年度外国人留学生在籍状況調査結果」https://www.studyinjapan.go.jp/ja/statistics/zaiseki/data/2020.html（2022年1月30日閲覧）

名前は記載できないが、調査研究にご協力いただいた、すべての学生と教職員の皆様、関係者の皆様にも、心から御礼を申し上げると共に、いつかご恩返しができればと思っている。

　本書は、流通情報学部25周年記念叢書の一冊として出版の機会をいただいた。貴重な機会を与えてくださった流通情報学部をはじめ、大学関係者の皆様に感謝の意を呈したい。作業の遅い筆者を辛抱強く見守って下さった流通経済大学出版会の皆様、執筆経験の浅い筆者に丁寧にご支援下さったアベル社の依田さんにも心より感謝申し上げたい。

　最後に、長年にわたり、論文の完成を信じ、辛抱強く支えてくれた夫と二人の息子たちにも感謝の気持ちを捧げたい。ありがとうございました。

　　2022年6月

永岡　悦子

参考文献

【日本語参考文献】

愛知県教育懇談会資料（2016）「児童生徒の市民性・社会性を高めるシティズンシップ教育に関する取組」https://www.pref.aichi.jp/uploaded/life/178899_371274_misc.pdf （2022年5月31日最終閲覧）

赤坂真人（2010）『増補改訂版 基礎社会学』ふくろう出版

赤坂真人（2015）「21世紀における大学の再定義と制度改革の必要性」『吉備国際大学研究紀要（人文・社会科学系）』第25号，pp.35-49

浅井暢子（2012）「偏見低減のための理論と可能性」加賀美常美代ほか編『多文化社会の偏見・差別形成のメカニズムと低減のための教育』明石書店，pp.100-124

朝日新聞出版　知恵蔵 mini「2018年問題」https://kotobank.jp/word/2018年問題-192510（2022年5月31日最終閲覧）

朝比奈なを（2010）『高大接続の"現実"―"学力の交差点"からのメッセージ』学事出版

天野郁夫（1986）『高等教育の日本的構造』玉川大学出版部

天野郁夫（1986＝2010）「第2章エリートからマスへ―大衆化の過程と構造」中村高康編集（2010）『大学への進学』pp.36-74

天野郁夫・喜多村和之（1976）「解説」『高学歴社会の大学』東京大学出版会，pp.181-204

天野郁夫編（1997）『大学を語る―22人の学長』玉川大学出版部

天野郁夫編（2000）『学長　大学改革への挑戦』玉川大学出版部

天野郁夫（2007）「いま、求められる高等教育研究とは」日本高等教育学会第10回大会，公開シンポジウム，配布資料

有賀理（2014）「グローバル30（2009年～2013年度）～これまで、そしてこれから～」https://www.jsps.go.jp/j-kokusaika/follow-up/data/h26/

Presentation_MEXT.pdf（2022年5月31日最終閲覧）

天野郁夫（2013）『大学改革を問い直す』慶応義塾大学出版会

居神浩（2010）「ノンエリート大学生に伝えるべきこと―「マージナル大学」の社会的意義」『日本労働研究雑誌』第60号，pp.27-38

居神浩（2013）「マージナル大学における教学改革の可能性」広田照幸ほか編『シリーズ大学2　大衆化する大学―学生の多様化をどうみる』岩波書店 pp.75-104

居神浩（2015）『ノンエリートのためのキャリア教育論　適応と抵抗そして承認と参加』法律文化社

池内秀己・齊藤毅憲・簱本智之・吉田優治監修　全国ビジネス系大学教育会議編著（2014）『グローバル人材を育てます』学文社

池上彰（2011）『池上彰の新聞勉強術』文藝春秋

石井恵理子・藤川美穂・谷啓子（2012）「異文化間協働活動を中心とした日本語教育実習における実習生の意識変容」『東京女子大学比較文化研究所紀要』73，pp.43-73

李在鎬編（2017）『文章を科学する』ひつじ書房

石森広美（2013）『グローバル教育の授業設計とアセスメント』学事出版

泉屋利吉（2018）「受講者満足度調査と学びの実態に関する分析」『工学教育研究；KIT progress』（26）pp.21-30

市川昭午（1995）『大学大衆化の構造』玉川大学出版部

市川昭午（2000）「1章　高等教育政策研究の課題と方法」喜多村和之編『高等教育と政策評価』玉川大学出版部，pp.18-39

市川太一（2007）『30年後を展望する中規模大学―マネジメント・学習支援・連携―』東信堂

市川孝（1978）『国語教育のための文章論概説』教育出版

一般社団法人日本私立大学連盟「加盟大学について」https://www.shidairen.or.jp/about/guide/（2022年5月31日最終閲覧）

井手弘人（2012）「韓国―競争環境の再編と大学評価情報公開・活用の強化―」『激動するアジアの大学改革―グローバル人材を育成するために―』ぎょうせい，pp.51-64

伊藤彰浩（2013）「大学大衆化への過程―戦後日本における量的拡大と学生層の変容」『大衆化する大学―学生の多様化をどうみるか』17-46 岩波書店 pp.17-46

伊藤光利・田中愛治・真渕勝（2000）『政治過程論』有斐閣

井下千以子（2008）『大学における書く力考える力　認知心理学の知見をもとに』東信堂

内田安伊子・内田紀子（2008）『構成・特徴・分野から学ぶ　新聞の読解』スリーエーネットワーク

旺文社（2013）『2014年（平成26）年度用　大学の真の実力　情報公開BOOK』

旺文社教育情報センター（2015）「26年度私立大等経常費補助金交付状況」http://eic.obunsha.co.jp/resource/pdf/educational_info/2015/0331_k.pdf（2022年5月31日最終閲覧）

旺文社（2017）「29年度私立大・短大入学状況私立大「入学定員割れ」229大学・39.4％で、6年ぶり30％台に"好転"！」https://eic.obunsha.co.jp/resource/pdf/exam_info/2017/0814_1.pdf　（2022年5月31日最終閲覧）

OECD（経済協力開発機構）（2014）『図表で見る教育　OECDインディケータ2014年版』明石書店

大崎仁（1999）『大学改革1949～1999－新制大学一元化から「21世紀大学の大学像」へ』有斐閣

大嶽秀夫（1990）『政策過程』東京大学出版会

太田浩（2010）「留学生三〇万人計画時代における留学生の入学選考」『留学交流』Vol.22, No.6, pp.2-5

太田浩（2014）「日本人学生の内向き志向に関する一考察　─既存のデータによる国際志向性再考─」ウェブマガジン『留学交流』Vol.40, pp.1-19

小川洋（2017a）『消えゆく限界大学』白水社

小川洋（2017b）「2018年の大問題　「中小限界大学消滅」は回避可能か」http://gendai.ismedia.jp/articles/-/53631（2022年5月31日最終閲覧）

岡部恒治・西村和雄・戸瀬信之（1999）『分数ができない大学生──21世紀の日本が危ない』東洋新聞経済社

外務省（2021）「欧州連合（EU）概況」https://www.mofa.go.jp/mofaj/area/eu/data.html#:-:text=1%20%E6%AC%A7%E5%B7%9E%E9%80%A3%E5%90%88%EF%BC%88EU%EF%BC%9AEuropean,%E3%82%92%E5%BD%A2%E6%88%90%E3%81%97%E3%81%A6%E3%81%84%E3%82%8B%E3%80%82（2022年5月31日最終閲覧）

閣議決定（2013）「教育振興基本計画」www.mext.go.jp/a_menu/keikaku/

detail/__icsFiles/afieldfile/2013/06/14/1336379_02_1.pdf（2022年5月31日最終閲覧）

加賀美常美代（2006）「大学における異文化間コミュニケーション教育と多文化間交流」『日本研究』高麗大学校日本学センター　第6号　pp.107-135

加賀美常美代・守谷智美・村越彩・岡村佳代・黄美蘭・冨田裕香（2012）「大学における偏見低減のための教育実習とその効果」加賀美常美代・横田雅弘・坪井健・工藤和宏編著、異文化間教育学会企画『多文化社会の偏見・差別　形成のメカニズムと低減のための教育』明石書店，pp.125-149

加賀美常美代編著（2013）『多文化共生論　多様性理解のためのヒントとレッスン』明石書店

加賀美常美代・小松翠（2013）「大学コミュニティにおける多文化共生」加賀美常美代編著『多文化共生論　多様性理解のためのヒントとレッスン』明石書店，pp.265-289

葛城浩一（2011）「ボーダーフリー大学教員の大学教授職に対する認識：大学教授職の変容に関する国際調査」を用いた基礎的分析」『大学論集』第42集　広島大学高等教育センター，pp.159-175

葛城浩一（2013）「ユニバーサル化」『大学改革を成功に導くキーワード30』学事出版　第1章　全学レベル・高等教育政策にかかわる10のキーワード

学校教育法（昭和二十二年法律第二十六号）施行日：令和二年四月一日（令和元年法律第四十四号による改正）https://elaws.e-gov.go.jp/document?lawid=322AC0000000026（2022年2月14日閲覧）

金子元久（2014）『留学の新段階，IDE現代の高等教育』2014年2－3月号　No.558，IDE大学協会

加茂利男・大西仁・石田徹・伊藤恭彦（2003）『現代政治学』新版　有斐閣

川上尚恵（2016）「戦後の日本国内の外国人留学生：1950～60年代の留学生教育問題」を中心として」『神戸大学留学生センター紀要』pp.21-40

川喜田二郎（1967）『発想法－創造性開発のために』中公新書

川口直巳（2014）「学生の「多文化共生」意識へ育成を目指して」『教養と教育』13, pp.9-14.

関西大学「歴代学長」 http://www.kansai-u.ac.jp/nenshi/people/president. html#fragment-0（2022年5月31日最終閲覧）

関西大学「歴代理事長」 http://www.kansai-u.ac.jp/nenshi/people/president. html#fragment-1（2022年5月31日最終閲覧）

関西大学「関大大学通信」 第176号 昭和63（1988）年10月12日 http:// www.kansai-u.ac.jp/nenshi/sys_img/article_1_75.pdf（2022年5月31日 最終閲覧）

喜多村和之（1986＝2010）「高等教育体制の段階移行論─〈トロウ・モデル〉の再検討」リーディングス 日本の高等教育1『大学への進学選抜と接続』玉川大学出版部，第1部高等教育の大衆化，pp.29-47

喜多村和之（2000）『高等教育と政策評価』玉川大学出版部

北村友人・杉村美紀共編（2012）『激動するアジアの大学改革─グローバル人材を育成するために─』ぎょうせい

北村友人（2015）「グローバル・シティズンシップ教育をめぐる議論の潮流」『異文化間教育』42，pp.1-14

木下康仁（2003）『グラウンデッド・セオリー・アプローチの実践』弘文堂

草野厚（2012）『政策過程分析入門』［第2版］東京大学出版会

草原克豪（2008）『日本の大学制度』弘文堂

工藤和宏・上別府隆男・太田浩（2014）「第2章 日本の大学国際化と留学生政策の展開」『私学高等教育研究叢書2 日韓大学国際化と留学生政策の展開』私学高等教育研究，pp.13-52

窪田眞二（2007）「第2部 各国のシティズンシップ教育 4ヨーロッパ編 3イギリス─必修教科「シティズンシップ」で参加・フェア・責任をどう教えるか?」嶺井明子編（2007）『世界のシティズンシップ教育 グローバル時代の国民／市民形成』東信堂，pp.184-195

CLAR北京事務所（2015）「CLAIR メールマガジン（2015年1月配信）「時代とともに移り変わる中国の留学ブーム〜中国人留学生は「ウミガメ」から「コンブ」へ〜」北京事務所

グローバル人材育成推進会議（2012）「グローバル30」http://www.clair. or.jp/j/forum/c_mailmagazine/201501_3/7.pdf（2022年2月14日閲覧）

経済協力開発機構（OECD）（2014）『図表で見る教育 OECD インディケータ2014年版』明石書店

経済産業省（2021）「OECD（経済協力開発機構）」https://www.meti.go.jp/

policy/trade_policy/oecd/index.html（2022年2月12日閲覧）

国際教育交流協議会（JAFSA）（2010）JAFSA「アンケート：文部科学省による"授業料減免"廃止について（2010年2月実施）」アンケート集計結果

国際大学「国際大学が目指す教育」https://www.iuj.ac.jp/jp/about/education/（2022年5月31日最終閲覧）

国際大学「学長からのメッセージ」https://www.iuj.ac.jp/jp/about/president/（2022年5月31日最終閲覧）

国立教育政策研究所（2016）『資質・能力　理論編』東洋館出版社

国立教育政策研究所（2015）『平成26年度プロジェクト研究調査研究報告書　資質・能力を育成する教育課程の在り方に関する研究報告書1〜使って育てて21世紀を生き抜くための資質・能力〜』国立教育政策研究所　https://www.nier.go.jp/05_kenkyu_seika/pdf_seika/h28a/syocyu-1-1_a.pdf（2022年5月31日最終閲覧）

小宮千鶴子（2011）「新聞の文体」中村明・佐久間まゆみ・髙崎みどり・十重田裕一・半沢幹一・宗像和重 編（2011）『日本語文章・文体・表現事典』pp.218

齋藤剛史（2014）「教育動向　私大の「機能別分化」にグローバル対応を追加　求められる役割とは」Benesse 教育情報サイト　https://benesse.jp/kyouiku/201412/20141201-1.html（2022年5月31日最終閲覧）

阪上辰也（2015）「テキストマイニングによる英語授業に関する自由記述回答の内容分析」『広島外国語教育研究』（18），pp.55-64

坂口昌子（2017）「日本語学習者の要約文の問題点― テストの成績とパフォーマンスの成果のずれを考える―」京都外国語大学『研究論叢』（89），pp.101-113

佐久間まゆみ編（1989）『文章構造と要約文の諸相』ひつじ書房

佐久間まゆみ編（1994）『要約文の表現類型　日本語教育と国語教育のために』ひつじ書房

佐久間まゆみ研究代表（1997）『要約文の表現類型と評価方法－外国人留学生と日本人大学生の比較－』平成6年度〜平成8年度科学研究費補助金（基盤研究（C）（2）研究成果報告書）

佐久間まゆみ（1999）「現代日本語の文章構造類型」『日本女子大学紀要文学部』44，pp.93-109

佐久間まゆみ研究代表（2000）『日本語の文章・談話における「段」の

構造と機能』平成 9 年度～平成11年度科学研究費補助金（基盤研究（C）（2）研究成果報告書）

佐久間まゆみ（2002）「第 3 章　接続詞・指示詞と文連鎖」野田尚史・益田隆志・佐久間まゆみ・田窪行則著『日本語の文法 4　複文と談話』岩波書店，pp.119-189

佐久間まゆみ（2003）「第 5 章　文章・談話における「段」の統括機能」北原保雄監修，佐久間まゆみ編『朝倉日本語講座 7　文章・談話』pp.91-119

佐久間まゆみ編著（2010）『講義の談話の表現と理解』くろしお出版

佐々木隆生（2009）「日本の大学入学者選抜と留学生選考」『留学交流』日本学生支援機構，Vol.21, No.6, pp.2-5

佐藤郁哉（2008）『質的データ分析法―原理・方法・実践』新曜社

佐藤由利子（2016）「ベトナム人、ネパール人留学生の特徴と増加の背景―リクルートと受け入れにあたっての留意点―」ウェブマガジン『留学交流』2016年 6 月号，Vol.63, pp.12-23

島広樹（2005）「V. 自ら考え、発言・行動を起こそう」鈴木崇弘編著『シティズンシップ・リテラシー』pp.165-208

首相官邸（2013）「日本再興戦略 JAPAN is BACK」http://www.kantei.go.jp/jp/singi/keizaisaisei/pdf/saikou_jpn.pdf（2022年 5 月31日最終閲覧）

出入国在留管理庁「特定技能制度」https://www.moj.go.jp/isa/policies/ssw/nyuukokukanri01_00127.html（2022年 2 月12日閲覧）

出入国在留管理庁「新たな外国人材の受入れ及び共生社会実現に向けた取組」（令和 3 年12月更新）https://www.moj.go.jp/isa/content/001335263.pdf（2022年 2 月12日閲覧）

徐亜文（2011）「中国人留学生の中国帰国後の就職問題」守屋貴司編著（2011）『日本の外国人留学生・労働者と雇用問題』晃洋書房，pp.91-120

障害を理由とする差別の解消の推進に関する法律（平成二十五年法律第六十五号）（平成28年 4 月 1 日（基準日）現在のデータ）https://elaws.e-gov.go.jp/document?lawid=425AC0000000065（2022年 2 月14日閲覧）

白土悟・権藤与志夫（1991）「外国人留学生の教育・生活指導における現状と課題―大学教員及び事務職員層に対する質問紙調査報告」『比較教育文化研究施設紀要』42巻，97-119.

杉本和弘（2011）「豪州大学による国際教育の展開と留学生の質保証」

『留学交流』日本学生支援機構 pp.12-15, Vol.23, no.1

鈴木明夫（2009）『図を用いた教育方法に関する心理学的研究―外国人文章理解における探索の効率性―』開拓者

鈴木志のぶ（2006）「議論の多方面的分析方法」『第2回議論学国際学術会議報告集』pp.222-227

鈴木崇弘・上野真城子・風巻浩・成田喜一郎・中村美恵子・村尾信尚・福岡政行・川北秀人・細野助博・島広樹編著（2005）『シチズン・リテラシー』教育出版

鈴木洋子（2011）『日本における外国人留学生と留学生教育』春風社

総務省「選挙年齢の引き下げについて」http://www.soumu.go.jp/senkyo/senkyo_s/news/senkyo/senkyo_nenrei/（2022年5月31日最終閲覧）

総務省「高校生向け副教材「私たちが拓く日本の未来」について」http://www.soumu.go.jp/senkyo/senkyo_s/news/senkyo/senkyo_nenrei/01.htm（2022年5月31日最終閲覧）

大学審議会（1998）『21世紀の大学像と今後の改革方策について―競争的環境の中で個性が輝く大学―（答申）（平成10年10月26日　大学審議会）』https://warp.ndl.go.jp/info:ndljp/pid/11293659/www.mext.go.jp/b_menu/shingi/old_chukyo/old_daigaku_index/toushin/1315932.htm（2022年2月14日閲覧）

田川麻央（2012）「中級日本語学習者の読解における要点と構造の気づき―要点探索活動と構造探索活動の統合と順序の影響を考慮して―」『日本語教育』151号，pp.34-47

武田里子（2006）「日本の留学生政策の歴史的推移」『日本大学大学院総合情報研究科紀要』No.7, pp.77-88

田中宏（1995）『在日外国人―新版』岩波書店

田中治彦・杉村美紀共編（2014）『多文化共生社会におけるESD・市民教育』上智大学出版

谷川裕稔，長尾佳代子，壁谷一広，中園篤典，堤裕之編（2012）『学士力を支える学習支援の方法論』ナカニシヤ出版

田部井淳（2017）「大学カリキュラムの将来展望についての考察―大学教員は何をなすべきか―」『東京国際大学論叢　人間科学・複合領域研究』第2号，pp.1-15

丹勇貴（2010）「入管法改正と外国人留学生のキャリア教育」『留学交流』Vol.22, No.6, pp.22-25

近田政博（2011）「留学生の受け入れに関する大学教員の認識」『名古屋高等研究』第11号，pp.191-210

中央教育審議会（2008）「学士課程教育の構築に向けて」（答申）https://www.mext.go.jp/component/b_menu/shingi/toushin/__icsFiles/afieldfile/2008/12/26/1217067_001.pdf（2022年5月31日最終閲覧）

中央教育審議会（2013）「第2期教育振興基本計画」（答申）https://www.mext.go.jp/component/b_menu/shingi/toushin/__icsFiles/afieldfile/2013/05/08/1334381_02_2.pdf（2022年5月31日最終閲覧）

中央教育審議会大学分科会将来構想部会（2017）「今後の高等教育の将来像の提示に向けた論点整理【概要】」https://www.mext.go.jp/component/b_menu/shingi/toushin/__icsFiles/afieldfile/2018/01/04/1400115_02_2.pdf（2022年5月31日最終閲覧）

辻中豊（2012）『政治学入門』放送大学教育振興会　pp.10-17

堤裕之（2012）「PDCAサイクル」谷川裕稔・長尾佳代子・壁谷一広・中園篤典・堤裕之編（2012）『学士力を支える学習支援の方法論』ナカニシヤ出版　p.321

寺倉憲一（2009）「我が国における留学生受け入れ政策─これまでの経緯と「留学生30万人計画」の策定─」『レファレンス』国立国会図書館調査及び立法考査局，pp.27-47

デジタル大辞泉（2018）「報連相」https://kotobank.jp/word/報連相-628766#E5.A4.A7.E8.BE.9E.E6.9E.97.20.E7.AC.AC.E4.B8.89.E7.89.88（2022年5月31日最終閲覧）

東京外国語大学「大学の歴史と沿革」http://www.tufs.ac.jp/abouttufs/pr/history.html（2022年2月9日閲覧）

友松悦子（2008）『小論文への12のステップ』スリーエーネットワーク

冨並美希（2014）「専門学校のNIE授業と協働学習」『日本語教育方法研究会誌』Vol.21, No.1, pp.40-41

ドロア、イェヘッケル（2006）足立幸男監訳『公共政策決定の理論』ミネルヴァ書房

トロウ、マーチン（1978）『高度情報社会の大学』喜多村和之訳　玉川大学出版部

トロウ、マーチン（1976）天野郁夫・喜多村和之訳『高学歴社会の大学─エリートからマスへ』東京大学出版会

長尾佳代子（2012）「大学全入」『学士力を支える学習支援の方法論』

ナカニシヤ出版，pp.317

永岡悦子（2012）「1996年から2011年までの国内留学生数の変化と要因について」『流通経済大学流通情報学部紀要』Vol.17, No.1, pp.291-304

永岡悦子（2013）「中規模私立大学の留学生担当教員が抱える諸課題，日本語教育の視点から」日本リメディアル教育学会，第9回全国大会発表予稿集，pp.150-151

永岡悦子（2016）「新聞記事の要約による異文化間能力の育成―外国語教育から異文化市民の教育へ―」，CAJLE2016 大会 Proceedings, Canadian Association for Japanese Language Education, pp.202-211

永岡悦子・鄭惠先（2017）「「多文化交流型授業」の授業設計とアセスメントのための基礎的研究」，CAJLE2017 大会 Proceedings, Canadian Association for Japanese Language Education, pp.166-175

永岡悦子（2017）「大学生に対するグローバル・シティズンシップ教育の試み―日本語とアジアの関係を学ぶ実践から―」『流通経済大学流通情報学部紀要』Vol.21, No.2, pp.219-238

永岡悦子（2018）「新聞コラムを用いた日本人大学生と外国人留学生の要約文比較調査」『流通情報学部紀要』Vol.23, No.1, pp.53-73

永岡悦子・鄭惠先（2018）「学習者の視点からみた汎用的能力の再考―異文化理解に対する外国人留学生の意識調査をもとに―」ヴェネチア2018年日本語教育国際大会

永岡悦子（2019）「第2章　中規模大学　留学生担当教員が抱える問題意識から見えるもの」宮崎里司・春口淳一編『持続化可能な大学の留学生政策　アジア各地と連携した日本語教育に向けて』明石書店，pp.47-67

永岡悦子（2020）「異文化理解に対する外国人留学生の意識調査―中国人留学生とベトナム人留学生の比較から―」『流通経済大学流通情報紀要』24巻2号，pp.51-76

永岡悦子（2021）「外国人留学生が求める資質・能力に関する一考察」早稲田大学日本語学会編『早稲田大学日本語学会　設立60周年記念論文集　第2巻　言葉のはたらき』ひつじ書房，pp.363-379

中嶋嶺雄（2010）『なぜ、国際教養大学で人材は育つのか』祥伝社

長沼豊（2003）『市民教育とは何か　ボランティア学習がひらく』ひつじ書房

中村明・佐久間まゆみ・高崎みどり・十重田裕一・半沢幹一・宗像和重編集（2011）『日本語 文章・文体・表現・事典』朝倉書店

中村高康（2010）「「高等教育の大衆化」の理論と問題」『リーディングス　日本の高等教育1『大学への進学　選抜と接続』』玉川大学出版部，第1部　高等教育の大衆化 解説，pp.10-17

夏目達也（2013）「大学教育改革における大学執行部のリーダーシップの形成と発揮―国立大学副学長を中心に―」『大学経営高度化を実現するアカデミック・リーダーシップ形成・継承・発展に関する研究』平成22年度～平成24年度科学研究費補助金（基盤研究（B））（研究課題番号22330213）最終成果報告書

南山大学「建学の理念」https://www.nanzan-u.ac.jp/Menu/rinen/index.html（2022年5月31日最終閲覧）

南山大学「南山大学の歴史」https://www.nanzan-u.ac.jp/Menu/history/index.html（2022年5月31日最終閲覧）

南部広孝（2012）「第一章　中国（1）―質の全体的な底上げと一流大学の形成を目指す教育大国」北村友人・杉村美紀　共編『激動するアジアの大学改革―グローバル人材を育成するために』上智大学出版，pp.15-28

西日本新聞社編（2017）『新　移民時代』明石書店

二宮晧・中矢礼美（2004）「留学生調査にみるわが国の大学院受け入れ体制の現実と課題：大学院留学生調査と教員調査の自由分析を通して」『広島大学留学生センター紀要』No.14, 47-63

日本学生支援機構（JASSO）（2014）「日本留学試験（EJU）とは」 https://www.jasso.go.jp/ryugaku/eju/about/about_a/about_eju.html （2022年5月31日最終閲覧）

日本学生支援機構（JASSO）（2004）「平成16年度外国人留学生在籍状況調査結果」 https://www.studyinjapan.go.jp/ja/_mt/2020/08/date2004z.pdf（2022年5月31日最終閲覧）

日本学生支援機構（JASSO）（2005）「平成17年度外国人留学生在籍状況調査結果」 https://www.studyinjapan.go.jp/ja/_mt/2020/08/date2005z.pdf（2022年5月31日最終閲覧）

日本学生支援機構（JASSO）（2006）「平成18年度外国人留学生在籍状況調査結果」 https://www.studyinjapan.go.jp/ja/_mt/2020/08/date2006z.pdf（2022年5月31日最終閲覧）

日本学生支援機構（JASSO）（2007）「平成19年度外国人留学生在籍状況
　　調査結果」　https://www.studyinjapan.go.jp/ja/_mt/2020/08/date2007z.
　　pdf（2022年5月31日最終閲覧）
日本学生支援機構（JASSO）（2008）「平成20年度外国人留学生在籍状況
　　調査結果」　https://www.studyinjapan.go.jp/ja/_mt/2020/08/date2008z.
　　pdf（2022年5月31日最終閲覧）
日本学生支援機構（JASSO）（2009）「平成21年度外国人留学生在籍状況
　　調査結果」　https://www.studyinjapan.go.jp/ja/_mt/2020/08/date2008z.
　　pdf（2022年5月31日最終閲覧）
日本学生支援機構（JASSO）（2010）「平成22年度外国人留学生在籍状況
　　調査結果」　https://www.studyinjapan.go.jp/ja/_mt/2020/08/date2010z.
　　pdf（2022年5月31日最終閲覧）
日本学生支援機構（JASSO）（2011）「日本留学試験受験者数の推移」
　　https://www.jasso.go.jp/ryugaku/eju/about/data/examinees.html　（2022
　　年5月31日最終閲覧）
日本学生支援機構（JASSO）（2012）「平成23年度外国人留学生在籍状況
　　調査結果」　https://www.studyinjapan.go.jp/ja/_mt/2020/08/date2011z.
　　pdf（2022年5月31日最終閲覧）
日本学生支援機構（JASSO）（2015）「障害のある学生への支援・配慮事
　　例」https://www.jasso.go.jp/statistics/gakusei_shogai_hairyo_jirei/__
　　icsFiles/afieldfile/2021/03/18/2014jirei_pless.pdf（2022年2月12日閲覧）
日本学生支援機構（JASSO）（2016a）「平成26年外国人留学生進路状
　　況・学位授与状況調査結果」　https://www.studyinjapan.go.jp/ja/_
　　mt/2020/08/date2014sg.pdf（2022年5月31日最終閲覧）
日本学生支援機構（JASSO）（2016b）「平成27年度外国人留学生在籍状
　　況調査」　https://www.studyinjapan.go.jp/ja/_mt/2020/08/date2015z.
　　pdf（2022年5月31日最終閲覧）
日本学生支援機構（JASSO）（2021）「2020（令和2）年度外国人留学生
　　在籍状況調査結果」https://www.studyinjapan.go.jp/ja/statistics/zaiseki/
　　data/2020.html（2022年1月30日閲覧）
日本機関紙新聞協会大阪府本部「新聞作り入門　Ⅴ　記事の種類とラフ
　　スケッチ」https://www.kikanshi-osaka.com/%E6%96%B0%E8%81
　　%9E%E4%BD%9C%E3%82%8A%E5%85%A5%E9%96%80/%E
　　F%BC%95%E8%A8%98%E4%BA%8B%E3%81%AE%E7%A8%

AE%E9%A1%9E%E3%81%A8%EF%BE%97%EF%BE%8C%EF
%BD%BD%EF%BD%B9%EF%BD%AF%EF%BE%81/（2022年
2月14日閲覧）

日本経済新聞（2013）2013年4月19日付　朝刊「春秋」https://www.nikkei.
com/article/DGXDZO54139240Z10C13A4MM8000/（2022年2月14
日閲覧）

日本経済新聞（2013）「私大の定員割れ40％　18歳人口増で6ポイント
改善」http://www.nikkei.com/article/DGXNASDG0804Y_Z00C13
A8CR0000/, 2013年8月9日付電子版（2022年5月31日最終閲覧）

日本経済新聞（2017）「アニメ・ゲームに若者熱中　中国」https://www.
nikkei.com/article/DGKKZO20491110Z20C17A8EAC000/　2017年8
月29日付電子版（2022年5月31日最終閲覧）

日本経済新聞（2018）「外国人受け入れ5年で最大34万人　改正入管法
が成立」 https://www.nikkei.com/article/DGXMZO38705720Y8A201C
1000000/　2018年12月8日付電子版（2022年4月1日閲覧）

日本経済新聞（2022）「コロナ水際規制、世界で進む「開国」　日本のみ
厳しく新型コロナ」 https://www.nikkei.com/article/DGXZQOGR2
802Z0Y2A120C2000000/?type=my#AwAUAgAAMTI0NTQ1, 2022年
1月29日電子版（2022年1月30日閲覧）

日本経済団体連合会（2011）「グローバル人材の育成にむけた提言」日
本新聞協会「教育に新聞を」「NIEとは」http://www.NIE.jp/about/
（2022年5月31日最終閲覧）

日本新聞協会「教育に新聞を」「NIE実践指定校・参加申請」http://www.
NIE.jp/selected/（2022年5月31日最終閲覧）

日本新聞協会「教育に新聞を」「NIEに関する出版物」http://www.NIE.
jp/publish/（2022年5月31日最終閲覧）

日本新聞協会「教育に新聞を」「NIE実践報告書」http://www.NIE.jp/
report/pamflet/（2022年5月31日最終閲覧）

日本新聞協会「教育に新聞を」「学習指導要領とNIE」http://www.NIE.
jp/study/（2022年5月31日最終閲覧）

日本新聞協会（2017）「ハッピーニュースとは」https://newspark.jp/contents/
happynews/about/（2022年5月31日最終閲覧）

日本聴覚障害学生高等教育支援ネットワーク「はじめての聴覚障害学生支
援講座」「聴覚障害学生支援の流れ　2. 支援のための準備」https://

www.pepnet-j.org/support_contents/beginners/support_seminar/support_
　seminar03_02（2022年 2 月12日閲覧）

日本聴覚障害学生高等教育支援ネットワーク「はじめての聴覚障害学生
　支援講座」「聴覚障害学生支援の流れ　4. 支援体制の構築」https://
　www.pepnet-j.org/support_contents/beginners/support_seminar/
　support_seminar03_042018（2022年 2 月14日閲覧）

文部科学省・日本ユネスコ国内委員会（2015）「参考 5　GCED：Global
　Citizenship Education（地球市民教育）について」http://www.mext.
　go.jp/unesco/002/006/002/003/shiryo/attach/1356893.htm（2022年 5
　月31日最終閲覧）

文部科学省・日本ユネスコ国内委員会「持続可能な開発のための教育」
　https://www.mext.go.jp/unesco/004/1339970.htm（2022年 4 月 1 日
　閲覧）

出入国在留管理庁「資格外活動許可について」　https://www.moj.go.jp/
　isa/applications/guide/nyuukokukanri07_00045.html（2022年 5 月31
　日最終閲覧）

野原仁（2016）「NIE の概要と国語科教育における留意点」『日本語学』
　Vol.35-9, pp.54-63

バイラム，マイケル（2015a）細川英雄（監修），山田悦子（翻訳），古村
　由美子（翻訳）『相互文化的能力を育む外国語教育：グローバル時代
　の市民性形成をめざして』大修館書店

バイラム，マイケル、柳美佐訳（2015b）「異文化間市民教育─外国語教
　育の役割」『異文化間教育とは何か─グローバル人材育成のために』
　p.155-179

朴恵煐（2003）「韓国人日本語学習者の要約文における論説文の結論の
　理解に関する問題」『早稲田大学日本語教育研究』 3，pp.71-83

朴恵煐（2011）『韓国人日本語学習者の要約作文における文章構造の理
　解と表現：日本語母語話者との比較』早稲田大学日本語教育研究科
　博士論文

橋本紘市（2008）『専門職養成の政策過程─戦後日本の医師数をめぐっ
　て─』学術出版会

橋本紘市（2014）『高等教育の政策過程　アクター・イシュー・プロセ
　ス』玉川大学出版

長谷川誠（2012）「戦後日本の国土計画における私立大学政策の展開過

程」佛教大学教育学部学会紀要，2012，pp.133-146

八若壽美子（2001）「韓国人日本語学習者の作文における読解材料からの情報使用―読解能力との関連から―」『世界の日本語教育』11，pp.103-114

濱名篤・川嶋太津夫・山田礼子・小笠原正明（2013）『大学改革を成功に導くキーワード30』学事出版，pp.16-21

濱中義隆（2013）「多様化する学生と大学教育」『大衆化する大学―学生の多様化をどうみるか』岩波書店，pp.47-74

濱中淳子（2013）「序論―大衆化する大学にどう向き合うべきか」『大衆化する大学―学生の多様化をどうみるか』岩波書店，pp.1-16

林篤裕（2018）「アドミッション・オフィスの機能と役割」『名古屋高等教育研究』18号，pp.39-53

PC Watch　2016年1月12日「野村総研、2030年には49%の職業がコンピュータで代替される可能性と研究報告～自動化されにくい職業の特徴は創造性と社会的知性」http://pc.watch.impress.co.jp/docs/news/738555.html（2022年5月31日最終閲覧）

樋口耕一（2014）『社会調査のための計量テキスト分析―内容分析の継承と発展を目指して』ナカニシヤ出版

一橋大学国際教育センター編（2015）の『留学生のためのジャーナリズムの日本語―新聞・雑誌で学ぶ重要語彙と表現―』スリーエーネットワーク

姫田麻利子（2005）「『欧州共通参照枠』における agent/acteur の概念について」『WEB版リテラシーズ』2（2），pp.11-18

広田照幸他編（2013）『大衆化する大学―学生の多様化をどうみるか』岩波書店

ファウラー，F.C. 堀和郎監訳（2008）『スクールリーダーのための教育政策入門』東信堂

福島青史（2012）「社会参加のための言語教育―多元的社会における言語政策とアイデンティティ管理のために」早稲田大学大学院日本語教育研究科博士学位申請論文

福島青史（2015）「「共に生きる」社会形成とその教育―欧州評議会の活動を例として」『異文化間教育とは何か』くろしお出版，pp.23-41

福永由香（2015）「ひと、ことばの多様化と共生の実現への挑戦―アメリカの移民言語教育政策から学ぶこと」富谷玲子・彭国躍・堤正典

『グローバリズムに伴う社会変容と言語政策』pp.193-223

藤村知子・朴恵煐（2010）「第11章　講義要約の理解と表現」佐久間ま
　　ゆみ編著『講義の談話の表現と理解』くろしお出版

藤原孝章（2008）「日本におけるシティズンシップ教育の可能性―試行
　　的実践の検証を通して―」『同志社女子大學學術研究年報』第59巻,
　　pp.89-106

ブリタニカ国際大百科事典（2014）「大衆化」https://kotobank.jp/word/
　　%E5%A4%A7%E8%A1%86%E5%8C%96-91272（2022年5月31日
　　最終閲覧）

古本裕美（2003）「日本語の文章は読解後にどのように再構成される
　　か（1）」『広島大学大学院教育学研究科紀要　第二部』第52号,
　　pp.243-251

細川英雄（2012）『「ことばの市民」になる　言語文化教育学の思想と実
　　践』ココ出版

北海道大学留学生センター（2014）「留学生と日本人学生がともに日本
　　語で学ぶ「多文化交流科目」の創設」『北海道大学留学生センター紀
　　要』第18号［特集］

man@bow（2018）「日経ストックリーグとは」https://manabow.com/sl/
　　study/detail.html（2022年5月31日最終閲覧）

牧野由香里（2010）「対話の進化を可視化する知識構築の十字モデル」
　　『日本教育工学会研究報告集』2010（3）, pp.133-140

松尾知明（2015）『21世紀型スキルとは何か』明石書店

松本節子・長友恵美子・佐久間 良子・浜畑 祐子・岩見 智恵子・盛田 真
　　規子（2015）『新聞・テレビ　ニュースの日本語』The Japan Times

水野マリ子・ハリソン、リチャード・高梨信乃（2012）「日本語学習支
　　援活動による学生の意識変容について：神戸大学夏期日本語日本文
　　化研修プログラムを中心に」『神戸大学留学生センター紀要』18,
　　pp.1-25

水戸英則編著（2014）『今、なぜ「大学改革」か？』丸善出版

宮弘美（2011）「NIE 授業が学習者に与える効果について　学習意欲と
　　学びの変容を分析する」『2011年度　日本語教育学会春季大会予稿
　　集』pp.268-273

宮弘美（2015）『NIE 実践ワークブック 新聞で身につく日本語力』国書
　　刊行会

宮崎里司（2011）「市民リテラシーと日本語能力」『早稲田日本語教育学』第 9 号，pp.93-98

村上治美（2010）『日本語中級表現―アカデミック・ジャパニーズの基礎』東海大学出版会

村松岐夫・伊藤光利・辻中豊（2003）『日本の政治』有斐閣

邑本俊亮（1998）『文章理解についての認知心理学的研究―記憶と要約に関する実験と理解過程のモデル化―』風間書房

明治大学国際日本学部　国際日本学部の教育課程編成・実施方針（カリキュラム・ポリシー）https://www.meiji.ac.jp/nippon/curriculum/policy_01curriculum.html（2022年 5 月31日最終閲覧）

両角亜希子（2010）『私立大学の経営と拡大・再編』東信堂

両角亜希子（2014）「大学教員の意思決定参加に対する現状と将来像」『広島大学　高等教育研究開発センター　大学論集』第45集，65-79

文部科学省（2002）「当初の「留学生受入れ10万人計画」の概要」http://www.mext.go.jp/b_menu/shingi/chukyo/chukyo4/007/gijiroku/030101/2-1.htm（2022年 5 月31日最終閲覧）

文部科学省（2003）『我が国の留学生制度の概要：受入れ及び派遣　平成14年度』

文部科学省（2004）『我が国の留学生制度の概要：受入れ及び派遣　平成15年度』

文部科学省（2005）『我が国の留学生制度の概要：受入れ及び派遣　平成16年度』

文部科学省（2013）『平成25年度学校基本調査（確定値）の公表について）』https://warp.ndl.go.jp/info:ndljp/pid/11293659/www.mext.go.jp/component/b_menu/other/__icsFiles/afieldfile/2014/01/29/1342607_1_1.pdf（2022年 5 月31日最終閲覧）

文部科学省（2014）「平成26年度私立大学等改革総合支援事業」について　http://www.mext.go.jp/a_menu/koutou/shinkou/07021403/002/002/1340519.htm（2022年 5 月31日最終閲覧）

文部科学省（2014）「諸外国の教育統計　平成26年度版」https://warp.ndl.go.jp/info:ndljp/pid/11293659/www.mext.go.jp/b_menu/toukei/data/syogaikoku/1352615.htm（2022年 5 月31日最終閲覧）

文部科学省（2014）「学校教育法及び国立大学法人法の一部を改正する法律及び学校教育法施行規則及び国立大学法人法施行規則の一部を改

正する省令」https://www.mext.go.jp/b_menu/hakusho/nc/__icsFiles/afieldfile/2014/09/10/1351814_7.pdf（2022年2月14日閲覧）

文部科学省（2015a）「教育課程企画特別部会　論点整理補足資料」https://www.mext.go.jp/component/b_menu/shingi/toushin/__icsFiles/afieldfile/2015/09/24/1361110_2_1.pdf（2022年4月1日閲覧）

文部科学省（2015b）『諸外国の教育動向2014年度版』明石書店

文部科学省（2015c）「平成28年度以降の定員管理に係る私立大学等経常費補助金の取扱について（通知）」https://www.mext.go.jp/a_menu/koutou/shinkou/07021403/002/002/__icsFiles/afieldfile/2015/07/13/1360007_2.pdf（2022年5月31日最終閲覧）

文部科学省（2016a）「トビタテ！留学JAPAN」http://www.tobitate.mext.go.jp/（2016年6月16日閲覧、2022年5月31日最終閲覧）

文部科学省（2016b）「「官民協働海外留学支援制度～トビタテ！留学JAPAN日本代表プログラム～」の第2期応募状況及び支援企業・団体について」http://www.mext.go.jp/a_menu/kokusai/tobitate/1353343.htm（2022年5月31日最終閲覧）

文部科学省（2017）「　学校基本調査　平成29年度Ⅱ　調査結果の概要［学校調査，学校通信教育調査（高等学校）］　https://warp.ndl.go.jp/info:ndljp/pid/11293659/www.mext.go.jp/component/b_menu/other/__icsFiles/afieldfile/2016/08/12/1365622_2_1.pdf（2022年5月31日最終閲覧）

文部科学省　私立大学等の振興に関する検討会議（2017）「私立大学等の振興に関する検討会議「議論のまとめ」（本文）」http://www.mext.go.jp/b_menu/shingi/chousa/koutou/073/gaiyou/1386778.htm（2022年5月31日最終閲覧）

文部科学省（2018）『文部科学白書〈平成29年度〉』日経印刷

文部科学省（2021）『文部科学白書〈令和2年度〉』日経印刷

文部科学省「スーパーグローバル大学創成支援事業」http://www.mext.go.jp/a_menu/koutou/kaikaku/sekaitenkai/1360288.htm（2022年5月31日最終閲覧）

文部省（1972）「学生百年史」第二編　戦後の教育改革と新教育制度の発展　第三章　学術・文化　第六節　学術文化の国際交流　二　留学生の招致・派遣と教育協力」https://www.mext.go.jp/b_menu/hakusho/html/others/detail/1317876.htm（2022年5月31日最終閲覧）

文部省（1984）『我が国の留学生制度の概要：受入れ及び派遣　昭和58

年度』

文部省（1997）『我が国の留学生制度の概要：受入れ及び派遣　平成8年度』

文部省（1998）『我が国の留学生制度の概要：受入れ及び派遣　平成9年度』

文部省（1999）『我が国の留学生制度の概要：受入れ及び派遣　平成10年度』

文部省（2000）『我が国の留学生制度の概要：受入れ及び派遣　平成11年度』

文部省（2001）『我が国の留学生制度の概要：受入れ及び派遣　平成12年度』

文部省（2002）『我が国の留学生制度の概要：受入れ及び派遣　平成13年度』

文部科学省、外務省、法務省、厚生労働省、経済産業省、国土交通省（2008）『「留学生30万人計画」骨子』 https://www.mext.go.jp/a_menu/koutou/ryugaku/__icsFiles/afieldfile/2019/09/18/1420758_001.pdf （2022年5月31日最終閲覧）

山田しげみ（1996）「日本語能力を伸ばすための要約指導」『日本語教育』89号，pp.144-155

山田千明（2007）「第2部　各国のシティズンシップ教育　2北米・オセアニア編　3アメリカ合衆国―「民主主義尊重」による「統一」と人格教育」嶺井明子編著『世界のシティズンシップ教育―グローバル時代の国民／市民形成』東信堂，pp.121-132

山本健慈（2015）『地方国立大学　一学長の約束と挑戦』高文研

横田雅弘・白土悟（2004）『留学生アドバイジング―学習・生活・心理をいかに支援するか』ナカニシヤ出版

横田雅弘（2006）『日米豪の留学交流戦略の実態分析と中国の動向』平成15-17年度文部科学省科学研究費補助金（基盤研究B）成果報告書

横田雅弘・太田浩・白土悟・坪井健（2006）『日米豪の留学交流戦略の実態分析と中国の動向』平成15・16・17（2003－05）年度文部科学省科学研究費補助金（基盤研究B）成果報告書

吉川由美子（2011）「留学生の質保証―学位認証、成績評価、単位認定の情報共有に向けて―」『留学交流』日本学生支援機構，pp.8-11, Vol.23, no.1

労働政策研究・研修機構（2013）『留学生の就職―現状と課題―』JILPT
　　資料シリーズ，No.113

吉本圭一（1996）「戦後高等教育の大衆化過程」『放送大学研究報告』91
　　号

米澤彰純（2010）『高等教育の大衆化と私立大学経営―「助成と規制」は
　　何をもたらしたのか―』東北大学出版会

ライチェン・S・ドミニク，サルガニク・H・ローラ（2006）『キー・コ
　　ンピテンシー』明石書店

留学生政策懇談会（1999）「知的国際貢献の発展と新たな留学生政策の
　　展開を目指して－ポスト2000年の留学生政策－」　http://www.mext.
　　go.jp/b_menu/shingi/chousa/koutou/015/toushin/990301.htm（2022
　　年 5 月31日最終閲覧）

脇田里子（2012）「論説文読解における文章構造分析―文章構造の可視
　　化の実践―」第 9 回国際日本語教育・日本研究シンポジウム大会論
　　文集編集会編 pp.1-8

【外国語文献】

Almond, G.A., G. Bingham Powell Jr., Russell J. Dalton, and Kaare Storm,
　　2008, *Comparative Politics Today: A World View, 9*th ed., Pearson
　　Longman.

P21（Partnership for 21st Century Learning）*Framework for 21st Century
　　Learning h*ttp://www.p21.org/our-work/p21-framework（2017年12月
　　17日閲覧）

Byram, Michael（1997）*Teaching and Assessing Intercultural Communicative
　　Competence. C*levedon: Multilingual Matters.

Byram, Michael（2008）*From Foreign Language Education to Education for
　　Intercultural Citizenship Essays and Reflections,* Clevedon: Multilingual
　　Matters.

Center for Universal Education at the Brookings Institution（2017）*Measuring
　　Global Citizenship Education; A Collection of Oracities and Tools*　https://
　　www.brookings.edu/wp-content/uploads/2017/04/global_20170411_
　　measuring-global-citizenship.pdf（2022年 5 月31日最終閲覧）

Council of Europe（2005）Plurilingual Education in Europe. 50 Years of
　　International Cooperation. Strasbourg:Council of Europe

Department for Education（2013）Statutory guidance

National curriculum in England: citizenship programmes of study for key stages 3 and 4 https://www.gov.uk/government/publications/national-curriculum-in-england-　citizenship-programmes-of-study/national-curriculum-in-england-citizenship-programmes-of-study-for-key-stages-3-and-4（2022年 5 月31日最終閲覧）

European Commission（1995）*Teaching and Learning: Towards the Learning Society.* Bruxelles: European Commission

Shohamy, Elana（2006）*Language Policy: Hiddin agendas and new approaches* Routledge

UNESCO（2015）*Global Citizenship Education TOPICS AND LEARNING OBJECTIVES*　https://unesdoc.unesco.org/ark:/48223/pf0000232993（2022年 5 月31日最終閲覧）

索　引

【著者紹介】

永岡　悦子（ながおか　えつこ）

千葉県生まれ
早稲田大学日本語教育研究科博士後期課程、研究指導終了により、退学
博士（日本語教育）（早稲田大学）
長崎外国語大学、早稲田大学日本語研究教育センターを経て、
現在流通経済大学流通情報学部教授

主要論文

永岡悦子（2017）「大学生に対するグローバル・シティズンシップ教育の試み―日本語とアジアの関係を学ぶ実践から―」『流通経済大学流通情報学部紀要』Vol.21　No.2　pp.219-238

永岡悦子（2019）「第2章　中規模大学　留学生担当教員が抱える問題意識から見えるもの」宮崎里司・春口淳一編『持続化可能な大学の留学生政策　アジア各地と連携した日本語教育に向けて』明石書店　pp.47-67

永岡悦子（2021）「外国人留学生が求める資質・能力に関する一考察」早稲田大学日本語学会編『早稲田大学日本語学会　設立60周年記念論文集　第2巻　言葉のはたらき』ひつじ書房　pp.363-379

大学大衆化時代における日本語教育の役割と可能性
―グローバルシティズンシップの育成をめざした研究と実践の試み―

発行日　2022年8月1日　初版発行

著　者　永　岡　悦　子
発行者　上　野　裕　一
発行所　流通経済大学出版会
〒301-8555　茨城県龍ケ崎市120
電話　0297-60-1167　FAX　0297-60-1165

©Etsuko Nagaoka, 2022

Printed in Japan/アベル社
ISBN978-4-947553-91-1 C3037 ¥2700E